ANTISTRESS

— THE BOOK —

BY MON CAHIER

ANTISTRESS

— THE BOOK —

BY MON CAHIER

SOLAR EDITIONS

Introduction

« Une petite dose de stress, Mademoiselle ? » Vous ne refusez jamais, avouez ! De toute façon, vous vous dites que nous ne pouvons pas y échapper puisque le stress fait partie intégrante de notre vie. L'adrénaline bien dosée peut même nous rendre plus créatifs, efficaces et motivés. Mais (il y a un « mais »...) un stress trop fréquent, trop intense et qui dure trop longtemps peut s'avérer particulièrement nocif et altérer notre santé. Notre corps agit sur notre psychisme, et inversement. Il est donc très important de repérer nos stress quotidiens avant que la pandémie se propage...

Nous ne sommes pas faits pour vivre des rythmes intenses, c'est une donnée importante. Malgré notre immense capacité d'adaptation, notre organisme a besoin de temps pour récupérer entre les épisodes de stress. La meilleure nouvelle de la journée ? Non seulement vous pouvez apprendre à devenir plus zen, mais en plus, les comportements plus sains peuvent être terriblement addictifs ! C'est agréable, positif et un bon investissement pour l'avenir.

Le stress, c'est quoi ?

Le stress est une réaction physiologique de l'organisme. Au vingtième siècle, l'endocrinologue canadien Hans Selye a étudié les mécanismes biologiques du stress et identifié le « syndrome général d'adaptation », cette réaction qui consiste pour l'organisme à monopoliser ses ressources pour dominer ou fuir une situation. En bref : une situation de danger ou une situation inconnue exigeant un effort ou une adaptation de l'organisme se présente ; le corps se met alors en alerte : les pupilles se dilatent (pour permettre une meilleure vision), le cœur accélère et le sang est envoyé vers les membres inférieurs, les muscles se tendent pour permettre de fuir ou de se défendre (*fight or flight*). C'est grâce à ces signaux réflexes que nos ancêtres ont pu échapper aux griffes de leurs prédateurs ou combattre avec férocité leurs ennemis. Aujourd'hui, le stress, ou syndrome général d'adaptation, nous permet d'évaluer une situation et la gravité de sa menace puis d'agir pour régler le problème en question.

Bon stress et mauvais stress

- **Le stress est positif** lorsqu'il sert de booster. Par exemple, il peut être cette petite pointe d'excitation lors d'une compétition sportive, d'un examen ou d'un entretien. Le niveau de performance à ce moment précis est supérieur. Il se produit lorsque vous faites face à un challenge à votre portée.
- **Le stress est nocif** lorsque la situation à régler est hors de votre portée : lorsque le défi est trop élevé (des délais impossibles à tenir, des tâches bien au-delà de vos capacités) ou que son issue n'est pas entre vos mains. Dans ce cas, malgré tous vos efforts, l'adaptation n'est pas suffisante et le stress se révèle inutile. Cela se produit aussi après un événement traumatique (décès d'un proche, accident...), par exemple. Et lorsque les réactions liées au stress deviennent trop intenses, au point de nuire temporairement aux occupations normales, on parlera alors de stress aigu.
- **Le stress chronique**, quant à lui, est un état permanent qui peut être lié à une personnalité anxieuse particulièrement sensible au stress ou à une situation difficile à vivre au quotidien (emploi précaire, charge professionnelle ou personnelle accablante, harcèlement d'un supérieur, problèmes financiers, enfant difficile à gérer ou encore relation de couple conflictuelle...).

Pas toutes égales face au stress !
Selon les tempéraments et l'histoire de chacune, une situation stressante sera vécue différemment. La réponse apportée par l'organisme dépend en effet de notre capacité individuelle à faire face à la difficulté en question.

Stress, angoisse, anxiété, quelle différence ?
Pour résumer, le stress est une réaction de l'organisme face à un changement, une agression physique (météo, bruit, lumière, attaque), psychologique (émotion) ou sociale (conflits, affrontements, pression sociale).

L'anxiété est un état mental général avec de l'agitation et un sentiment d'insécurité non expliqué, ou des peurs sans objet. Par exemple on s'imagine des scénarios qui ne sont pas du tout reliés au moment présent.

L'angoisse est un état d'anxiété avec des sensations d'oppression et de constriction.

Le corps réagit, l'esprit aussi !

Lorsque le stress est positif, vous le dominez ; mais lorsqu'il est négatif, c'est le stress qui vous domine ! C'est à ce moment-là qu'il devient problématique et même dangereux. En effet, lorsque le sujet ne parvient ni à résoudre ni à fuir une situation génératrice de stress, le biologiste français Henri Laborit a identifié une « paralysie situationnelle » qui conduit à des désordres neuro-psycho-immunologiques. Autrement dit, votre body se dérègle et disjoncte !

Comment ça se passe réellement dans mon body ?

Le stress n'est pas seulement présent dans votre tête. Ses effets touchent presque toutes les parties de votre corps.

Les trois composantes du stress

① L'agent de stress (ou la source)

Il peut être d'ordre physique, mental, social ou émotionnel. Peu importe sa nature, cette cause représente un challenge et demande un effort ou une adaptation. Cette source peut être professionnelle ou personnelle, ponctuelle ou permanente. Même les évènements de vie positifs comme un mariage ou la naissance d'un enfant créent le stress, car ils représentent un changement exigeant une adaptation. Notre société de la performance, qui met beaucoup de pression professionnelle comme personnelle (avec des injonctions à être une femme, une mère et une personne parfaite), est une cause de stress primordiale. Mais l'origine du stress peut également être d'ordre physiologique : un médicament, une blessure ou encore le froid, par exemple, sont des agents de stress pour le corps. Pour y faire face, l'organisme doit s'adapter en faisant quelques petits réglages intérieurs.

② Les réactions physiologiques

Lorsque le cerveau envoie des messages d'alerte à tout votre body, des réactions immédiates se mettent en place, et votre corps se met en mode combat ! L'organisme sécrète en bombe de l'adrénaline (hormone du stress), le rythme cardiaque s'accélère, les vaisseaux sanguins se resserrent, entraînant une diminution du débit sanguin vers les organes et une hypertension afin d'augmenter le tonus nerveux du corps.

③ Votre histoire et votre perception du stress

L'intensité de la réaction au stress dépend de votre perception : le niveau de stress ne sera pas le même si vous ne jugez pas la situation trop grave, contraignante ou dangereuse. Par exemple, un retard de cinq minutes ne crée pas de stress en temps normal, à moins d'être à cinq minutes de rater votre train ! Et pour vous, comment ça se passe ?

Quels sont les symptômes du stress, docteur ?

Apprenez à identifier les manifestations du stress et surtout consultez un médecin si l'un ou plusieurs des symptômes persistent.

Les différents symptômes du stress	
Physiques	Tensions musculaires, problèmes digestifs (diarrhées ou constipation, ulcères, nausées), troubles cardiovasculaires (palpitations cardiaques, hypertension artérielle), perte de l'appétit, maux de tête, vertiges, souffle court, transpiration (mains moites), fatigue.
Émotionnels et mentaux	Agitation, irritabilité, indécision, inquiétude, anxiété, mélancolie, baisse de libido, difficultés de concentration, trouble de l'attention, perte de mémoire, baisse de confiance en soi, trouble du sommeil, ruminations mentales, dépression.
Comportementaux	Perception négative, désorganisation, difficulté dans les relations, tendance à l'isolement, augmentation de la consommation d'alcool, de tabac, de sucre ou même de drogue.

Quand le niveau de stress monte crescendo !

Au départ, rien d'alarmant !

La réaction d'alarme est la première phase de stress de l'organisme face à « l'agression ». C'est à ce moment-là que les premiers symptômes physiques apparaissent (respiration accélérée, palpitations cardiaques, augmentation de la tension artérielle, gorge et estomac noués, anxiété, angoisse, sueur…). Ils sont provoqués par la libération d'adrénaline. Cela ne dure que quelques minutes, car la fonction de cette hormone est précisément de préparer le corps à réagir vite !

Et si ça dure ?

Si le stress se prolonge, cette réaction d'adaptation se transforme en processus de résistance. Les dépenses énergétiques occasionnées pour faire face au stress sont importantes, du coup, l'organisme compense en sécrétant d'autres hormones : les glucocorticoïdes. Ceux-ci ont pour effet d'augmenter la glycémie (taux de sucre dans le sang), l'énergie nécessaire à l'organisme, au cœur, au cerveau et aux muscles pour tenir le coup. Mais ce n'est pas sans quelques répercussions !

Augmentation de la glycémie et troubles alimentaires

L'augmentation de la glycémie peut entraîner des coups de pompe et donc des fringales ! Résultat : vous allez vous ruer sur des produits stimulants, comme le café, et tout ce qui est sucré, comme les barres chocolatées ou les gâteaux, pensant qu'ils vous redonneront de l'énergie. Vous n'avez qu'à moitié raison ! Cette énergie est éphémère et laisse rapidement l'organisme à plat de nouveau. C'est le serpent qui se mord la queue ! Et quand on sait que trop de café aggrave l'état de stress et que la consommation excessive de sucre est mauvaise pour la santé et la ligne…

Je tiens jusqu'à… l'épuisement !

Quand l'organisme est en permanence sous pression, dépassé et épuisé par l'intensité du stress, il ne réussit plus à mobiliser ses ressources. Il n'arrive plus à faire face aux agressions et se met à sécréter de grandes quantités de cortisol, l'hormone du stress, ce qui aggrave encore plus l'état d'anxiété et de dépression. Résultat, il craque, car ses réserves psychiques et biologiques se retrouvent complètement à sec ! Cette phase peut mener à des formes graves de stress telles que le burn-out.

Le burn-out, quésaco ?

Il se traduit par un épuisement à la fois mental, physique et émotionnel, car l'organisme n'a pas pu bénéficier d'une récupération suffisante. D'après l'OMS, un adulte sur quatre fera un burn-out au cours de sa vie. Aggravé par le manque de soutien ou par la charge mentale dans la vie perso, ce phénomène est généralement lié au travail (surcharge de travail, surcharge mentale, tension entre collègues ou insécurité de l'emploi). Le burn-out a pour effet d'affaiblir le corps – jusqu'à, dans certains cas, que l'on ne puisse même plus tenir debout –, de diminuer fortement les performances, de troubler le sommeil, l'humeur, la capacité à gérer son stress, il peut finalement mener à la dépression.

Le stress, un catalyseur émotionnel

Les différents agents stresseurs sont comme des obstacles auxquels se confronte notre organisme au niveau physique, psychologique et social. C'est autant d'informations que notre corps et notre cerveau doivent gérer. Les réactions face à ces obstacles sont le stress et les émotions. Donc, plus nombreux sont les agents stresseurs, plus nombreuses sont les émotions à gérer, jusqu'à l'explosion ! Le stress est un déclencheur, un accélérateur et un catalyseur émotionnel.

Imaginez une journée de vacances où votre voiture tombe en panne en pleine montagne. OK, ça vous ennuie de rater votre excursion, mais vous êtes

dans un mood général très relax. Vous ne faites face qu'à un seul agent stresseur et à une seule émotion : la frustration ou la déception. Vous allez gérer cet imprévu sans difficulté et sans colère pour en rire plus tard.
Imaginez la même situation un jour de travail, dans une période très chargée. Votre voiture tombe en panne alors que vous deviez déposer votre enfant à l'école avant de filer à une réunion. Avant même la panne, vous faites face à de nombreux stresseurs (la période chargée à passer, l'horaire de l'école et celui de la réunion à respecter...) et vous êtes déjà épuisée nerveusement. Cet événement va faire exploser votre volcan intérieur, créant stress, colère, etc. !

Le top des situations qui créent du stress

Notre rythme de vie, notre mode de vie, les modèles de société axés sur la performance sont bien évidemment des sources de stress très importantes.

① La pression sociale, pro et perso

Notre vie professionnelle et personnelle nous demande d'être toujours au top : compétente, rapide et efficace au travail, présente et disponible pour notre famille et nos proches, soignée, féminine, équilibrée dans notre bien-être, écolo dans notre mode de vie... On « doit », on « veut » ou l'on « s'impose » de faire beaucoup de choses. Quelle masse d'injonctions, quelle pression ! Une montagne de défis, par laquelle on peut se sentir dépassée et qui crée ainsi un stress permanent.

➾ L'urgence pour pallier le stress va être de RA-LEN-TIR et d'être bienveillante et compatissante envers vous-même.

② L'actualité et le contexte

L'actualité, les changements climatiques, la délinquance, les violences faites aux femmes, les conflits sociopolitiques sont également de grandes sources de stress, car elles créent un sentiment d'insécurité face auquel l'organisme cherche à se défendre sans avoir généralement de prise.

➾ Essayez au quotidien de vous recentrer sur le moment présent et de vous détacher des choses que vous ne pouvez pas contrôler, sur lesquelles vous n'avez pas de prise. Concentrez-vous plutôt sur les actions concrètes que vous pouvez mener pour servir les causes qui vous tiennent à cœur : aider une association, donner de votre temps, éveiller les consciences... sont autant de petits gestes qui peuvent rendre meilleur le monde de demain. Même si nous ne pouvons pas changer le monde, une goutte d'eau peut servir de grandes causes.

③ Les grandes étapes de la vie (même positives)

Un déménagement, une reconversion professionnelle, la préparation d'un mariage, une grossesse, une naissance ou l'entrée dans la parentalité... Ces événements de vie, souvent positifs, n'en constituent pas moins un choc brutal ou un immense défi à relever. Chaque situation nouvelle est facteur de stress, car elle est inconnue, jamais expérimentée, elle demande une réaction et une adaptation physique et mentale.

➾ Si vous en êtes consciente, si vous arrivez à prendre du recul, à être tolérante envers vous-même et à vous laisser du temps pour maîtriser ces situations nouvelles, ce sera un premier pas pour réduire l'intensité du stress.

Je me prépare à être zen !

Être zen, c'est tout un lifestyle ! Malheureusement il ne suffit pas de caler une méditation antistress de quinze minutes entre deux rendez-vous dans votre journée à 200 à l'heure pour devenir un petit bouddha ! Il vous faut un plan d'action à intégrer à votre quotidien de busy girl afin que toutes vos initiatives pour devenir plus zen diminuent réellement votre stress ! Alors, prête à être relax ?

Règle n° 1 : Je m'organise !

Cela peut paraître évident, mais s'organiser est un élément fondamental de la gestion du stress. Nous sommes très souvent submergées par la masse de travail et toutes les tâches quotidiennes telles que le ménage, les courses, les machines à laver, la gestion du budget et même pour certaines… les enfants ! Nous nous retrouvons TRÈS souvent débordées ! Aucune d'entre nous ne peut gérer tout cela sans un minimum de stress ou sans un minimum d'organisation. Vous devez donc personnaliser votre manière de vous organiser afin de vous y retrouver. Voici quelques conseils !

First of all : le planning !

Établissez un planning hebdomadaire avec une to-do list claire et complète pour chaque journée. Notez-y l'ensemble de vos rendez-vous de la semaine (professionnels, médicaux et personnels), vos activités personnelles et celles de vos enfants (si vous en avez) ainsi que vos tâches quotidiennes réparties jour par jour. Par exemple, réservez le mercredi pour le ménage et les lessives, le samedi après-midi pour les courses de la semaine suivante, en anticipant les repas. Le secret d'un bon planning est d'y laisser de la place pour l'imprévu et d'anticiper les tâches annexes auxquelles on ne pense pas : vous n'avez pas noté le temps de trajet en voiture ? Pourtant, si vous prévoyez 1 heure pour votre cours de yoga alors qu'il vous prend 1 heure 30 trajet compris, vous serez totalement décalée, débordée, stressée et en échec à la fin de la journée !

Voyez la vie en couleur !

Classez vos tâches quotidiennes en fonction de leur priorité avec un code couleur. Par exemple, utilisez du rouge pour les tâches prioritaires, du violet pour les tâches à boucler avant la fin de la semaine et du vert pour les moins urgentes. Vous aurez ainsi une vision globale plus claire de ce qui vous attend. Organisation optimale garantie ! Bonus : prévoyez une couleur pour les tâches qui ne sont pas importantes et qui peuvent être supprimées ou déléguées.

Anticipez !

Une meilleure organisation passe par une anticipation des événements et des tâches à accomplir. Par exemple, la veille, préparez vos affaires et celles de vos enfants afin de gagner du temps le matin. Vous pourrez ainsi consacrer les précieuses minutes gagnées à une mini séance de Pilates, de méditation, de yoga ou tout simplement prendre le temps de savourer votre café dans un endroit calme où vous vous sentez bien ! Cela vous aidera à démarrer votre journée de manière plus zen !

Sachez déléguer !

Même si cela peut sembler compliqué au début pour certaines, c'est une question d'habitude ! Déléguer est le secret des bonnes manageuses ! Vous pouvez commencer par confier certaines tâches du quotidien à votre partenaire et même à vos enfants en fonction de leur âge (mettre la table, vider le lave-vaisselle, étendre ou plier le linge ou encore passer l'aspirateur).

Supprimez des tâches !

Est-il vraiment nécessaire de repasser le linge s'il a été étendu sans pli ? Devez-vous vraiment vous imposer toutes ces obligations ? Devez-vous vous conformer à toutes ces injonctions de la société (comme faire du fitness pour être mince) ou ces tendances (comme faire votre lait d'amandes maison), qui remplissent votre emploi du temps sans vous offrir de plaisir ni de satisfaction ?

Prenez du temps pour vous et ralentissez !

Nous sommes aujourd'hui nombreuses à vivre à cent à l'heure. Apprenez à intégrer à votre emploi du temps des moments où « vous arrêtez le temps ». Des moments rien que pour vous mais que vous pouvez aussi partager en famille ou entre amis. Proposez à toute la famille de mettre la main à la pâte en préparant un bon repas sur fond de jazz ! Si cela vous fait plaisir, programmez-vous une séance de sport avec votre BFF ou bien offrez-vous un massage en solo… Bref, mettez-vous dans une bulle, faites-vous du bien et rechargez-vous en bonnes énergies !

Le soir, déconnectez !

Nous passons tous beaucoup de temps sur l'ordinateur, les téléphones et les tablettes. Et ça n'est pas sans conséquences. Ces petits appareils ont tendance à exciter et à stresser notre cerveau. Une fois rentrée chez vous, posez votre téléphone dans un endroit où vous le récupérerez seulement le lendemain matin ! À la place, plongez-vous dans un bon livre ou dans une playlist détente, allongée sur le canapé !

Apprenez à dire non !

Vous faites partie de celles qui aiment aider ? Parfois la gentillesse ou l'envie de plaire peuvent vous pousser à offrir votre précieux temps et toute votre énergie aux autres. Mais lorsque vous avez l'habitude de dire « oui » tout le temps, cela rend le « non » d'autant plus difficile ! Ainsi, le « oui », que vous offriez au départ avec plaisir, devient malgré vous une obligation. Le problème, c'est qu'à ne jamais dire non, vous cumulez stress et fatigue, vous courez dans tous les sens et vous ne prenez plus assez de temps pour vous. Apprendre à dire non, c'est accepter de se confronter à ses peurs profondes et aux conséquences éventuelles du refus, comme la crainte d'altérer votre relation avec un collègue ou votre boss, de créer une mauvaise ambiance au travail ou, pire, d'être rejetée. Et il peut en être de même avec vos proches. La solution ? Clarifier une bonne fois pour toutes dans votre esprit ce que vous êtes prête à accepter ou pas. Faites un tri entre ce qui est vraiment intéressant et important pour vous. Pesez le pour et le contre entre la volonté de plaire et le plaisir que vous en retirez. Plus vous serez en phase avec vos valeurs, vos priorités et vos besoins, plus il vous sera facile de trier les demandes. Dire « non », c'est aussi se faire respecter ! Exprimez toujours votre refus en restant calme et bienveillante, et tout se passera bien !

Règle n° 2 : Je relativise !

Face à une situation stressante, rien de tel que prendre un peu de recul pour faire retomber la pression. Que ce soit dans la vie pro ou perso, petits ou grands stress peuvent être surmontés.

L'art de prendre du recul !

Prendre du recul c'est observer une situation de façon détachée, faire un pas en arrière afin de visualiser les choses dans leur ensemble. Le stress nous fait souvent agir précipitamment, sans avoir pris le temps de réfléchir. En relativisant une situation, on garde son calme et sa confiance en soi, ce qui nous aide à prendre de meilleures décisions et à nous débarrasser de cette impression de se noyer dans les contraintes et le stress.

Un des meilleurs antistress : Call your BFF !

Dans un moment de pic de stress, se confier à un ami permet d'obtenir du soutien et de prendre du recul grâce à un point de vue extérieur. De quoi apaiser ses angoisses et reprendre confiance en l'avenir !

L'importance de la pensée positive

Lorsque l'on ne prend pas le temps de relativiser, on a tendance à se laisser porter par ses émotions et ses pensées négatives. Stress, colère, angoisse et peur sont tous de très mauvais conseillers qui nous empêchent d'avancer. Pour aller de l'avant, focalisez-vous sur le positif. Faites le point sur vos atouts, vos qualités, les avantages que vous offre telle ou telle situation, vos réussites précédentes, afin de vous rappeler que les choses ne sont pas si terribles que vous le pensiez de prime abord.

Concentrez-vous sur l'instant présent

Dès le réveil, vous vous demandez comment vous allez pouvoir gérer le reste de la semaine. À midi, vous ressassez les remarques de votre boss pendant la réunion matinale. Penser à l'avenir et ressasser le passé sont bien souvent une source de stress et d'angoisse. Pour pallier cela, mieux vaut garder son esprit fixé sur le moment présent et sur le résultat qu'auront vos actions à court terme. À la fois antidote au stress et au surmenage, se concentrer sur l'instant présent permet de se recentrer sur soi et sur les choses essentielles. Nous sommes souvent débordées parce que nous faisons plusieurs choses simultanément ou que nous pensons à plusieurs tâches. L'une des clés consiste simplement à ne faire qu'une chose à la fois, en se focalisant pleinement sur elle, en s'y consacrant à 100 %. Vous avancerez deux fois plus vite et serez plus efficace !

Les petits bonheurs

Retrouvez énergie et apaisement en profitant de chaque petit bonheur de la vie, comme les manifestations d'amour de votre enfant ou de votre conjoint, une journée ensoleillée, un message de votre BFF ! Plutôt que de vous faire des nœuds au cerveau non-stop, prenez plutôt appui sur le présent. De cette façon, vous verrez plus facilement émerger des solutions à vos problèmes !

Respirez et lâchez prise !

Une respiration ample et régulière fait naturellement baisser le stress et le rythme cardiaque. Cela vous apporte détente corporelle et apaisement mental. De plus, c'est un exercice que vous pouvez pratiquer à n'importe quel moment de la journée et n'importe où (au bureau, dans les transports, sous la douche ou encore juste avant de dormir !).

Règle n° 3 : Je ne doute plus !

Gérer son stress sur l'instant T en relativisant et en prenant du recul est déjà très bien. Cela permet de vous calmer, d'être plus réfléchie et de voir les choses de manière beaucoup plus claire. Pour aller plus loin, il existe des techniques qui vous aident à gérer votre stress sur le long terme pour ne plus jamais le laisser vous envahir !

Je me relaxe !

La relaxation est une technique de gestion du stress très efficace. Pour vous y mettre, rien de plus simple, il suffit de faire une pause et de vous laisser aller à la détente. La relaxation correspond à un relâchement musculaire qui permet de ramener le corps et l'esprit à un état de calme généralisé. Si vous avez beaucoup de responsabilités dues à votre travail, votre statut ou votre rôle de maman, vous avez besoin de lâcher prise de temps en temps sans culpabiliser ! C'est une excellente pratique qui améliore l'humeur au quotidien, diminue les maux de tête, renforce la concentration, contribue à la qualité du sommeil et donc combat la fatigue. En plus, grâce à la relaxation, vous allez apprendre à écouter votre corps, connaître vos limites et faire en sorte de ne plus les dépasser, en pleine conscience !

Je médite

Nous nous laissons souvent envahir par nos émotions et par le cafouillis de nos pensées. C'est épuisant et source de stress ! Un nettoyage du mental grâce à la méditation vous fera le plus grand bien ! Méditer a de nombreux bénéfices, à la fois sur le mental et sur le système immunitaire. La pratique permet de calmer les pensées, de revenir à soi et contribue ainsi à notre développement personnel. Méditer chaque jour durant plusieurs semaines aura pour effet de modifier le fonctionnement et la structure de notre cerveau : les émotions se régulent, la mémoire et l'attention s'améliorent, le stress diminue durablement !

Vous avez du mal à méditer ?

Le recours aux mantras (phrases sacrées) peut vous aider ! « Man » signifie « penser » et « trâna », « protection ». Il s'agit de réciter une formule répétitive à voix basse ou dans votre tête. Le mantra doit être prononcé dans l'expiration en la faisant durer le plus longtemps possible. Sa charge symbolique contribue à vider la conscience pour y laisser un sentiment de paix. Vous pouvez par exemple répéter plusieurs fois le fameux « Om », le son originel, bénéfique pour calmer le système nerveux et les pensées (prononcez « AAAAAoooooooommmmm ») ou la formule « Shri Râm Jaï Râm ». Shri Râm, qui apporte l'harmonie dans les pensées et les désirs, sorte de prière bienveillante. En répétant un mantra durant toute la durée de votre méditation, le mental se purifie et tous les doutes s'envolent !

J'utilise mon intelligence émotionnelle

L'intelligence émotionnelle correspond à la capacité à écouter ses propres sentiments et ses émotions. Elle permet de les analyser, de les hiérarchiser et d'en utiliser toutes les informations afin de mieux guider ensuite sa pensée et ses actions. Elle nous donne une meilleure compréhension, non seulement de nos émotions, mais aussi de celles des autres. Cette méthode permet de mieux gérer ses émotions dans le but de dompter son stress.

J'augmente mon estime de moi !

La confiance en soi ne tombe pas du ciel, elle se construit jour après jour. Le manque de confiance en soi peut être lié à l'éducation, aux remarques blessantes ou abusives. Être rabaissée, ridiculisée aux yeux des autres, que ce soit par des mots ou des gestes, constitue un obstacle majeur à une vie épanouie et vibrante. Dans vos relations aux autres, ce manque de confiance peut se traduire par une timidité excessive et vous empêcher d'être vous-même. Le manque de confiance en soi crée des blocages qui nous empêchent d'agir et qui distillent en nous des pensées dévalorisantes et négatives. Augmenter son estime de soi, à l'inverse, vous permet de mieux résister au stress : plus vous croyez en vous, plus vous vous sentez forte et à la hauteur, plus vous éloignez le stress !

Comment savoir si on manque de confiance en soi ?
Vous attendez d'être en confiance pour commencer à vous livrer ? Vous avez peur du ridicule ? Vous craignez le regard des autres ? Vous ne parvenez pas à prendre de décisions ? Vous êtes plutôt effacée dans un groupe ? Vous vous répétez souvent ce type de phrases « je suis nulle » ; « je n'y arriverais jamais » ; « j'en suis incapable ». Stop ! La confiance en soi, ça se rebooste !

Règle n° 4 : Bouger est une thérapie antistress !

Bouger, c'est bon pour le corps mais aussi pour le moral ! Cela procure une meilleure estime de soi, réduit le stress, l'anxiété et la dépression. Ces bénéfices s'expliquent par des facteurs à la fois physiologiques, biologiques et sociaux. Lorsque vous faites bouger votre body, il secrète des endorphines, les hormones du bien-être. Elles ont un effet apaisant, diminuent le stress et l'anxiété et vous assurent un sommeil de meilleure qualité. Le cerveau libère de la dopamine, un neurotransmetteur qui intervient dans le mécanisme de la récompense, ce qui explique l'état d'euphorie et de plénitude ressenti à la fin d'une séance de sport. Ces deux hormones provoquent chez l'humain une telle sensation de bien-être qu'une véritable dépendance peut s'installer ! Sur le plan psychologique, pratiquer une activité régulière va vous prouver votre volonté et vous offrir la satisfaction de devenir meilleure, de quoi booster votre confiance en vous ! En bougeant, vous vous concentrez sur autre chose et vous oubliez un temps vos préoccupations ou vos ennuis. C'est une manière de mettre à distance vos problèmes, non pas pour les fuir, mais pour prendre du recul afin de les aborder plus sereinement par la suite. Pour démultiplier les bienfaits et vous évader encore plus, pratiquez votre séance dans un cadre où vous vous sentez bien.

Bouger régulièrement, un cercle vertueux ?
Pratiquer régulièrement une activité physique contribue à améliorer l'hygiène de vie, la condition physique, le sommeil et l'estime de soi, et procure un sentiment d'accomplissement et de maîtrise de la discipline.

Mon alimentation stressless !

Maintenant que vous savez ce qu'est le stress et comme il fonctionne pour vous y préparer, intéressons-nous à ce que nous mangeons ! Si l'alimentation joue un rôle important dans la lutte contre le stress et la fatigue créée par celui-ci, nous avons pourtant tendance, lors des périodes de stress, à nous réconforter avec une alimentation sucrée, grasse et salée. Bien souvent ces aliments ne contiennent pas ou peu de nutriments bénéfiques pour la santé et sont difficiles à digérer. Pour l'organisme déjà éprouvé par l'anxiété, c'est la double peine ! S'enclenche un vrai cercle vicieux puisque lorsque l'on est fatiguée, on a encore plus de mal à gérer son stress et ses émotions. Heureusement, il existe de nombreux aliments qui permettent de lutter contre la fatigue et le stress.

La digestion, un vrai phénomène !

Une bonne alimentation constitue un facteur déterminant pour rester en bonne santé et en pleine forme ! Mais qu'est-ce qu'un « bon aliment » exactement ? C'est celui qui sera le mieux digéré, produira le moins de déchets (les toxiques tels que les pesticides, hormones, colorants, conservateurs ainsi que les propres déchets de fonctionnement du corps, tels que l'ammoniac, l'urée…) et vous donnera l'énergie nécessaire pour accomplir toutes les tâches du quotidien. Une digestion efficace commence dans la bouche avec la digestion partielle des amidons (glucides et sucres) effectuée par les enzymes présentes dans la salive. Bien mastiquer est essentiel, car plus vous prendrez le temps de bien mâcher, plus vous faciliterez le travail à votre organisme pour la suite de la digestion. Elle se poursuit dans l'estomac (protéine et graisses) qui procède à l'acidification et au brassage des aliments, puis dans l'intestin grêle où se finit la digestion des glucides (sucres), des graisses et des protéines avec les enzymes pancréatiques et les sels biliaires. L'intestin grêle est d'ailleurs le lieu majeur de la digestion des aliments puisqu'il

participe à la bonne assimilation des nutriments (vitamines, minéraux et oligo-éléments). La dernière étape de la digestion a lieu dans le gros intestin avec l'élimination des déchets.

L'équation à retenir : bonne digestion = énergie de folie = meilleure résistance au stress !

Une bonne digestion permet à votre organisme de bien fonctionner, d'obtenir l'énergie dont vous avez besoin et, ainsi, de mieux contrer le stress. C'est pourquoi il est capital de faire attention aux aliments que vous consommez : votre énergie en dépend ! L'énergie d'une strong woman au quotidien et un stress minimisé, qui dit mieux ?

Une alimentation anti-coup de pompe, c'est…

L'alimentation est une sorte de carburant dont l'organisme a besoin pour vivre, car elle nourrit les organes, les tissus et permet aux cellules de se renouveler. Elle permet également de nourrir les muscles et le cerveau pour avoir une activité mentale, intellectuelle et physique optimale. Tout est lié ! Mais alors une alimentation anti-fatigue qui permet de lutter contre le stress, c'est quoi exactement ?

… une alimentation qui empêche la glycémie de monter en flèche !

L'index glycémique (ou IG) d'un aliment est sa capacité plus ou moins importante d'élever la glycémie (taux de sucre contenu dans le sang) et par conséquent l'insuline, l'hormone qui fait baisser le taux de sucre dans le sang et qui facilite son stockage sous forme de graisses afin de réguler la glycémie. Lorsque vous consommez une quantité de sucre trop importante, le taux de sucre dans le sang augmente trop vite et entraîne un pic d'insuline. L'effet de cette hyperglycémie, à savoir un super coup de fouet et un regain d'énergie, est de courte durée, car elle est rapidement suivie d'une hypoglycémie, la baisse du taux de sucre dans le sang en dessous de la normale due à la tentative du corps de se rééquilibrer. Le coup de fouet se transforme en coup de pompe en un rien de temps ! Et là c'est le drame !

➡ Une alimentation anti-fatigue qui vous permet de résister au stress doit vous fournir une énergie constante, sans montagnes russes entre coups de fouet et coups de pompe. On se tournera pour cela vers les glucides à indice glycémique faible, élevant peu la glycémie, contrairement aux aliments à indice glycémique élevé.

> **Le rôle de l'insuline**
> Lors de l'arrivée du sucre dans le sang, le pancréas sécrète de l'insuline, une hormone qui a pour rôle de transmettre le sucre aux cellules qui en ont besoin pour fonctionner. Mais dans le cas où il y a surplus de sucre, il sera directement transformé en graisse et stocké. Et là, hello les kilos !
> Une alimentation trop sucrée à long terme peut entraîner une insulinorésistance, lorsque le pancréas sécrète peu, voire plus du tout d'insuline, et mener à une forme de diabète plus ou moins grave.

Les glucides, c'est quoi ?

Tous les aliments qui contiennent des sucres ! Le sucre de table, les céréales (riz, blé, pâtes, orge…), les légumineuses (lentilles, pois chiches…), les féculents (pomme de terre, patate douce…), les fruits et les légumes. Le sucre, source d'énergie, est le premier carburant du cerveau et de l'organisme, d'où l'importance de ne pas négliger les glucides dans votre alimentation !

Quels aliments bannir et quels aliments privilégier ?

- Évitez les sucres et les céréales raffinés que l'on retrouve notamment dans les aliments à IG élevé listés ci-contre.
- Préférez les sucres et les céréales complets (voir la liste des aliments à IG bas ci-contre).

Aliments à privilégier (IG bas < 55)	Aliments à consommer avec modération (IG moyen entre 55 et 70)	Aliments à bannir ou à ne consommer que très rarement (IG élevé > 70)
• Oléagineux : amandes, cajou, noisettes… • Cacao maigre et chocolat 70 % de cacao • Fruits : fraises, framboises, myrtilles, kaki, kiwi, banane verte, abricot frais et sec, figue sèche, raisins, pommes, poires… • Céréales germées • Farine entière d'orge, de pois chiche, de blé • Légumes : artichaut, poireaux, brocolis, choux, haricots verts, tomates, courgettes, betterave crue… • Pain Essène (pain de céréales germées) • Sucre de coco • Son de blé ou d'avoine • Tofu • Yaourt nature • Lait de soja, lait de coco • Céréales complètes : blé type Ebly®, boulgour, riz, riz basmati, riz sauvage, semoule de couscous complet, spaghettis cuits *al dente* • Pain d'épeautre et pain intégral au levain • Sarrasin	• Fruits : banane bien mûre, châtaigne, mangue, dattes, papaye, melon, pastèque) • Betterave cuite • Panais • Potiron • Maïs en grain • Sauce tomate type Ketchup® • Pain complet • Céréales raffinées : nouilles de riz, pâtes blanches bien cuites, ravioli, riz blanc standard, semoule de couscous • Sirop d'érable, miel d'acacia • Sorbets • Farine de blé complète 	• Baguette blanche, pain blanc sans gluten, pain de mie blanc • Polenta • Banane plantain cuite • Céréales : millet, riz à cuisson rapide • Fécule de pommes de terre, frites, pomme de terre cuite au four, purée de pommes de terre • Pizza • Gâteaux industriels salés et sucrés • Pop corn salé et sucré • Riz au lait • Sucre de table blanc et roux raffiné • Barres chocolatées • Céréales du petit-déjeuner sucrées (Chocapic®, Miel Pops®…) • Confitures industrielles • Sodas et jus de fruits industriels • Viennoiseries 

… une alimentation qui encrasse moins le corps

Alimentation industrielle, sucres raffinés, graisses saturées, pesticides, additifs, métaux lourds, suralimentation, alcool… créent beaucoup des déchets métaboliques qui encrassent l'organisme de toxines et surchargent les organes chargés de l'élimination de ces toxines (foie, reins, intestins…). Cette surcharge en déchets toxiques, que l'organisme peine à éliminer, entraîne une acidification de l'organisme, provoquant une fragilisation du système immunitaire et une augmentation du stress et de la fatigue. Cette réaction en chaîne peut aller jusqu'à entraîner un état dépressif. Limitez donc la consommation d'aliments qui ont tendance à encrasser l'organisme. Suivez le guide !

Les aliments riches en glucides (ou en sucres) du moins encrassant au plus encrassant

Les aliments de 1 à 4 doivent être consommés régulièrement, en les variant à chaque repas. Les aliments de 5 à 6 sont à consommer avec modération.

1	Les fruits tels que pomme, poire, orange, cerise, fraise, pêche, ananas, mangue… se digèrent très facilement et créent peu de déchets. À consommer en dehors des repas pour éviter de perturber la digestion, car les fruits, mêlés au bol alimentaire (repas), fermentent dans l'estomac, ce qui fait gonfler le ventre et empêche une assimilation optimale des nutriments (vitamines). Les fruits comme la châtaigne, la banane et les dattes doivent également être consommés en dehors des repas ou avec un repas qui ne contient pas de féculents (riz, pâtes, pomme de terre…), pour les mêmes raisons.
2	Tous les légumes, qu'ils soient à feuilles vertes (épinard, cresson), colorés (brocolis, poivron, tomates, asperges, choux, navets, chou-fleur, concombre…), à racines ou tiges sucrées (carotte, betterave, artichaut, céleri rave…) et les féculents (pomme de terre, patate douce, topinambours…).
3	Les céréales, sans gluten pour les personnes intolérantes (riz, sarrasin, maïs, quinoa, millet…) ou avec gluten pour celles qui n'ont pas de problèmes digestifs (blé, orge, avoine, seigle, épeautre…). Privilégiez toujours leur forme non raffinée (riz complet, pâte au sarrasin, petit épeautre, pain au seigle…), plus riche en fibres et qui n'a subi que peu ou pas de transformation.
4	Les légumineuses comme les lentilles, les pois chiches, les haricots secs (rouges, verts, blancs) et le soja. Au même titre que les céréales, elles sont riches en fibres.
5	Les sucres raffinés comme le sucre blanc, les pâtes blanches, les produits industriels sucrés tels que les gâteaux, les barres chocolatées, les barres de céréales, les céréales du matin… n'apportent aucun nutriment essentiel et chargent l'organisme de toxines.
6	Les pâtisseries, au même titre que les sucres raffinés, ne sont pas bénéfiques pour la santé et créent des déchets métaboliques.

Les aliments riches en protéines du moins encrassant au plus encrassant

Les protéines sont les matériaux de construction de notre corps : elles composent les tissus (muscles, os, organes), contribuent au renouvellement des cellules, au fonctionnement des organes, à la synthèse des enzymes (indispensables à la digestion), des hormones… Par ailleurs, les protéines sont constituées d'acides aminés dont 9 sont essentiels à l'organisme et doivent être impérativement fournis par l'alimentation, car ils ne peuvent être produits par l'organisme.

Les aliments des classes 1 à 8 sont à varier dans le cadre d'une alimentation équilibrée. Les aliments des classes 9 à 11 sont à consommer avec grande modération, car riches en purines et en toxines qui encrassent l'organisme lorsqu'ils sont consommés en abondance.

Les purines, quésaco ?

Ce sont des substances issues des protéines, elles produisent une grande quantité de déchets toxiques dans le corps. Une fois ingérées, le foie transforme les purines en acides uriques (très toxiques pour l'organisme) qui seront ensuite éliminés à 70 % par les reins via les urines sous forme d'urée et à 30 % par l'appareil digestif. Les aliments riches en purines sont à consommer avec modération. Pour autant, pas d'inquiétude, si vous êtes en bonne santé, vous pouvez sans risque manger de la viande rouge une fois par semaine et vous faire plaisir avec un peu de charcuterie et des crustacés une fois par mois !

1	La spiruline
2	Les oléagineux (amandes, noix de cajou, noisettes…)
3	Les coquillages crus (Saint-Jacques, huîtres)
4	Les produits laitiers (lait caillé, fromage, laitages de préférence de brebis ou de chèvre)
5	Les œufs (pour une meilleure digestion et assimilation des protéines, privilégiez la cuisson au plat, à la coque ou mollet).
6	Les poissons gras comme le saumon, le thon, les poissons maigres à chair blanche comme le merlu, le cabillaud, le loup, la daurade… (attention aux métaux lourds). Privilégiez les poissons de début de chaîne (sardines, maquereaux, anchois) qui contiendront peu de métaux lourds, très toxiques pour l'organisme.
7	Les viandes blanches maigres (poulet, dinde, lapin, veau…)
8	Les légumineuses (lentilles, pois chiches…)
9	Les viandes rouges et les abats (cœur, foie…)
10	Les crustacés (crevettes, langouste, crabe et homard)
11	Les levures alimentaires (levures de bière, levure maltée) et les charcuteries sont les plus riches en purines et donc les plus encrassantes pour le corps.

Pour les végé et les végans

Pour être sûres de consommer vos 9 acides aminés essentiels, combinez vos céréales avec des légumineuses. Par exemple, riz complet-lentilles, semoule complète-pois chiches… Les céréales ne contiennent que peu de lysine (un acide aminé essentiel) et les légumineuses manquent de méthionine (un autre acide aminé essentiel). En les combinant, vous aurez dans votre assiette les 9 acides aminés essentiels au complet ! Bon à savoir : le tofu, le quinoa et la spiruline sont pourvus des 9 acides aminés essentiels à eux seuls.

Les aliments riches en lipides (gras), du moins encrassant au plus encrassant

Les bons lipides, riches en vitamines A, D, E et K, sont essentiels, car, non seulement ils apportent de l'énergie à l'organisme, mais en plus ils contribuent à l'équilibre de nos systèmes nerveux et hormonaux et au bon fonctionnement de nos cellules ! Attention, tous ne sont pas bons pour l'organisme.

On trouve dans les aliments 3 sortes de lipides :

- Les acides gras trans ou hydrogénés présents dans toutes les huiles raffinées et les margarines : à consommer avec grande modération !
- Les acides gras saturés présents dans les graisses animales ainsi que dans certaines graisses végétales (huile de palme et de coco) : à consommer avec modération.
- Les acides gras insaturés (les bonnes graisses) présents surtout dans les graisses végétales mais aussi dans certaines graisses animales.

Les aliments 1 et 2 sont à consommer régulièrement et en variant les choix pour une alimentation équilibrée.
Ceux des cases 3 à 5 sont à consommer avec modération en évitant au maximum les cuissons qui rendent ces aliments toxiques pour l'organisme.

1	Les fruits gras (avocat, olives noires)
2	Les huiles végétales (privilégiez les huiles végétales biologiques obtenues par première pression à froid)
3	Le beurre, à consommer cru et frais (cuit, il devient toxique)
4	La margarine
5	Les graisses animales comme le saindoux et la graisse des poissons gras (saumon, sardine, maquereau…) cuits sont mal digérées par l'organisme et produisent beaucoup de toxines (si vous aimez les poissons gras, mangez-les crus)

Oméga 3 et 6 : Go !

Privilégiez les omégas 3 et 6 qui sont deux acides gras essentiels que l'organisme n'est pas capable de produire, ils doivent donc être fournis par l'alimentation.

- Oméga 3 à privilégier : Huiles végétales (noix, colza, lin), oléagineux (noix, noisettes, amandes et graines de lin), légumes (verts à feuilles comme le cresson, l'épinard), choux, protéines animales (saumon, thon, sardines, maquereau, œufs label bleu-blanc-cœur car les poules sont nourries aux graines de lin) et aliments plaisir comme la purée de noisette et d'amande.
- Oméga 6 à privilégier : Huiles végétales (pépins de raisin, tournesol, sésame, noisette, olive), oléagineux (noix du Brésil, arachides, pistaches, graines de tournesol, sésame, courge) et aliments plaisir comme la purée de pistache et d'arachide.
- Oméga 9 à privilégier : Huiles végétales (noisette, olive, colza, arachide), oléagineux (noix de pécan, noisettes, amandes, cajou, arachides, pistaches et graines de lin, tournesol, sésame), avocat, protéines animales (gruyère, saumon d'élevage cru) et aliments plaisir comme la purée de noisette et d'amande, d'arachide, de cajou, de pistache et le chocolat à 70 % de cacao minimum.

Le bon rapport oméga 3 et oméga 6 !
Les omégas 6, consommés en excès dans notre alimentation, bloquent l'absorption optimale des omégas 3 par l'organisme. Le bon rapport à adopter est d'un à quatre omégas 6 pour un oméga 3. Soit jusqu'à quatre fois plus d'omégas 6, pas plus !

Une question d'équilibre acido-basique

Une alimentation encrassante acidifie l'organisme. Or, pour fonctionner correctement, notre organisme doit se situer dans une zone de PH équilibrée, ni trop basse (c'est-à-dire trop acide), ni trop élevée (c'est-à-dire basique). Normalement, un organisme en pleine santé est capable d'éliminer sans problèmes les acides (toxines) produits par notre fonctionnement biologique quotidien (respiration, digestion...). Malheureusement, les fonctions d'élimination de nos organismes sont sursollicitées par des apports trop importants en acides, qu'elles peinent à prendre en charge : en cause, en plus d'une alimentation encrassante, un mode de vie plutôt sédentaire, un stress et un manque de sommeil chroniques.

Résultat : cela favorise l'acidose (l'excès d'acides non éliminés dans les tissus) et la déminéralisation. Cette acidification de l'organisme peut provoquer certains troubles tels que la fatigue, la nervosité, l'augmentation du stress mais également des douleurs, une acidité gastrique, une sécheresse cutanée, des troubles musculaires (crampes), des inflammations articulaires et intestinales, des cheveux et des ongles dévitalisés...

Privilégier les aliments les moins encrassants au détriment des plus encrassants vous permettra ainsi de privilégier les aliments alcalinisants (basiques) au détriment des aliments acidifiants. Par ailleurs, il est important d'améliorer sa digestion : une mauvaise digestion est une cause majeure d'acidification de l'organisme (voir chapitre 3 p. 54).

Zoom sur le thé, le café et l'alcool !

Limitez fortement votre consommation d'alcool, de thé et de café, tous très acidifiants. Si vous tenez à votre café du matin, limitez-vous à un café par jour et remplacez vos autres cafés par de la chicorée, une plante au bon goût de noisette-caramel, dépourvue de caféine et aux multiples vertus ! Riche en prébiotiques, elle améliore la digestion et le transit tout en aidant la flore intestinale à se maintenir en forme afin de lutter contre les infections. Riche en antioxydants, en fibres et pauvre en calories, elle favorise également l'assimilation du fer et du calcium. Choisissez-la bio pour vous assurer de son bon goût et de sa qualité ! Et si vous êtes plutôt green tea addict, gardez une tasse de thé vert par jour et remplacez les autres par des tisanes antistress (mélisse, passiflore, menthe poivrée...). Quant à l'alcool, vous pouvez vous autoriser un verre par semaine et les jours de fête, en veillant bien à compenser le lendemain avec une alimentation acido-basique et une bonne heure de marche ou de jogging !

Des cures détox pour revenir à un état optimal

Vous pouvez aussi penser à nettoyer vos organes émonctoires (ceux chargés de nettoyer votre corps des toxines et d'évacuer les déchets : le foie, les reins, l'intestin, la peau, les poumons...) en les drainant régulièrement avec des cures détox, afin de soutenir leurs capacités naturelles de nettoyage et leur permettre de repartir de plus belle. À la clé : un corps équilibré et un stress physiologique diminué !

... une alimentation digestion-friendly !

Stress et digestion ne font pas bon ménage ! Le stress modifie le processus de production d'enzymes digestives et trouble le fonctionnement des organes digestifs. La digestion s'en trouve ralentie, l'estomac se vide plus lentement, ce qui se manifeste souvent par des brûlures, des reflux gastriques ou encore des ballonnements. Une digestion perturbée impacte le fonctionnement de l'intestin grêle, en accélérant le transit au niveau du côlon (diarrhées) ou en le ralentissant (constipation). Ces problèmes dérèglent également le microbiote (flore intestinale) présent dans l'intestin et rendent donc l'organisme plus vulnérable, car la flore intestinale participe du système immunitaire ! Pour compenser les effets négatifs du stress sur l'organisme, il est d'autant plus important d'adopter une alimentation qui favorise une bonne digestion. Et, à l'inverse, en évitant d'épuiser votre organisme avec une mauvaise digestion, vous conservez l'énergie nécessaire à la gestion du stress lui-même.

Les cuissons bonnes pour la digestion
Pour conserver un maximum de vitamines et de minéraux et améliorer votre digestion, évitez les cuissons à haute température. En effet, à partir de 45 °C, les aliments perdent leurs enzymes (substance aidant à la digestion) ; et à partir de 60 °C, les vitamines B et C sont détruites. Enfin, à partir de 110 °C, il y a destruction des vitamines A, D, E et K et une réaction qu'on appelle « réaction de Maillard » : le brunissement durant la cuisson du combo protéine-glucide, rendant les aliments très toxiques pour l'organisme. Privilégiez toujours une part de cru (légumes, fruits) et préférez les cuissons vapeur et à l'étouffée, qui restent douces et conservent mieux les vitamines et les minéraux.

Évitez certaines combinaisons alimentaires !

Pour une bonne digestion, il est important de savoir quelles combinaisons alimentaires éviter, celles qui provoquent gaz, ballonnements et gênes intestinales.

- ✘ **Protéines + amidon :** Les protéines et les amidons ne se digèrent pas dans le même milieu. Résultat : les sucs sécrétés pour digérer les protéines font fermenter les amidons, créant des ballonnements et des gaz. Les combinaisons à éviter par exemple : pomme de terre + poulet rôti ; patate douce + steak haché ; pâtes + jambon ; riz + poisson.

- ✘ **Protéine + amidon + fruit :** Lorsque votre repas contient des protéines (animales ou végétales) ou de l'amidon (pomme de terre, riz, blé…), le fruit va stagner et fermenter dans l'estomac. Cette fermentation est à l'origine de ballonnements inconfortables (aérophagie), car le temps de digestion des protéines et de l'amidon est supérieur à 30 minutes.
- ✘ **Lait + miel :** Le miel fermente vite. Si vous avez besoin de sucrer une boisson lactée, préférez le sucre de coco.

Le jus du citron favorise la digestion des protéines. Vous pouvez soit boire un jus de citron pressé en cours de repas, soit presser du jus de citron directement dans l'assiette.

Je mange mes fruits entre les repas !

Pour une meilleure digestion et une meilleure assimilation des vitamines et des minéraux que vous apportent les fruits, consommez-les en dehors des repas, au goûter ou 1 heure avant votre repas (car ils se digèrent rapidement !).

Je m'hydrate, oui, mais pas n'importe comment !

Pour une digestion optimale, évitez de boire pendant le repas. Hydratez-vous régulièrement tout au long de la journée et buvez un grand verre d'eau une quinzaine de minutes avant de manger. Au quotidien, privilégiez les eaux de source très peu minéralisées telles que Mont Roucous® ou l'eau de source Carrefour®. A contrario, évitez les eaux très minéralisées, dont les minéraux ne sont pas assimilables par l'organisme et fatiguent les reins.

J'arrête le temps au moment des repas !

Améliorer sa digestion commence par prendre le temps de manger dans le calme, car les intestins et le ventre sont très sensibles au stress. Lorsque l'on est stressée, pressée par le temps, on a tendance à manger trop vite sans trop mâcher. Bien mâcher, c'est mettre toutes les chances de son côté pour bien digérer et assimiler de manière optimale tous les bons nutriments. Aussi, prenez 20 minutes minimum pour le repas, savourez chaque bouchée. Et si vous manquez de temps, préférez une portion plus petite que vous prendrez le temps de mastiquer !

Je chouchoute mes intestins

Pour s'assurer d'un bon transit et d'un intestin en bonne santé, il est important de les soigner. *Out*, les plantes ou les compléments alimentaires qui pourraient les irriter !

Consommez plutôt des prébiotiques (présents dans la banane, l'artichaut, l'ail, le poireau, l'oignon, les légumes à feuilles vertes…), car leurs fibres nourrissent votre microbiote intestinal !

Consommez des probiotiques. Ces micro-organismes vivants ont un effet bénéfique sur la flore intestinale. Ils améliorent la digestion, régulent le transit et maintiennent actif le système immunitaire. Lorsque l'organisme accumule trop d'acidité et de toxines à cause du stress ou d'une mauvaise alimentation, la flore intestinale en est perturbée. Les probiotiques aident à rééquilibrer la flore intestinale, d'où l'intérêt d'incorporer régulièrement des aliments riches en probiotiques dans votre alimentation.

Mes aliments riches en probiotiques indispensables	
Légumes	Choucroute crue, kimchi (salade coréenne à base de chou fermenté et de piment)
Condiments et sauces	Tamari et shoyu (sauces de soja fermentées), olives, pickles, cornichons
Céréales	Levure maltée, pain au levain
Protéines végétales	Tamari, miso, tempeh, natto (soja fermenté)
Laitages	Yaourts et laits fermentés, kéfir de lait fermenté
Boissons	Kéfir d'eau, kombucha, jus de sève de bouleau fraîche

SOS bobo !

Pour soulager une sensation d'inconfort intestinal ou des ballonnements, vous pouvez pratiquer un massage du ventre dans le sens des aiguilles d'une montre, en utilisant un mélange d'huile végétale et d'huile essentielle. Ajoutez 5 gouttes d'huile essentielle de basilic (aide à la digestion et facilite l'élimination des gaz) ou d'estragon (soulage les spasmes digestifs en cas de mauvaise digestion) dans une cuillère à café d'huile végétale (amande douce ou sésame par exemple).

… une alimentation booster comprenant des superfood !

Et pour parfaire cette alimentation anti-fatigue qui restaure l'organisme et le rend plus résistant au stress, on mise sur les superaliments qui donnent une pêche d'enfer et sur le magnésium, l'ennemi n° 1 du stress.

Zoom sur les superaliments !

Les superaliments sont des aliments naturels dotés d'une valeur nutritionnelle exceptionnelle. Ils possèdent des quantités élevées de vitamines, de minéraux, d'oligo-éléments, de fibres et d'enzymes améliorant la digestion ! De vrais boosters d'énergie !

Mes superaliments indispensables	
Légumes et condiments	Chou kale, chicorée sauvage, ail, asperges, persil, avocat
Fruits et fruits secs	Baies de goji, grenade, myrtilles, cassis, baie d'açaï, argousier, citron
Céréales et graines	Graines germées, graines de chia
Oléagineux	Amandes, cacahuètes, pistaches, noix, noisettes, noix de cajou, noix du Brésil
Protéines	Algues (spiruline, klamath, chlorella), soja
Épices, racines et plantes	Curcuma, ginseng, matcha (thé vert), moringa, cannelle, gingembre
Douceurs	Gelée royale, propolis, toutes les purées d'oléagineux (purées d'amande, de noisette, de pistache…)

Zoom sur une alimentation antistress riche en magnésium !

Ce minéral est connu pour ses nombreux bienfaits sur la santé. En plus d'être un décontractant musculaire naturel grâce à ses effets sédatifs et apaisant pour le système nerveux, il est particulièrement bénéfique en cas d'état de stress, d'anxiété et de tensions musculaires. Consommer régulièrement des aliments riches en magnésium permet de maintenir un bon équilibre au niveau du système nerveux.

Mes aliments indispensables riches en magnésium	
Légumes	Blettes, avocat, épinards, haricots verts, chou kale, chou vert, roquette
Fruits et fruits secs	Banane, dattes, noix de coco, pruneaux, cacao cru
Céréales et graines	Riz complet, pain complet, semoule de maïs, germe de blé, graines de citrouille, graines de lin, graines de chia, graines de soja
Oléagineux	Amandes, cacahuètes, pistaches, noix, noisettes, noix de cajou, noix du Brésil
Crustacés (à consommer avec modération)	Poisson blanc (daurade, colin), huîtres, maquereau, crevettes, moules
Protéines végétales et légumineuses	Haricots blancs et noirs, petits pois, lentilles, pois chiches, tofu, algues
Douceurs	Chocolat noir (minimum 70 % de cacao), cacao maigre en poudre, purées d'oléagineux

La micronutrition pour une bonne gestion du stress et des émotions

Le stress, c'est aussi une histoire de biologie. Il existe en effet des neurotransmetteurs de la gestion du stress qui permettent de le réduire en favorisant le calme, ainsi que des neurotransmetteurs qui vont favoriser des good vides ! Or, pour être produits, ces neurotransmetteurs ont besoin d'acides aminés spécifiques, d'où l'importance d'une alimentation équilibrée et riche en vitamines.

La dopamine, aussi nommée l'hormone du bonheur, est stimulée lors de moments de plaisir : activité sexuelle, alimentation sucrée, quand on fait du sport ou après avoir réussi une tâche, un objectif. Elle a donc un lien direct avec notre motivation et lutte contre le stress. Elle dépend de la tyrosine et de la phénylalanine, des vitamines B6 et B. En cas de carence, on assiste à un état de démotivation, de dépression, de mélancolie.

➾ On en trouve naturellement dans les levures, les laitages, les légumes secs, l'œuf, le soja, les épinards et les pois chiches.

La sérotonine, qui est liée au sommeil et au calme, est produite à partir du tryptophane, des vitamines B6, B3 et C et du magnésium notamment. Un déficit de ce neurotransmetteur dû à des carences peut causer des difficultés à gérer ses émotions (on pleure sans savoir pourquoi), à des dépressions, des névroses, de la boulimie.

➾ Les sources naturelles sont les laitages, les dattes, les levures, le soja, les viandes et les poissons.

Quand il y a urgence, lors de carences, de burn-out, d'anxiété extrême, il est nécessaire de se supplémenter avec des compléments alimentaires, car malheureusement notre nourriture n'est pas toujours aussi nutritive qu'on le pense.

Stress et émotions : les ennemis de mes nuits

L'alimentation n'est pas le seul domaine de notre vie à être impacté par le stress, notre sommeil en est aussi victime… Parfois, on tombe de fatigue… mais une fois la tête posée sur l'oreiller, tout se complique ! Le corps ne rêve que de dormir mais le cerveau, lui, bascule en mode hyperactivité. On cogite, on s'inquiète, on fait des listes, on gamberge, on se pose des questions idiotes, on rumine les difficultés passées, on anticipe celles à venir… Résultat, on s'énerve, on s'agace, on se dit que le sommeil ne viendra pas, que demain on se lèvera épuisée car on n'aura pas eu son quota, ce qui est pire et retarde encore le moment où on s'écroulera pour de bon.

Si cela n'a rien d'anormal de tournicoter ainsi dans son lit à la veille d'un événement important, positif ou négatif (entretien d'embauche, mariage, déménagement, examen, départ en vacances…), chez certaines anxieuses, stressées, ultra-émotionnelles ou inquiètes de nature, cela devient récurrent. Le risque ? Entrer dans un cercle vicieux car, sans le réaliser, on anticipe négativement chaque nuit à venir (ce qui augmente l'inquiétude et le stress, donc perturbe le sommeil); on avance ou retarde le moment du coucher (qui ne se fera alors pas à l'heure à laquelle on se serait endormie facilement). Bref, dormir devient une épreuve et… c'est dans notre tête que tout se joue ! La bonne nouvelle ? En adoptant de bons réflexes et rituels, on se couche plus détendue, le cerveau apprend à se taire et on sombre aisément dans le sommeil rassurée et apaisée !

> Les insomnies sont souvent accompagnées de ruminations et d'angoisses. La peur d'un mauvais sommeil et de ses conséquences sur les performances du lendemain peut aussi constituer un vrai sujet d'inquiétude. Alors plutôt que de vous mettre la pression pour vous endormir à tout prix, levez-vous et faites une méditation de dix minutes, histoire d'évacuer les mauvaises pensées. Vous pouvez aussi faire le vide grâce à la cohérence cardiaque (voir p. 152) !

Pourquoi le stress et les émotions nuisent-ils au sommeil ?

Le sommeil nécessite un lâcher-prise. Pour s'endormir paisiblement, il faut se sentir non seulement fatiguée (la fameuse « pression de sommeil »), mais aussi calme, sereine, en sécurité… et donc, ne pas emporter ses soucis, ses difficultés ou ses irritations jusque sous la couette.

Or, c'est loin d'être toujours le cas ! Toutes les préoccupations ou activités « prise de tête » le soir peuvent ainsi nous garder en mode éveillé : papiers administratifs ou bancaires, mais aussi film violent ou roman policier palpitant, échanges émotionnels sur les réseaux… De quoi nuire à un endormissement rapide.

Quant au stress de nos journées, il est aussi très perturbant dès qu'il est excessif ou prolongé ! Il est d'ailleurs établi que le stress chronique est à l'origine de troubles du sommeil : il entraîne notamment des difficultés à s'endormir, des réveils nocturnes plus fréquents et longs, qui viennent alors réduire la qualité du sommeil et sa fonction de récupération physique et mentale.

L'excès de stress, un trouble-nuit

Le stress excessif de la journée (celui lié au travail, par exemple) entraîne une augmentation du cortisol (l'hormone du stress et de la vigilance) le soir, alors que ce cortisol devrait être à son plus bas niveau avant le coucher. Cette hormone va induire une hyperactivité de notre système d'éveil. Le système nerveux autonome sympathique reste alors « emballé » : physiologiquement, notre corps demeure prêt à réagir, sur le qui-vive, comme s'il était menacé par un danger. En pratique, on s'agite avec un cerveau qui « turbine à 100 à l'heure » au lieu de décrocher pour s'endormir paisiblement. Cela a des effets nocifs, puisque mal dormir ou trop peu accentue le stress en journée, ce qui impactera la nuit suivante, qui sera elle aussi difficile…

Le cocktail stress chronique + sommeil perturbé est délétère, car ces deux éléments entraînent une augmentation des facteurs d'inflammation, qui vont affecter directement le cerveau : les troubles du sommeil vont s'accentuer et cela va également augmenter les pensées et peurs irrationnelles (donc l'anxiété et les émotions négatives).

Quand le sommeil devient stressant…

Stress, anxiété, émotions négatives, peurs et ruminations sont de vrais ennemis de notre sommeil, qui entretiennent la machine à rester éveillé, donc à mal dormir. On risque alors l'insomnie chronique… surtout si on commence à trop gamberger sur son sommeil, ce qui induit une anticipation négative de la nuit à venir peu propice à la détente !

Confinement et sommeil

Période d'enfermement, mais aussi de grand stress pour beaucoup, le confinement lié à la crise sanitaire de la Covid-19 a été étudié pour ses impacts sur le sommeil. En France, l'étude Coconel menée par l'équipe du professeur Damien Léger (Hôtel-Dieu, Paris) a ainsi révélé que, 15 jours après le début du 1er confinement, 80 % des personnes de moins de 35 ans déclaraient avoir subi des problèmes de sommeil. En cause, le stress et l'anxiété générés par la pandémie, particulièrement ceux engendrés par les médias, largement surconsommés.

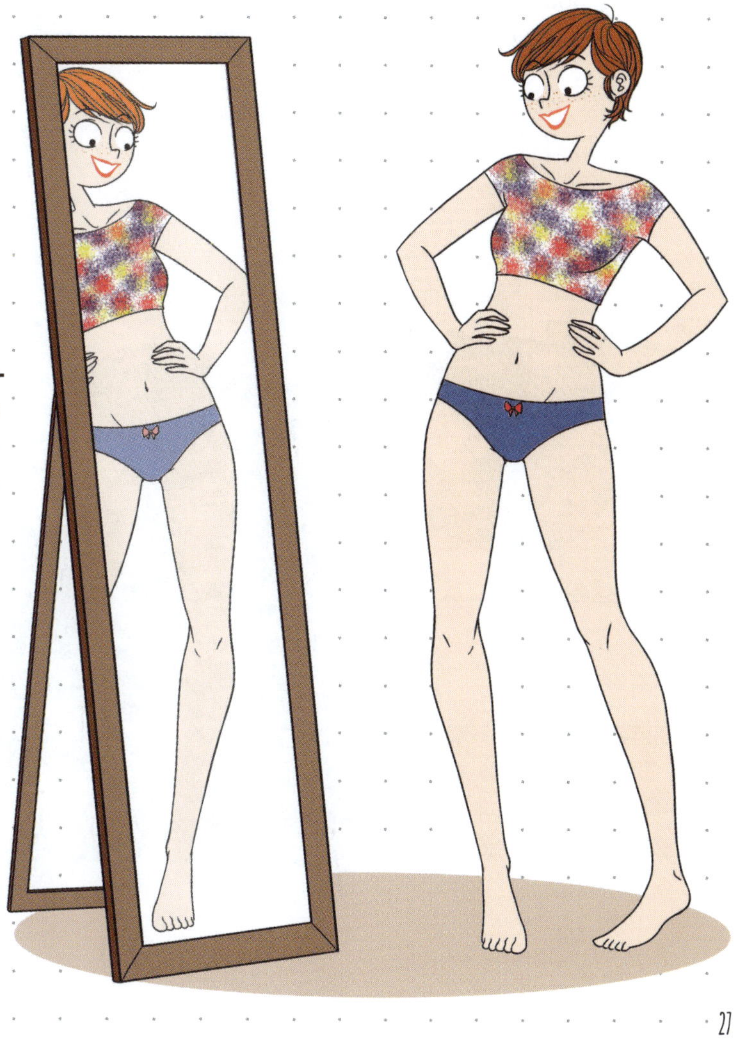

Comment savoir si je manque de sommeil ?

Votre humeur fluctue sans raison

Une personne en manque de sommeil est sujette aux sautes d'humeur (irritabilité) et perd sa faculté à gérer ses émotions et son stress. Vous accumulez du coup encore plus de fatigue : c'est le serpent qui se mord la queue !

Vous avez pris du poids

Dormir moins de 6 heures par nuit augmente la sécrétion de ghréline, l'hormone stimulant l'appétit, ce qui, à tout moment de la journée, peut provoquer des fringales et des envies d'aliments plutôt gras ou sucrés ! Pas top pour la ligne et la santé !

Vous êtes plus impulsive

Le manque de sommeil réduit les inhibitions et vous pousse à agir ou à parler sans mesurer la portée de vos paroles ou de vos gestes.

Votre temps de réaction est plus lent

La fatigue augmente le temps de réaction puisque le cerveau a un temps de réflexion plus long. Autrement dit, vous fonctionnez au ralenti, et votre capacité de concentration et votre mémoire sont comme vous : fatiguées !

Vous tombez plus facilement malade

Le manque de sommeil affaiblit le système immunitaire et réduit la capacité de l'organisme à combattre les virus.

Votre visage vous trahit

Lors d'une nuit trop courte, l'organisme n'a pas le temps de renouveler correctement ses cellules et votre peau de se régénérer. Elle peut donc paraître plus marquée, avec les traits plus tirés, et vos yeux peuvent être cernés, rouges ou congestionnés.

Comment mieux dormir et enfin récupérer

Vous avez une vie à 100 à l'heure, votre environnement baigne dans le stress, vous adoptez parfois de mauvaises habitudes (par exemple vous ne vous couchez pas tôt, car vous rentrez tard du travail ou vous n'arrivez pas à lâcher prise une fois rentrée chez vous) ? Ne vous inquiétez pas, il existe plusieurs façons d'améliorer la qualité de votre sommeil.
Essayez d'intégrer ne serait-ce qu'une ou deux des méthodes proposées pour améliorer votre sommeil, vous verrez, ça vous changera la vie !

Élaborez un rituel de détente avant le coucher

Avant de vous mettre au lit, faites des choses qui favorisent la détente et mettez en place un rituel qui chassera une partie de votre stress quotidien, comme prendre un bon bain chaud, faire des exercices de respiration ou bien encore lire un livre qui vous plaît !

Couchez-vous à heure fixe !

Dînez léger et tôt pour avoir le temps de digérer avant de dormir, fixez-vous une heure pour aller vous coucher chaque soir (par exemple 23 h) et respectez-la. Au fur et à mesure, votre organisme s'habituera, et votre corps vous réclamera d'aller dormir un peu avant 23 h, car vous aurez reprogrammé votre heure d'endormissement !

Gardez tout appareil électronique loin de vous !

Pas de tablette ni d'ordinateur et encore moins de smartphone avant de dormir ! Nous vivons dans une société ultra-connectée. Or l'utilisation d'écran (que vous regardiez une vidéo, que vous discutiez sur WhatsApp ou que vous lisiez un article) avant le coucher envoie un signal d'éveil au corps. La faute à quoi ? À la lumière bleue des écrans ! Elle perturbe l'horloge biologique et stimule les récepteurs de la rétine, ce qui trompe le cerveau en lui faisant croire qu'il fait encore jour. Ce phénomène décale voire supprime la sécrétion de mélatonine, l'hormone du sommeil, entraînant la désynchronisation des rythmes circadiens (l'alternance entre l'état de veille – le jour – et de sommeil – la nuit –), ce qui a pour effet de retarder l'endormissement ou de provoquer de multiples réveils nocturnes.

Évitez tous produits excitants et stimulants !

Pour s'endormir plus facilement le soir et profiter d'un sommeil réparateur, limitez au cours de la journée et quelques heures avant le coucher la consommation de substances excitantes (café, thé noir ou vert, boissons énergisantes ou à base de cola). Méfiez-vous également du chocolat riche en alcaloïdes (substance végétale excitante) et des aliments sucrés qui provoquent un pic d'énergie juste avant de dormir. Quant à l'alcool, s'il « assomme » et provoque un endormissement rapide, il perturbe le rythme naturel de sommeil. Il réduit notamment la durée du sommeil paradoxal, qui constitue le dernier stade du cycle du sommeil, le moment où se produisent les rêves, et peut entraîner des réveils fréquents durant la nuit.

PARTIE 1

SPORT ANTISTRESS

SÉANCE 1

Warm-up yoga

SÉANCE 2

Warm-up Pilates

SÉANCE 3

Stretching

- Chapitre 1 -

S'échauffer et s'étirer

L'échauffement et les étirements font partie de la séance. Ils vous permettront de vous entraîner plus facilement et efficacement, de vous prémunir des blessures et d'assimiler au mieux les bienfaits de la séance. À ne pas zapper !

Séance au top = échauffement réussi

À froid, notre corps a du mal à fonctionner efficacement. La fréquence cardiaque est relativement basse, il faut lui laisser le temps d'augmenter tranquillement avant de la mettre dans le rouge, nos articulations sont peu mobiles et nos muscles sont raides. Notre système nerveux a lui aussi besoin d'être stimulé, pour nous permettre d'être rapide, réactive et précise. Pour éviter toute blessure et échauffer votre corps tranquillement, ne squeezez pas le warm up ! En commençant à bouger sans forcer, vous vous préparez physiquement et mentalement pour un maximum d'efficacité lors de votre training. L'échauffement se composera donc de mouvements mobilisant les articulations et d'exercices faisant travailler plusieurs groupes musculaires. Ils ont pour but de faire monter la fréquence cardiaque et la chaleur corporelle, mais aussi de stimuler la circulation sanguine et le système nerveux afin de mieux faire circuler l'oxygène et préparer le corps à être réactif à l'effort.

On n'oublie pas les étirements en fin de séance

Qui dit entraînements réguliers dit contraction des muscles, ce qui entraîne leur raidissement. Lorsqu'un muscle se contracte pendant un exercice, les fibres musculaires se raccourcissent et se concentrent, ce qui rend le muscle plus court et plus dur. Quand les muscles ne sont pas étirés régulièrement, ils perdent de leur allongement et élasticité. Ajoutez à cela les petites raideurs du quotidien et vous comprendrez pourquoi nous devons absolument travailler notre souplesse de façon régulière ! Ces étirements de fin de séance permettent aussi de relâcher les tensions, de se relaxer, et ils limitent la sensation de courbatures car ils soulagent la sensation de raideur des muscles.

Pas besoin de s'étirer des heures et des heures ! Pour ne pas être raide en séance, quelques étirements actifs durant le warm up et de petits exercices d'échauffement des articulations suffiront. Puis, en fin de training, ne faites surtout pas l'impasse sur les étirements : ils permettent de redonner aux muscles leur élasticité naturelle, à vos articulations de la mobilité et provoquent un drainage veineux qui relance la circulation sanguine, entraînant ainsi une meilleure récupération pour le corps.

SÉANCE 1

Warm-up yoga

Le warm-up yoga va réveiller et échauffer votre corps avec des mouvements doux principalement au sol, qui vont étirer le dos puis le reste du corps et faire monter l'énergie progressivement.

Combien de temps ? 5 minutes.

Quand ? Avant les trainings pour préparer et réveiller le corps en douceur.

① Inclinaison latérale

Pour dérouiller le dos, étirer muscles et articulations du haut du corps.Assise en tailleur, sans coussin, le dos droit, la main droite posée au sol sur le côté droit. Inspirez, montez le bras gauche vers le plafond. Expirez et inclinez sur le côté droit, en regardant la main gauche. La poitrine est ouverte, la colonne vertébrale reste étirée. Faites 3 respirations. Inspirez, revenez au centre. Faites la même chose avec le bras droit en vous inclinant du côté gauche !

② Torsion assise au sol

Cette posture améliore la mobilité du dos et relâche les tensions dorsales. Là aussi, on ne lésine pas sur cette posture contre le mal de dos !
De retour au centre, placez la main gauche à l'extérieur du genou droit. La main droite est posée en appui au sol derrière les fessiers. Inspirez, grandissez votre colonne vertébrale. Expirez et tournez lentement le buste du côté droit. Le regard est à l'horizontale et placé dans l'axe de l'épaule. Le dos reste long et droit. Faites 3 respirations. A chaque inspiration, essayez de vous grandir davantage, à chaque expiration, allez plus loin dans la rotation. Inspirez, revenez au centre. Répétez les mêmes mouvements du côté gauche (main droite sur genou gauche).

① Inclinaison latérale

3 respirations de chaque côté

② Torsion assise au sol

3 respirations de chaque côté

③ Chat-vache

3 ou 4 répétitions

③ Chat-vache

Cette posture super easy assouplit efficacement la colonne vertébrale.

Placez-vous en position de table à 4 pattes dans la longueur du tapis. Les mains sont espacées de la largeur des épaules et sous les épaules, les bras tendus. Les genoux sont sous les hanches et espacés de la largeur du bassin. Inspirez, dirigez le regard vers le plafond en creusant doucement le dos. Le ventre se relâche. Expirez, arrondissez le dos, amenez le regard vers le nombril, le ventre est contracté. Les omoplates s'éloignent. Pressez les mains dans le sol. Répétez ce mouvement 3 ou 4 fois.

④ Chien tête en bas

Idéal pour bien étirer les jambes, le dos, les épaules, réveiller le corps et s'éclaircir les idées !

Revenez en position de table, le dos neutre, la nuque longue. Crochetez les orteils, décollez les genoux au ras du sol. Envoyez les fessiers vers le plafond en poussant fortement dans les mains. Contractez les muscles des jambes et allongez la colonne vertébrale de manière à former un « V » inversé avec le corps. Si besoin, pliez les genoux. La nuque est relâchée. Le regard est placé entre vos genoux. Pour dégourdir vos jambes, « marchez » dans ce chien tête en bas en pliant et dépliant un genou après l'autre. Faites 3 à 5 respirations profondes.

⑤ Pince

La posture de la pince permet de relâcher toutes les tensions du corps (dos, nuque, arrière des jambes) et de se faire un autocâlin au passage !

En chien tête en bas, inspirez et pliez les genoux, portez le regard entre les mains et avancez tranquillement les pieds en direction de vos mains. Ramenez les pieds parallèles à l'avant du tapis. Expirez, relâchez le dos et la nuque en posant le ventre sur les cuisses. Vous pouvez attraper vos coudes et vous bercer de droite à gauche. Le regard est dirigé vers le sol. Si besoin, pliez les genoux pour détendre complètement le dos et garder la connexion du ventre sur les cuisses. Faites ainsi 3 respirations.

⑥ Montagne

Cette posture favorise un meilleur ancrage et des appuis solides.

Toujours dans la pince, relâchez vos coudes si vous les aviez attrapés. Décollez le ventre des cuisses et déroulez le dos en douceur, vertèbre après vertèbre, pour remonter en position debout. Adoptez la posture simple et équilibrante de la montagne. Les paumes de mains sont vers l'avant, les gros orteils se touchent. Restez 3 respirations.

④ Chien tête en bas

3 à 5 respirations profondes

⑤ Pince

3 respirations

⑥ Montagne

Durant 3 respirations

SÉANCE 2

Warm-up Pilates

Le warm-up Pilates, en position debout, regroupe des exercices doux d'équilibre et de mobilité qui vont vous amener à vous concentrer sur votre posture, détendre votre nuque, et préparer votre tronc et votre corps à la séance.

Combien de temps ? 5 minutes.

Quand ? Avant les trainings pour préparer et réveiller le corps en douceur.

① Equilibre debout les yeux fermés

Cette posture développe la conscience du corps dans l'espace, l'équilibre et l'ancrage.
Placez-vous en position debout et autograndie. Les pieds sont parallèles, écartés de la largeur du bassin, les épaules basses, la colonne étirée. Le poids du corps est réparti des orteils aux talons. Les genoux sont légèrement fléchis. Fermez les yeux, inspirez et sentez l'ancrage de vos pieds dans le sol. Expirez, décollez le pied gauche et transférez le poids du corps sur le pied droit. Inspirez, ramenez les deux pieds au sol. Décollez maintenant le pied droit, transférez le poids du corps sur le pied gauche. Ramenez les deux pieds au sol en inspirant. Expirez, décollez les talons, montez sur les pointes de pieds. Inspirez, revenez pieds à plat au sol. Répétez 3 fois cet équilibre sur les orteils.

① Equilibre debout les yeux fermés

3 répétitions

② Cercles de tête

3 cercles dans chaque sens

② Cercles de tête

Ces mouvements éveillent et dénouent les tensions logées au niveau des cervicales souvent crispées. Réalisez des cercles de tête en douceur en respirant calmement. Faites 3 cercles dans chaque sens.

③ Cercles de bras

Pour détendre et échauffer ses épaules en douceur. Réalisez des cercles de bras lentement et en contrôle : en inspirant, montez les deux bras vers le plafond, en expirant, ramenez les bras le long du corps. Faites 3 cercles dans chaque sens.

④ Enroulé-déroulé du dos

Un enchaînement qui défroisse et assouplit la colonne vertébrale et la nuque… À goûter en prenant son temps !

Les bras le long du corps, inspirez et adoptez une belle posture autograndie. Expirez, enroulez la tête, les épaules et le dos, vertèbre après vertèbre. Le regard accompagne le mouvement. Les bras sont relâchés et dirigés vers le sol. Les jambes peuvent être légèrement fléchies. À la fin de l'expiration, inspirez, stabilisez la posture et remontez en pressant les pieds dans le sol. Déroulez et revenez en position de départ. Faites 3 enroulés-déroulés.

Observez votre météo intérieure avant et en fin de séance

Dans un carnet ou mentalement, observez et notez le ciel de vos émotions comme un météorologue (par exemple votre ciel est sombre et nuageux si vous êtes fatiguée ou tristoune, plutôt bleu et ensoleillé si vous êtes en mode feel good ou énergique). En fin de séance voyez ce qui a changé entre le début et la fin de la pratique. Cette astuce aide à accueillir ses émotions, à s'en détacher et à rester plus sereine et centrée !

③ Cercles de bras

3 cercles dans chaque sens

④ Enroulé-déroulé du dos

3 répétitions

SÉANCE 3

Stretching

Dès que vous avez terminé votre séance, clôturez avec un stretching. Enchaînez les mouvements d'étirement ci-dessous. Ils vont relâcher les muscles et les ultimes tensions pour mieux vous faire voguer vers la relaxation finale (savasana).

① Automassage des lombaires au sol

Pour bien relâcher le bas du dos et masser l'abdomen.

Allongée sur le dos, ramenez un genou fléchi à la poitrine, puis l'autre. Entrelacez-les avec vos mains. Les épaules restent au sol. En expirant profondément, réalisez des cercles de genoux dans un sens puis dans l'autre. Faites ceci durant 30 secondes.

② Etirement des ischio-jambiers au sol

Des mouvements ciblés qui assouplissent l'arrière des cuisses.

Toujours allongée au sol, posez le pied droit au sol, genou plié. Etirez la jambe gauche et attrapez l'arrière de la cuisse avec les mains. Le bas du dos reste au sol. En expirant profondément, jambe gauche tendue ou légèrement fléchie, pied flexe, tirez doucement, et sans forcer, la cuisse vers votre poitrine. Restez ainsi 30 secondes puis changez de jambe.

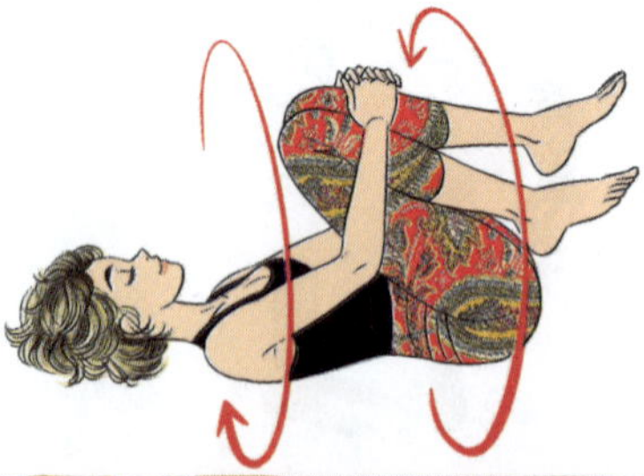

① Automassage des lombaires au sol

30 secondes

② Etirement des ischio-jambiers au sol

30 secondes sur chaque jambe

③ Chevalier servant

Une posture efficace pour étirer et faire du bien à son psoas (muscle fléchisseur de la hanche) malmené car hyper sollicité avec l'excès de position assise.

Roulez doucement sur le côté et remontez pour placer les deux genoux au sol espacés largeur bassin. Avancez la jambe droite. Posez le pied droit à plat au sol. Le genou droit est fléchi à 90 degrés au-dessus de la cheville droite. Le genou gauche est au sol. La poitrine est redressée, le dos droit et le nombril aspiré. Poussez doucement la hanche gauche vers l'avant. Respirez profondément durant 30 secondes puis changez de jambe.

④ Torsion au sol

Elle soulage le dos et masse l'abdomen. Excellent pour faciliter la digestion !

Revenez en position allongée au sol, la colonne étirée sur le tapis. Ouvrez les bras en croix, paumes de mains tournées vers le plafond. Ramenez un genou après l'autre vers la poitrine. Basculez les 2 genoux collés ensemble sur un côté. Les épaules restent en contact avec le sol. Si vous le pouvez, tournez la tête à l'opposé. Respirez profondément. Restez 30 secondes puis faites la même chose de l'autre côté.

⑤ Happy baby

Une posture régénérante qui détend le ventre et apaise le mental agité.

Ramenez doucement les genoux pliés au centre. Attrapez le bord externe des pieds avec les mains. La colonne vertébrale toujours étirée, le bas du dos au sol, ouvrez les talons vers l'extérieur en tirant sur les pieds avec les mains. Vous pouvez fermer les yeux et vous bercer doucement de droite à gauche. Respirez profondément durant 30 secondes.

③ Chevalier servant

30 secondes sur chaque jambe

④ Torsion au sol

30 secondes de chaque côté

⑤ Happy baby

30 secondes

SÉANCE 1

Yin yoga wake-up

SÉANCE 2

Pilates recovery

SÉANCE 3

Yoga power

- Chapitre 2 -

Pour retrouver de l'énergie

Notre corps est biologiquement structuré pour se maintenir en bonne santé. Quand rien ne le perturbe, le fonctionnement du corps est automatisé, afin de maintenir l'équilibre interne, ce que l'on appelle « homéostasie ». Mais lorsque le stress vient chambouler cet équilibre, il intoxique l'organisme en plus de notre mental. Résultat ? Une hausse de l'acidité corporelle et des toxines qui entraînent une baisse d'énergie ! En outre, quand le mental va mal, l'énergie est consommée plus vite et l'organisme n'en a plus assez pour assurer le bon fonctionnement du corps. Moins de stress = moins de toxines, pour un effet récupération et ressourcement !

Breaking news : le stress épuise l'organisme !

En situation de stress, notre système nerveux autonome (qui agit indépendamment de notre volonté) permet aux hormones d'apporter une réponse à court terme. L'adrénaline (produite par la glande surrénale au-dessus des reins) permet de mobiliser l'énergie nécessaire. Elle envoie le sang dans les muscles (notamment les jambes) pour être prête à courir ou à se battre et elle permet également de maintenir une attitude d'hypervigilance. Grâce à cette décharge d'adrénaline, l'organisme est capable de décupler ses forces mentales et physiques pour faire face au danger. Le corps est bien fait, non ? Le hic, c'est qu'il s'agit là d'un fonctionnement très coûteux sur le plan énergétique, et qu'il épuise le corps à la longue !

Le sport, détox antistress !

Il n'y a pas de secret : plus on bouge notre corps, plus il gagne en énergie. C'est un cercle vertueux ! Prenons le Pilates par exemple, ce sport redonne de la vitalité de façon globale et diminue le stress en stimulant le corps et l'esprit. Cette méthode très complète tonifie la respiration et la circulation sanguine, stimule les muscles et la colonne vertébrale et inonde le corps entier de bonnes sensations.

SÉANCE 1

Yin yoga wake-up

Réveillez votre corps et votre esprit et stimulez votre énergie et votre courage avec cette séance courte (pour être faite facilement) mais résolument tonique : mieux qu'un shoot de caféine, elle va vous faire partir du bon pied pour affronter cette nouvelle journée bien centrée et de belle humeur !

Combien de temps ? Entre 15 à 25 minutes.

① Assise méditative

Installez-vous confortablement, assise en tailleur, jambes croisées (vous pouvez utiliser un petit coussin de méditation) ou en lotus (chaque pied posé sur la cuisse opposée) si vous vous sentez confortable, ou encore à genoux, les fesses posées sur vos talons. Laissez reposer vos mains souplement sur les genoux (paumes des mains vers les genoux ou vers le ciel, au choix). Les fessiers doivent être bien ancrés dans le sol (ou dans les talons si vous êtes à genoux). Baissez les épaules, resserrez légèrement les omoplates, basculez un peu le bassin vers l'arrière pour « sortir » le pubis, tenez-vous droite et redonnez à votre colonne sa courbure naturelle, en imaginant qu'un fil relie le haut de votre tête au plafond. Tenez-vous droite, ne vous affaissez pas : vous êtes en posture de méditation, donc d'engagement. Détendez votre corps : chevilles, mollets, cuisses, bras, abdomen, épaules, mains… Lissez votre visage. Vous pouvez basculer (très légèrement) le menton vers la poitrine.

① Assise méditative

3 à 5 minutes

② Posture sur les orteils

À quatre pattes, genoux et pieds collés, repliez les pieds pour ancrer les orteils dans votre tapis (y compris le plus petit d'entre eux), en les écartant bien les uns des autres (vous pouvez vous aider de vos mains). Basculez ensuite le bassin vers l'arrière pour venir vous asseoir sur vos talons. Gardez le buste bien vertical (tête droite), les mains posées sur les cuisses. Ça tire fortement dans la plante des pieds ? C'est normal (c'est l'objectif, notamment pour stimuler les méridiens du rein et du foie, essentiels pour relancer et faire circuler l'énergie, donc stimuler la vitalité) ! Rassurez-vous, cette posture forte en sensations n'est pas à tenir longtemps… Pour en sortir : remettez-vous doucement à quatre pattes, les cous-de-pied sur le sol.

Option - : si vous en avez besoin, vous pouvez déposer une couverture roulée entre vos mollets et l'arrière de vos cuisses, ou basculer légèrement le corps vers l'avant pour alléger la pression des fessiers sur vos talons. Si vous avez besoin de vous équilibrer, posez légèrement les doigts tendus au sol à côté de vous.

Option + : remontez les genoux et basculez les fesses en arrière, et tenez l'équilibre sur les orteils.

③ Posture sur les chevilles

Assise à genoux, fesses sur les talons, cous-de-pieds contre le tapis, buste droit, basculez légèrement le haut du corps vers l'arrière pour décoller genoux et tibias du tapis. Posez les mains sur les cuisses ou joignez-les devant la poitrine et tenez la posture en respirant doucement. Pour en sortir : relevez-vous très doucement, passez à quatre pattes, puis asseyez-vous et tendez les jambes devant vous. Faites quelques mouvements doux avec les pieds (tendus puis flexes) pour détendre pieds et chevilles, qui ont été très stimulés.

Option - : vous pouvez installer une couverture pliée en quatre sous vos pieds et tibias pour faire un petit matelas et éviter les douleurs liées à la pression (surtout si votre tapis est fin). N'hésitez pas à glisser un bolster, une couverture roulée ou une brique à l'avant sous vos genoux pour bien garder la posture sans perdre l'équilibre. Vous pouvez aussi tendre les bras vers l'arrière, le bout des doigts au sol, pour vous aider à maintenir l'équilibre.

② Posture sur les orteils

1 à 2 minutes

③ Posture sur les chevilles

1 à 2 minutes

④ Posture ballante

Debout, pieds écartés à la largeur des hanches, fléchissez légèrement les jambes et enroulez doucement le buste et la tête vers l'avant. Déposez le ventre sur les cuisses, et attrapez chaque coude avec la main opposée. Détendez bien les bras dans le vide et gardez un ancrage fort dans les pieds qui portent le poids du corps pour éviter l'effet bascule. Pour en sortir : relevez-vous extrêmement lentement, en déroulant la colonne, vertèbre après vertèbre (la tête en dernier) jusqu'à retrouver la verticalité et passez directement à la posture suivante.

Option - : si vous n'arrivez pas à garder l'équilibre, posez les mains ou le bout des doigts sur le sol.

⑤ Posture du squat

Debout, pieds à la largeur des hanches et orteils dirigés vers l'extérieur, descendez les fesses pour vous asseoir doucement en squat : penchez-vous doucement vers le sol pour venir poser les mains au sol tout en pliant les jambes, les genoux s'ouvrant vers l'extérieur. Joignez les mains et posez vos coudes à l'intérieur des cuisses, exercez avec ceux-ci une pression dans les cuisses et résistez avec une pression des cuisses en sens inverse. Les talons sont posés au sol. Gardez le buste droit ou penchez-le vers l'avant si vous préférez, dos plat et épaules vers l'arrière. Pour en sortir : relevez-vous très doucement, passez à quatre pattes puis asseyez-vous et tendez les jambes devant vous. Faites quelques mouvements doux avec les pieds (tendus puis flexes) pour détendre pieds et chevilles qui ont été très sollicités.

Option - : si vous n'arrivez pas à poser (ou à garder) les talons au sol, glissez une brique ou la couverture roulée sous ceux-ci. Si vous avez mal aux genoux ou au bas du dos, posez une brique (ou un bolster) sous vos fesses pour vous sentir portée et moins forcer sur les zones sensibles.

⑥ Posture du sphinx

Allongée sur le ventre, jambes tendues, tête posée au sol, bras devant vous, ramenez les coudes sous les épaules (paumes des mains au sol et doigts écartés), puis poussez dans les mains et les avant-bras pour décoller la tête et le haut de la poitrine. Gardez les épaules basses, tirées vers l'arrière pour

④ Posture ballante

1 à 2 minutes

⑤ Posture du squat

2 à 4 minutes

bien ouvrir la poitrine. Décontractez les fessiers et l'arrière des jambes, qui sont plus ou moins serrées ou écartées à votre convenance. La tête est soit dirigée vers le sol (vous pouvez glisser une brique sous le front), soit droite avec le regard vers l'avant, soit encore vers l'arrière avec le regard au plafond (si nous n'avez pas de problème de cervicales). Ancrez bien le pubis dans le sol et respirez avec le ventre. Pour en sortir : redescendez doucement le buste vers le sol. Avec vos mains posées l'une sur l'autre, faites un petit coussin pour votre front.

Option - : si les coudes doivent rester en place, vous pouvez tester différents écartements des avant-bras et des mains pour trouver celui qui vous convient.

Option + : pour intensifier la posture (la ou les 2 dernières minutes), vous pouvez replier les jambes ou avancer et écarter un peu plus les mains, pousser pour tendre les bras et décoller davantage le buste (cette dernière posture est celle dite du phoque).

⑦ Shavasana

Allongez-vous, jambes écartées à la largeur du tapis (vous pouvez glisser un bolster sous vos genoux légèrement repliés afin de soulager le bas de votre dos et gagner du confort), bras légèrement écartés du corps, paumes des mains tournées vers le ciel. Vos yeux sont fermés, vous pouvez poser sur eux un petit coussin de relaxation (parfois rempli de lavande odorante très relaxante). Décontractez tout votre corps, laissez-vous aller dans la posture, flottez dans un état de détente et de sérénité, « entre deux eaux », sans plus rien faire du tout : profitez ! Pensez à vous recouvrir intégralement avec une couverture de yoga (pieds et mains compris, jusqu'au cou) : elle apporte de la chaleur qui facilite la détente corporelle.

⑥ Posture du sphinx

3 à 5 minutes

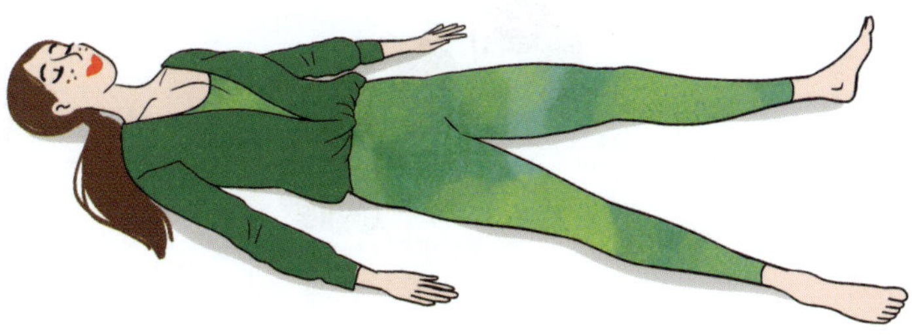

⑦ Shavasana

4 à 5 minutes

SÉANCE 2

Pilates recovery

Grâce à l'action du transverse (muscle le plus profond des abdos) et des mouvements de la colonne, tous les mouvements qui vont suivre stimulent et massent à la fois les intestins, le foie et la vésicule biliaire afin de stimuler tous les méridiens, les canaux d'énergie du corps. En plus de cela, la respiration profonde du Pilates favorise l'élimination de la fatigue physique autant que nerveuse !

Fréquence ? Trois ou quatre fois par semaine pour lutter contre le stress efficacement !

① Double leg stretch

Allongée sur le dos, les jambes en chaise renversée. Placez une main sur chaque genou et collez les jambes et les genoux ensemble. Inspirez et pressez vos genoux contre votre poitrine pour étirer et masser le bas du dos. À l'expiration, tendez les deux jambes (à 30° ou 45° par rapport au buste) et les bras simultanément en opposition selon le même angle. Les jambes sont en V Pilates (collez vos talons l'un contre l'autre en ouvrant vos pieds vers l'extérieur pour former ce fameux V), la ligne centrale est active (grâce à la rotation externe des hanches, les ischions, ces petits os pointus des fessiers, sont amenés à se rapprocher, les jambes sont en contact par les adducteurs et les mollets et forment ce qu'on appelle la ligne centrale. Cette position permet un meilleur engagement des muscles du plancher pelvien et du centre !), le nombril est aspiré vers la colonne. Inspirez en revenant dans la position initiale. Répétez ce mouvement 5 à 8 fois.

① Double leg stretch

5 à 8 fois

Option - : si vous manquez de souplesse à l'arrière des jambes et que le bas de votre dos tire, gardez les jambes en chaise renversée (à 90°) et tendez les bras vers le plafond afin de les garder perpendiculaires, dans le même angle que vos jambes par rapport au buste.

② Side bend + rotation (à droite et à gauche)

En position de planche costale à droite sur l'avant-bras, la jambe droite fléchie à 90° et la gauche tendue, les coudes sont dans l'alignement des épaules. Engagez le centre en aspirant le nombril et grandissez-vous. Inspirez, à l'expiration cherchez à monter le bassin le plus haut possible. Gardez cette position statique. Inspirez en enroulant votre buste en torsion pour passer le bras gauche en dessous de votre taille droite. Cherchez à l'allonger le plus loin possible pour obtenir une rotation du buste à grande amplitude. Contrôlez vos mouvements de rotation. Inspirez pour revenir buste droit tout en allongeant votre bras gauche vers le plafond. 5 à 10 répétitions, puis faites la même chose de l'autre côté.

Option + : pour aller plus loin dans les sensations, tendez vos deux jambes (attention, niveau supérieur !). Si le bas du dos tire dans cette position, laissez vos abdominaux prendre en force avant de retenter l'option.

③ Bridge stato-dynamique

Allongée sur le dos, les jambes fléchies à 45°, pieds au sol parallèles et écartés de la largeur du bassin. Les bras sont le long du corps, les paumes contre le sol, le centre engagé (aspirez votre nombril vers la colonne). Inspirez, puis à l'expiration, rétroversez le bassin en poussant le pubis vers le plafond et faites monter le bassin en décollant du sol chaque vertèbre une par une jusqu'à ce que le bassin soit dans l'alignement de la poitrine et des épaules. Stabilisez cette position en gardant les jambes actives (repoussez le sol avec vos pieds et gardez l'intérieur des cuisses et les abdos engagés). Inspirez de nouveau dans les côtes et le haut du dos en emmenant les bras tendus vers l'arrière. À l'expiration, ramenez les bras vers l'avant. Gardez les pointes d'omoplates ancrées au sol et ne bougez jamais le bassin.

Faites 6 à 10 allers-retours avec vos bras. Puis revenez dans la position de départ en déroulant la colonne avec contrôle en commençant par le haut du dos (dorsales-lombaires, sacrum, coccyx

② Side bend + rotation (à droite et à gauche)

5 à 10 répétitions de chaque côté

③ Bridge stato-dynamique

6 à 10 allers-retours avec les bras

et enfin parvenez en position bassin neutre : placement naturel de votre bassin et colonne lombaire, le bassin ne va ni vers l'avant ni vers l'arrière). Poussez le coccyx en direction des talons afin de continuer à allonger la colonne.

④ Saw

Assise en autograndissement, les jambes écartées plus que la largeur des épaules, le nombril aspiré vers la colonne. Inspirez en effectuant une torsion du buste vers la droite tout en gardant le sommet du crâne, le nez et le menton alignés avec votre colonne. À l'expiration, enroulez le sommet du crâne puis la colonne vers l'avant tout en aspirant le nombril. Le bras gauche s'allonge vers l'avant (paume de main vers le sol) et le bras droit vers l'arrière (paume de main vers le plafond). Avec le côté externe de votre main gauche, cherchez « à scier » l'extérieur de votre pied droit en effectuant 3 petits allers-retours pour chercher l'étirement au niveau du bas du dos, côté gauche, ainsi que dans l'intérieur des cuisses. Revenez ensuite dans la position de départ en déroulant la colonne et faites la même chose de l'autre côté. Répétez ce mouvement 5 fois de chaque côté en alternant.

⑤ Cork Screw

Allongée sur le dos, tête posée au sol, bras le long du corps, abdos engagés et jambes tendues vers le plafond. Serrez les deux jambes l'une contre l'autre et placez vos pieds en V Pilates. Inspirez, à l'expiration dessinez un cercle avec vos deux jambes en contrôlant le mouvement. Inspirez en revenant en position de départ et changez de sens. Vos bras doivent presser le sol tout le long du mouvement tout en s'allongeant vers l'avant pour garder les épaules éloignées des oreilles. Pour l'amplitude des mouvements, c'est à vous de sentir votre corps, la fesse opposée à l'inclinaison de vos jambes lors des cercles se décolle du sol, mais en aucun cas vous ne devez ressentir une douleur dans le bas du dos. Restez gainée et gardez les épaules ancrées au sol durant tout le mouvement. Exécutez 10 répétitions alternées.

Option - : faites le même mouvement avec les jambes en chaise renversée et limitez l'amplitude si besoin.

④ Saw

5 fois de chaque côté en alternant

⑤ Cork Screw

10 répétitions alternées

SÉANCE 3

Yoga power

Voici 9 postures de yoga à pratiquer tous les matins pour avoir énergie et tonus le reste de la journée. Vous allez échauffer vos muscles, ouvrir votre cage thoracique pour acquérir de la force et respirer profondément pour oxygéner votre cerveau et booster les énergies de votre corps.

Combien de temps ? Entre 20 à 30 minutes.

① La montagne

Installez-vous debout, les pieds écartés de la largeur de vos hanches. Balancez-vous très légèrement de droite à gauche et d'avant en arrière jusqu'à trouver votre point d'équilibre. Le dos est bien droit, la nuque dans le prolongement de la colonne vertébrale et le menton légèrement rentré vers votre poitrine. Vos bras sont près de votre corps, tendus, et les paumes de mains tournées devant vous. Tenez la posture au moins 30 s en pensant à respirer sur un rythme naturel.

② La cigogne

Levez les bras au ciel sur une inspiration, puis, à l'expiration, descendez-les jusqu'à vos pieds, dos droit. Les bras restent au maximum près des oreilles et l'abdomen collé aux cuisses, quitte à plier les genoux (afin de protéger les lombaires). Puis reprenez une inspiration et, à l'expiration, posez vos mains sur vos chevilles et essayez de rapprocher votre tête de vos genoux, l'abdomen toujours en contact avec les cuisses. Tenez 5 respirations, puis replacez-vous debout.

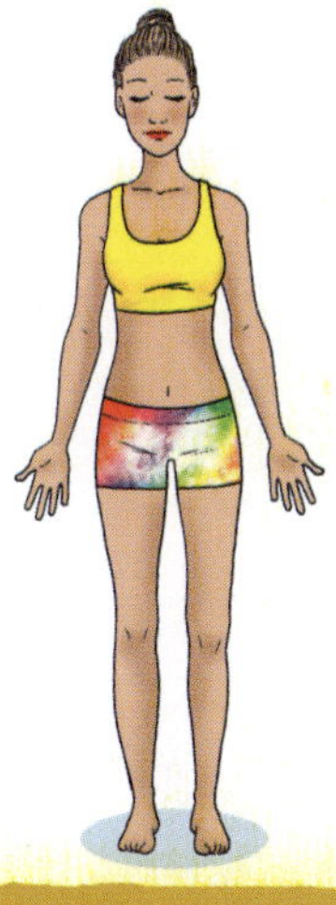

① La montagne

30 secondes

② La cigogne

5 respirations

③ La fente haute

Fléchissez les genoux, posez vos mains sur le sol et étirez votre jambe droite en arrière. Votre jambe gauche est pliée à 90 degrés et est alignée avec vos bras. Maintenez la posture sur 5 respirations.

④ Le guerrier I

Posez le pied arrière et ancrez-le au sol. Relevez le buste et tendez les bras au-dessus de votre tête en étirant votre buste au maximum et en gardant les épaules basses et le bassin de face. Tenez cette position sur 5 respirations, puis refaites l'enchaînement des deux postures (fente haute + guerrier I) de l'autre côté.

⑤ La chaise

Redressez-vous, les pieds joints, puis fléchissez les genoux jusqu'à ce que vos cuisses soient presque parallèles au sol. Puis montez vos bras, les paumes de mains droites et tournées vers l'intérieur. Vos bras doivent être dans le prolongement de votre dos. Rentrez les abdominaux pendant tout le mouvement. Tenez la pose sur quelques respirations.

⑥ Le guerrier II

Debout, étirez la jambe droite en arrière de sorte que votre genou droit fasse un angle de 90 degrés (votre genou est au-dessus de votre pied). Effectuez une rotation de vos hanches vers la jambe droite, puis levez vos bras à l'horizontale. Les paumes de mains sont tendues et alignées avec vos bras. Maintenez vos épaules basses. Tenez la position sur 5 respirations, puis inversez.

⑦ La flexion avant jambes écart en torsion

Basculez votre main gauche vers vos orteils (votre buste pivote également) et levez votre bras droit vers le ciel (les bras restent alignés). Votre tête est tournée vers la main droite.

Tenez la position sur quelques respirations, puis inversez.

③ La fente haute

5 respirations

④ Le guerrier I

5 respirations de chaque côté

⑤ La chaise

Quelques respirations

⑥ Le guerrier II

5 respirations de chaque côté

⑧ Le chien tête en haut

Placez-vous en planche. Pliez vos coudes à 90 degrés, puis ramenez vos pieds et tendez les bras. Vos épaules sont basses, vos cuisses ne touchent pas le sol et votre poitrine est tendue vers l'avant. Tenez la position sur 5 respirations, puis enchaînez avec la position du chien tête en bas.

⑨ Le chien tête en bas

Placez vos mains et vos pieds au sol, votre corps formant un angle droit. Étirez votre dos au maximum, mais ne forcez pas sur les talons si vous ne touchez pas le sol. Tenez la posture pendant 5 respirations. Puis terminez en reproduisant la posture de la cigogne puis la montagne.

Pratiquer une activité sportive le matin

La pratique d'une activité sportive le matin apporte de nombreux bénéfices pour toute votre journée ! Le sport entraîne la production d'endorphines, un neurotransmetteur qui procure une sensation de bien-être et d'apaisement (c'est aussi un antidouleur !).

Mais ce n'est pas tout ! En faisant une session de sport, vous stimulez la production de dopamine (hormone du plaisir et de la vigilance, et qui dit vigilance dit « wake up » et énergie !), d'adrénaline et de noradrénaline (hormones qui entraînent le déstockage des graisses). Attaquer votre journée par une session sportive vous donnera la pêche et l'énergie pour affronter votre journée avec sérénité. Pour de réels effets, une séance de 30 minutes minimum est recommandée, mais il est avant tout important d'écouter son corps et ses besoins.

Attention à commencer par une bonne séance d'échauffements pour réveiller vos muscles en douceur et veillez à ne pas stimuler le cœur trop rapidement au saut du lit. Soyez douce et attentive à votre corps !

⑦ La flexion avant jambes écart en torsion

Quelques respirations

⑧ Le chien tête en haut

5 respirations

⑨ Le chien tête en bas

5 respirations

MES RITUELS FEEL GOOD ENERGY

Une baisse d'énergie nous rend plus vulnérable au stress. Afin de retrouver votre énergie vitale et mieux équiper votre organisme contre le stress, mettez en place les petites routines qui vont suivre !

Énergie vitale, quésaco ?

Aussi nommée « force vitale » dans les traditions asiatiques (ayurveda, médecine traditionnelle chinoise), c'est l'énergie qui anime tous les êtres vivants. Sans vitalité, nous ne pouvons pas vivre. Cette énergie, qui circule dans tout le corps à travers nos méridiens (canaux énergétiques) reliés à tous nos organes, alimente les sept chakras ou « centres d'énergie » du corps. Lorsque l'on tombe malade, c'est que notre force vitale est déséquilibrée. C'est un capital santé à préserver. Plus votre force vitale est élevée, plus elle vous permettra de maintenir l'équilibre intérieur de votre organisme pour que vous restiez en bonne santé. Dans le cas où il y a une perte en énergie vitale, les systèmes immunitaire, de récupération et de régénération s'affaiblissent, et la fatigue augmente. En clair, les risques de maladies augmentent en même temps que votre tolérance au stress diminue.

Pourquoi en prendre soin ?

Pour garder la forme, la force vitale doit circuler de manière harmonieuse dans le corps. Quand l'énergie vitale vient à manquer ou lorsque son flux est perturbé par le stress, une mauvaise alimentation ou encore un problème émotionnel, l'organisme subit un déséquilibre qui engendre diverses pathologies comme la fatigue et un mal-être général. Pour rester en pleine forme, il est donc nécessaire de préserver l'énergie vitale et son équilibre pour qu'elle circule harmonieusement et de manière constante.

Comment se recharger en énergie vitale ?

- Profitez de l'air et de la lumière (deux sources d'énergie), oxygénez-vous, prenez le soleil dès qu'un rayon pointe le bout de son nez et respirez un bon coup ! En respirant profondément, l'énergie circule mieux dans le corps.
- Passez des moments avec des êtres ayant une belle énergie.
- Prenez un shot de nature, c'est une source d'énergie : faites une balade en forêt, en bord de mer ou encore à la montagne.
- Connectez-vous à la terre : marchez pieds nus dans l'herbe et déchargez-vous des mauvaises ondes tout en vous rechargeant avec l'énergie de la terre.

- Hydratez-vous régulièrement, le corps a besoin d'eau, autre source d'énergie vitale.
- Mangez équilibré, des produits frais, crus et de saison et surtout non transformés, pour bénéficier de leur énergie.

Regagnez en énergie vitale

Conseil de notre sophrologue Nathalie Prévost Grando

Après une journée éreintante, votre force vitale est au plus bas. Pour refaire le plein d'énergie en rentrant chez vous, un conseil : prenez 15 minutes pour vous, passez immédiatement à la douche et libérez-vous de toutes les tensions et contractions liées au stress de votre journée. Imaginez qu'au passage de l'eau sur votre tête, cette eau pure vous débarrasse de vos pensées limitantes et stressantes, puis sentez l'eau couler le long de votre cou et soulager les tensions de votre nuque, continuez ainsi pour chaque partie de votre corps jusqu'à vos pieds. Posez enfin l'intention de laisser sortir tout le stress qui se trouve à l'intérieur de votre corps. Faites ceci tout au long de votre douche. Ensuite, apportez à votre corps de la douceur avec un lait ou une huile, ayez des pensées positives à votre égard, dites-vous à quel point vous êtes formidable et merveilleuse. Une fois reboostée, vous pourrez pleinement profiter de votre soirée.

Je me brosse

Le brossage à sec est une technique de beauté et de santé ancestrale, mieux connue en Asie qu'en Occident. Cela consiste à se brosser la peau nue et sèche, sans eau ni aucun produit cosmétique, mais avec une brosse spéciale. On appelle aussi cette technique le brossage lymphatique, car il permet de relancer la circulation sanguine et lymphatique.

La lymphe est un liquide proche du plasma sanguin qui entoure les cellules du corps (sauf celles du cerveau et de la colonne vertébrale). Son rôle est de nettoyer l'organisme en éliminant les toxines. Mais cette circulation est beaucoup plus lente que celle du sang, d'où l'importance de la stimuler. Plus la circulation sera dynamique, et plus son action drainante et énergisante sera efficace ! Moins de toxines, moins de fatigue et moins de stress !
Les mouvements doivent toujours s'effectuer en remontant vers le haut, c'est-à-dire en direction des ganglions lymphatiques (les aisselles, l'aine, le creux poplité des genoux, c'est-à-dire l'arrière des genoux, le cou...) qui se chargent du traitement des toxines pour ensuite les faire évacuer par l'organisme. Vous pouvez trouver ce genre de brosse dans tous les magasins biologiques, choisissez-la à poils souples et en fibres naturelles.

Comment je fais ?

Effectuez des mouvements circulaires en partant de l'extrémité des membres et en remontant à chaque fois vers le haut. Agissez avec fermeté et souplesse en même temps. Commencez par le dessous et dessus des pieds, puis remontez le long des jambes en effectuant des petits cercles jusqu'en haut des cuisses. Ensuite frictionnez-vous les mains et les bras jusqu'aux aisselles avant de vous concentrer sur le dos (une brosse avec un long manche peut être utile !). Brossez les fesses toujours avec des mouvements circulaires. Passez au ventre, effleurez avec délicatesse la poitrine et terminez avec la nuque. Rincez-vous à l'eau claire et vous voilà avec une peau douce en prime !
Brossez-vous à sec une à deux fois par semaine, juste avant la douche.
Attention ! Évitez ce type de brossage si vous avez une peau à problèmes (eczéma, psoriasis ou cicatrice récente) et, si vous êtes enceinte, évitez le ventre.

SÉANCE 1

Pilates détox antistress spécial digestion

SÉANCE 2

Kundalini yoga détox

SÉANCE 3

Yoga détox du ventre

- Chapitre 3 -

Détox

La vie n'est pas un long fleuve tranquille… ! Des événements ou changements peuvent engendrer un gros stress dans votre vie. Mais vous pouvez également être sous pression constante ou être d'une nature anxieuse. Or, il n'y a rien de plus néfaste pour l'organisme. Non seulement le stress attaque le corps, mais il a également des conséquences sur le système digestif avec, entre autres, des problèmes de digestion et des ballonnements…

SOS tox !

Les toxines sont les déchets métaboliques que l'organisme crée lui-même (issus de l'alimentation, de la digestion et du sport), mais aussi la pollution, les cigarettes, l'alcool, les métaux lourds (présents dans l'alimentation, les médicaments, l'eau que l'on boit quotidiennement), les pesticides (légumes et fruits) et les effets du stress. Le corps est une machine incroyable pourvue de « filtres » chargés d'éliminer les déchets et toxines accumulés. Mais lorsqu'il y en a trop, le surplus encrasse ces filtres et empêche leur bon fonctionnement. Du coup, l'organisme accumule les toxines et n'en élimine donc que très peu. Le corps fonctionne alors au ralenti, et par conséquent vous aussi ! Résultat : fatigue physique et mentale, peau terne, boutons, mauvaise digestion, cellulite et un système de défenses immunitaires affaibli.

Le sport à la rescousse !

Pratiquer une activité physique régulièrement (minimum 3 fois/semaine) vous aidera à évacuer les toxines en transpirant. Et grâce aux différents mouvements du Pilates détox, vous allez agir sur les organes émonctoires en les stimulant. En plus de booster le système d'élimination des toxines, vous allez améliorer votre digestion, l'oxygénation du sang et la qualité de votre sommeil. C'est votre teint qui vous dira merci : vous allez rayonner ! Quant au Kundalini yoga, il vient équilibrer les systèmes glandulaire et nerveux, produisant immédiatement un effet puissant sur le stress et l'anxiété.

SÉANCE 1

Pilates détox antistress spécial digestion

Tous les mouvements qui vont suivre ont une action sur les intestins mais aussi sur le foie et la vésicule biliaire car tout le travail de détox part de là ! L'action du transverse (muscle le plus profond des abdos) agit en synergie avec les différents mouvements de la colonne pour les stimuler et les masser. Résultat, votre digestion est optimale, votre transit est régulé et votre organisme élimine mieux les toxines. En plus de cela, la respiration profonde du Pilates va vous apaiser et gommer le stress !

Combien de temps ? 15 minutes.

Fréquence ? Pratiquez ces routines une fois par jour minimum 3 jours par semaine. Si vous en ressentez le besoin, vous pouvez pratiquer tous les jours de la semaine !

Routine 1

① Rolling back

Bienfaits détox : Stimule tout le système digestif, apaise les troubles intestinaux (comme la constipation) en massant les intestins grâce à l'action du transverse contracté.

Assise sur les ischions (petits os pointus des fessiers), en autograndissement, jambes fléchies à 45°

Routine 1

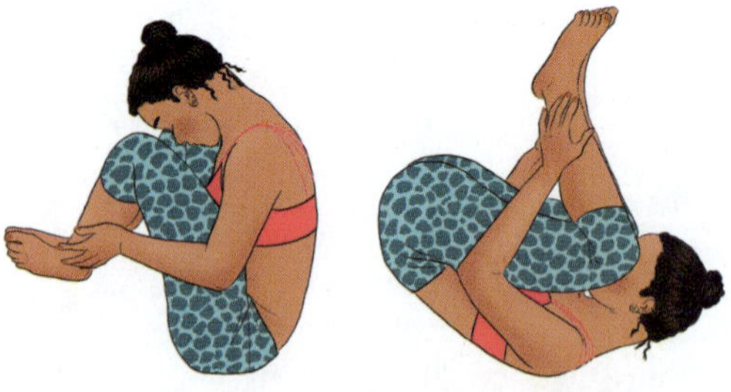

① Rolling back

8 à 10 fois

② Double leg stretch

5 à 8 fois

et pointes des pieds au sol. Placez les mains sur le côté des mollets (ou sous les cuisses) et basculez le bassin en rétroversion (pubis vers le plafond) en creusant le ventre. Formez un C avec la colonne, engagez le centre (aspirez votre nombril vers la colonne) et gardez les épaules basses. Décollez les pointes de pieds du sol pour vous retrouver en équilibre fessier (légèrement derrière les ischions), connectez les pieds en V Pilates (collez vos talons l'un contre l'autre en ouvrant vos pieds vers l'extérieur pour former ce fameux V) et laissez les genoux s'ouvrir. Inspirez et laissez le corps basculer vers l'arrière puis expirez en engageant la sangle abdominale et revenez dans la position en équilibre fessier. L'objectif est de rester dans la position d'un C durant tout le mouvement et de garder une posture stable.

Options - : si votre colonne vertébrale manque de souplesse ou est raidie par un problème de dos, restez au sol dans la position du C en effectuant juste des petites bascules de l'arrière vers l'avant sans revenir en équilibre fessier.

② Double leg stretch

Bienfaits détox : Masse activement les intestins, les stimule et régule le transit afin de mieux éliminer les toxines via les selles. Il permet de faire baisser le taux de stress grâce à la respiration.

Allongée sur le dos, les jambes en chaise renversée. Placez une main sur chaque genou et collez les jambes et les genoux ensemble. Inspirez et pressez vos genoux contre votre poitrine pour étirer et masser le bas du dos. À l'expiration, tendez les deux jambes (à 30° ou 45°) en tendant les bras simultanément en arrière. Les pieds sont en V Pilates, la ligne centrale est active, le nombril est aspiré vers la colonne. Inspirez en revenant dans la position initiale.

Option - : si le bas du dos tire, gardez les jambes en chaise renversée et tendez les bras vers le plafond afin de les garder perpendiculaires au buste.

③ The saw

Bienfaits détox : Cette action combinée entre compression des organes digestifs et respiration augmente l'afflux sanguin vers l'intestin grêle et le colon, ce qui favorise la progression des selles dans le colon, facilitant l'élimination des toxines.

Assise en autograndissement, bras le long du buste, les jambes écartées plus que la largeur des épaules, le nombril aspiré vers la colonne. Inspirez en effectuant une torsion du buste vers la droite tout en gardant le sommet du crâne, le nez et le menton

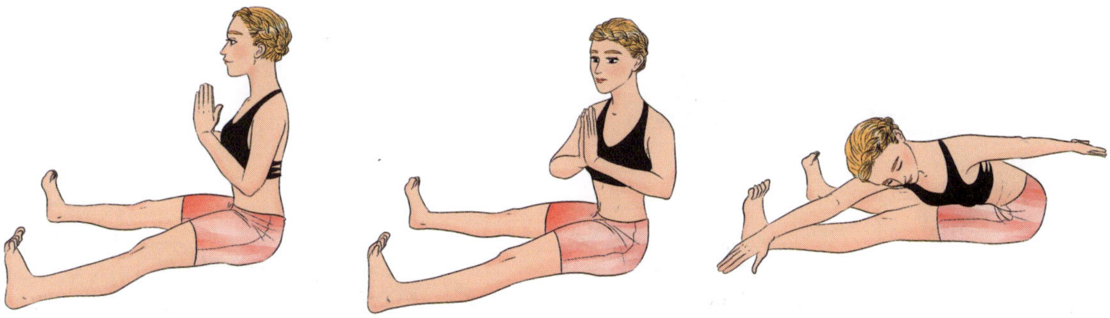

③ The saw

5 fois de chaque côté en alternant

alignés avec votre colonne. À l'expiration, enroulez le sommet du crâne puis la colonne vers l'avant tout en aspirant le nombril. Le bras gauche s'allonge vers l'avant (paume de main vers le sol) et le bras droit vers l'arrière (paume de main vers le plafond). Avec le côté externe de votre main gauche, cherchez « à scier » l'extérieur de votre pied droit en effectuant 3 petits allers-retours pour chercher l'étirement en bas à gauche du dos ainsi qu'à l'intérieur des cuisses. Revenez ensuite dans la position de départ en déroulant la colonne et faites la même chose de l'autre côté.

④ Bridge stato-dynamique

Bienfaits détox : Favorise la relaxation, soulage l'anxiété, la fatigue et les maux de tête et de dos.

Allongée sur le dos, les jambes fléchies à 45°, pieds au sol, ouverts à la largeur du bassin. Les bras sont le long du corps, les paumes de mains tournées face au sol, le centre engagé. Inspirez, à l'expiration rétroversez le bassin en poussant le pubis vers le plafond et faites monter le bassin en décollant du sol chaque vertèbre une par une jusqu'à ce que le bassin soit dans l'alignement de la poitrine et des épaules. Stabilisez cette position en gardant les jambes actives (repoussez le sol avec vos pieds et gardez l'intérieur des cuisses et les abdos engagés). Inspirez de nouveau dans les côtes et le haut du dos en emmenant les bras tendus vers l'arrière puis à l'expiration ramenez les bras vers l'avant. Gardez les pointes d'omoplates ancrées au sol le temps de faire les mouvements en allers-retours avec vos bras sans jamais bouger le bassin. Puis revenez dans la position de départ en déroulant la colonne avec contrôle depuis le haut du dos (dorsales/lombaires, sacrum, coccyx et bassin neutre : le placement naturel de votre bassin). Poussez le coccyx en direction des talons afin de continuer à allonger la colonne.

⑤ Swan dive

Bienfaits détox : Stimule les intestins et le transit, facilite l'élimination des toxines par les urines.

Allongée sur le ventre, les jambes écartées à la largeur du bassin, totalement relâchées et les mains posées au sol à côté de la poitrine, le nombril aspiré. Inspirez, à l'expiration, effectuez une extension de la colonne. La poitrine s'ouvre, le dos et les omoplates se ferment. Cherchez à décoller la poitrine et les premières côtes du sol en gardant le menton parallèle au sol et les épaules éloignées des oreilles. Inspirez et reposez les côtes et le buste avec contrôle sur le tapis sans relâcher le centre ni la connexion des omoplates. Aspirez le nombril vers la colonne en permanence.

④ Bridge stato-dynamique

6 à 10 allers-retours de bras

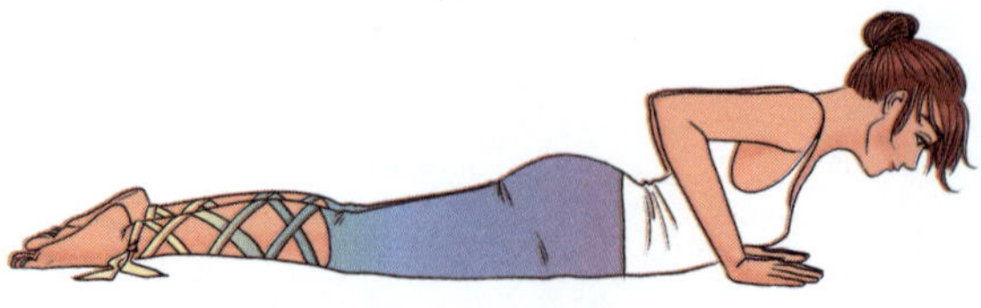

⑤ Swan dive

5 à 8 répétitions

Routine 2

① Single leg stretch

Bienfaits détox : Masse tout le système digestif dont les intestins, stimule le transit intestinal. Ce mouvement est aussi excellent pour détendre le bas du dos et les hanches, où les tensions s'accumulent souvent à cause du stress.

Allongée sur le dos, tête au sol et jambes en chaise renversée. Placez la main droite sur le genou droit et la main gauche sur le tibia droit. Inspirez, à l'expiration enroulez votre buste et pressez votre genou droit vers votre ventre et votre poitrine tout en tendant votre jambe gauche vers l'avant et en la gardant décollée du sol. Inspirez en changeant le placement des jambes et alternez. À chaque expiration, cherchez à aspirer davantage votre nombril vers la colonne. Gardez les épaules éloignées des oreilles.

Option - : si votre nuque tire, gardez la tête au sol.

② Side bent + rotation

Bienfaits détox : Compresse le foie, la vésicule biliaire et les intestins afin de chasser le sang gorgé de toxines. Le transit est stimulé et amélioré.

En position de planche costale à droite sur l'avant-bras, les jambes fléchies à 90° et les coudes dans l'alignement des épaules. Engagez le centre en aspirant le nombril et grandissez-vous. Inspirez, à l'expiration cherchez à monter le bassin le plus haut possible, le bras gauche vers le plafond. Gardez cette position statique. Inspirez en enroulant votre buste en torsion, le bras gauche passe en-dessous de votre taille (essayez d'aller chercher loin). Contrôlez vos mouvements de rotation. Inspirez pour revenir buste droit tout en allongeant votre bras gauche vers le plafond.

Option + : pour aller plus loin, tendez vos deux jambes.

③ Cork screw

Bienfaits détox : L'action combinée de compression des organes digestifs et de la respiration stimule le système digestif (foie et intestins), ce qui favorise l'élimination des toxines et la progression des selles dans le côlon. Déstressant grâce à la respiration.

Allongée sur le dos, tête au sol, bras le long du corps, abdos engagés et jambes tendues vers le plafond. Serrez les deux jambes l'une contre l'autre et placez vos pieds en V Pilates. Inspirez, à l'expiration dessinez un cercle avec vos deux jambes en contrôlant

Routine 2

① Single leg stretch

5 fois de chaque côté en alternance

② Side bent + rotation

5 à 10 répétitions de chaque côté

③ Cork screw

10 répétions alternées

le mouvement. Inspirez en revenant en position de départ et changez de sens. Vos bras doivent presser le sol tout le long du mouvement tout en les allongeant vers l'avant pour garder les épaules éloignées des oreilles. Pour l'amplitude de mouvement, c'est à vous de sentir votre corps : la fesse opposée à l'inclinaison de vos jambes peut se décoller du sol mais en aucun cas vous ne devez ressentir une douleur dans le bas du dos. Restez gainée !

Option - : faites le même mouvement avec les jambes en chaise renversées et limitez les amplitudes si besoin.

④ Shoulder bridge unilatéral alterné

Bienfaits détox : Favorise la relaxation et tonifie le transit, permettant une meilleure élimination des toxines via les selles.

Allongée sur le dos, les jambes fléchies à 45°, pieds au sol à la largeur du bassin. Les bras sont le long du corps, les paumes de mains tournées face au sol, le centre engagé. Inspirez, à l'expiration rétroversez le bassin en poussant le pubis vers le plafond et faites monter le bassin en décollant chaque vertèbre du sol une par une jusqu'à ce que le bassin soit dans l'alignement de la poitrine et des épaules. Stabilisez cette position en gardant les jambes actives. Inspirez de nouveau dans les côtes et le haut du dos, expirez en décollant la jambe droite du sol afin de la ramener en chaise renversée. Inspirez et reposez-la au sol avec contrôle sans faire bouger le bassin. Alternez la montée des jambes, 3 à 5 fois de chaque côté. Puis revenez dans la position de départ en déroulant la colonne avec contrôle depuis le haut du dos (dorsales/lombaires, sacrum, coccyx et bassin neutres). Poussez le coccyx en direction des talons afin de continuer à allonger la colonne.

Option + : pour aller plus loin, tendez la jambe vers le plafond en alternant à chaque fois.

⑤ Leg pull front

Bienfaits détox : Stimule le système digestif (foie et intestins) et énergise tout le corps.

En position de gainage sur les mains, jambes tendues et serrées. Les épaules, coudes et poignets sont alignés et le bassin dans l'alignement du sommet du crâne. Le centre est engagé (nombril aspiré). Maintenez cette position statique en vous focalisant sur l'engagement du centre. À chaque expiration cherchez à aspirer un peu plus le nombril vers la colonne afin de creuser le ventre davantage.

Option - : si vous avez des problèmes aux poignets, placez-vous sur les poings et posez les genoux au sol si le bas du dos tire trop.

④ Shoulder bridge unilatéral alterné

3 à 5 montées de jambe

⑤ Leg pull front

5 cycles respiratoires

SÉANCE 2

Kundalini yoga détox

Ce kriya (technique de nettoyage, destinée à purifier le corps et l'esprit de l'intérieur en se débarrassant des toxines physiques et mentales, composée de posture de yoga, de chants, de méditations et de respirations) équilibre les énergies du *prana* (l'énergie qui nous nourrit) et d'*apana* (l'énergie qui nous purifie) en agissant sur le 3e chakra au centre du nombril. Il donne du tonus, améliore le fonctionnement du système digestif et du foie et il tonifie la région abdominale en prime ! L'énergie circule mieux dans cette zone, vous vous sentez plus sûre de vous, plus tonique, plus forte et vous éloignez ainsi le stress et la fatigue afin de rayonner ! Pratiquez cette séance le matin de préférence.

① Assouplissement des membres inférieurs et détoxification du corps avec la respiration du feu

Bienfaits détox : Cet exercice ouvre vos poumons et stimule votre glande pituitaire, la glande maîtresse qui sert d'agent de liaison entre le système nerveux et le système endocrinien. Elle permet la mise à jour des taux hormonaux dans le sang. Asseyez-vous sur le sol, la jambe droite allongée devant vous et la jambe gauche repliée de façon à ce que votre pied gauche repose à plat sur le haut de votre cuisse droite. Attrapez le gros orteil de votre pied droit avec vos mains en le pinçant entre les pouces, d'une part, et les index et majeurs d'autre part, et en appliquant une pression sur la partie charnue du gros orteil. Tirez votre gros orteil en arrière. Redressez la colonne vertébrale. Rentrez le menton. Faites la respiration du feu (voir p. 159) pendant 1 à 2 min. Inspirez et inversez les jambes. Continuez pendant 1 à 2 min avec l'autre

Pour ouvrir la séance

Avant chaque kriya de kundalini, répétez les mantras suivants :

1. Adi mantra. Prenez une longue et profonde inspiration et sur l'expiration, chantez trois fois : Ong Namo Gourou Dev Namo.
2. Mangala charan mantra. Chantez juste après le deuxième mantra de protection, 3 fois de suite : Aad Guray Nameh, Jugaad Guray Nameh, Sat Guray Nameh, Siri Guru Dayvay Nameh.

Pour refermer l'espace de la pratique

À la fin de chaque séance de kundalini, répétez 3 fois le mantra Sat nam, qui signifie « ma véritable identité » ou encore « la lumière est ma vérité ». D'un point de vue vocal, le son SAT est sept fois plus long que le son NAM.

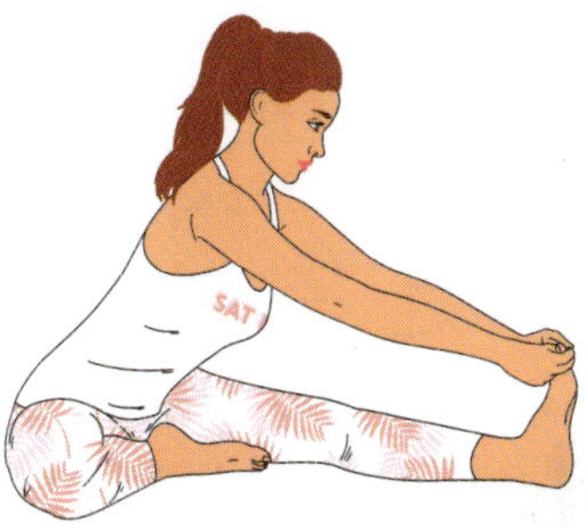

① Assouplissement et détoxification avec la respiration du feu

1 à 2 minutes de chaque côté

jambe. Inspirez, retenez votre respiration pendant une dizaine de secondes, expirez et relaxez-vous.

② Booty dynamique

Bienfaits détox : Cet exercice facilite la digestion et redonne de l'énergie. Une bonne digestion est un puissant gain d'énergie, car un système digestif qui ne fonctionne pas bien vient puiser trop d'énergie pour digérer et nous fatigue mentalement et physiquement.

Allongée sur le dos, les bras le long du corps, les paumes face au ciel, ramenez vos genoux contre votre poitrine. Frappez alternativement vos fesses avec un talon, puis l'autre. Inspirez quand vous levez le pied et expirez quand vous frappez votre fesse, puis changez de pied. Continuez pendant 1 à 3 min. Inspirez, retenez votre respiration pendant une dizaine de secondes en levant les jambes à la verticale, expirez. Ensuite, relaxez-vous durant 2 à 3 min en position du cadavre (allongée sur le sol, les membres détendus, le plat des mains reposant sur le sol).

③ La locomotive

Bienfaits détox : Cet exercice facilite également la digestion et renforce la zone au niveau du nombril, le 3e chakra, où vous puisez votre confiance en vous.

Restez allongée sur le dos et levez vos deux pieds à 30 cm du sol en gardant les jambes tendues. Inspirez et ramenez votre genou gauche contre votre poitrine tout en gardant votre jambe droite tendue. Expirez en tendant votre jambe gauche devant vous et, simultanément, en ramenant votre genou droit contre votre poitrine. Vos tibias restent parallèles au sol durant tout l'exercice. Continuez le mouvement alternatif de vos jambes pendant 1 à 3 min tout en pratiquant une respiration puissante. Inspirez à fond et retenez votre respiration tout en tendant vos deux jambes pendant une dizaine de secondes. Expirez, relâchez la posture et relaxez-vous.

② Booty dynamique

1 à 3 minutes

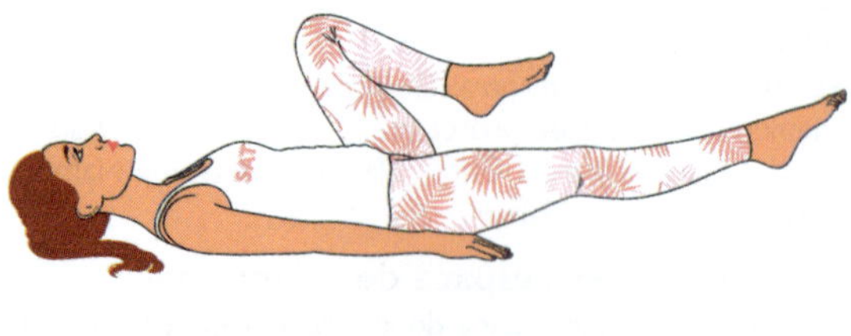

③ La locomotive

1 à 3 minutes

④ La plateforme avant

Bienfaits détox : Cet exercice renforce le bas de votre dos et stimule votre cerveau. Stimuler son cerveau, c'est s'assurer un gain d'énergie, de créativité et dire bye bye à la fatigue mentale !

Mettez-vous en position de planche, en appui sur l'extrémité des orteils. Pratiquez la respiration du feu pendant 1 à 3 min. Inspirez à fond et retenez votre respiration pendant quelques secondes. Expirez. Inspirez. Expirez à fond et retenez votre respiration pendant quelques secondes. Inspirez, relâchez la posture et profitez d'un repos bien mérité quelques instants sur le ventre, la tête tournée sur le côté.

⑤ Posture de tension

Bienfaits détox : Cet exercice stimule et équilibre le 3e chakra (plexus solaire), il renforce votre ceinture abdominale et facilite la digestion. Il vous aide également à avoir un centre fort. Toutes vos émotions résident dans votre ventre, autour de votre nombril. Renforcer son 3e chakra est le meilleur moyen de lutter contre le stress, de bien gérer ses émotions et se donner la possibilité d'être plus forte face aux imprévus de la vie.

Allongée sur le dos, pieds et jambes joints, levez les talons à 15 cm du sol. Soulevez les épaules et la tête, ouvrez les yeux, tendez vos bras et vos doigts vers vos orteils et retenez votre respiration pendant quelques secondes. Expirez. Inspirez. Expirez à fond et contractez le mula bhanda (la région du périnée), poumons vides, pendant quelques secondes. Inspirez, relâchez la posture et goûtez à cette sensation de bien-être après l'effort durant 1 min.

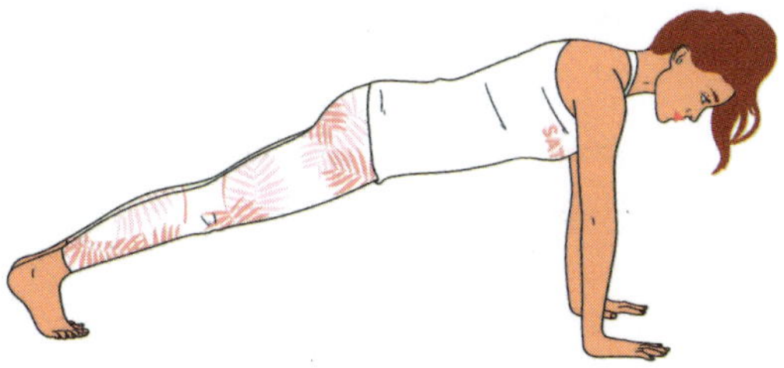

④ La plateforme avant

1 à 3 minutes

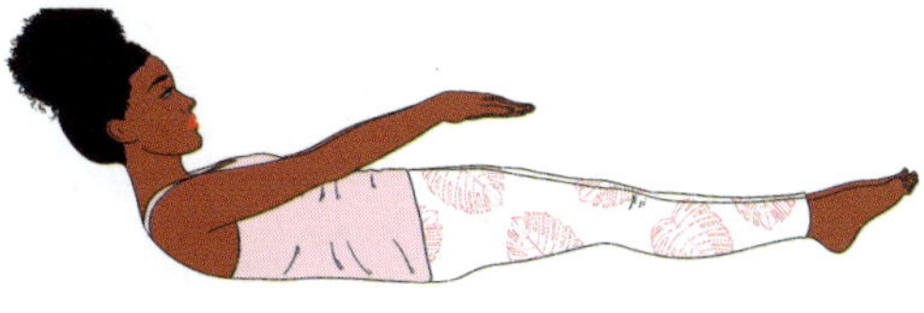

⑤ Posture de tension

1 minute

⑥ Extension du centre du cœur pour la guérison

Bienfaits détox : Pour gagner en énergie, il est indispensable de se centrer en diminuant le flux du mental afin de vous ressourcer. Après cette courte pause, vos idées sont bien plus claires et vous gagnez grandement en efficacité et en énergie. Cet exercice particulièrement méditatif déplace l'attention sur les mains (on relâche donc la concentration cérébrale) et ouvre le chakra du cœur. Il calme très rapidement le mental grâce aux effets de la respiration et à l'attention portée sur l'énergie qui circule dans le corps. Il a donc un important pouvoir déstressant.

Durant tout l'exercice, portez votre attention sur votre 4e chakra, celui du cœur. Vous pouvez visualiser une lumière verte si cela vous aide. Asseyez-vous en tailleur. Ouvrez les bras parallèles au sol, à 120°, comme si vous accueilliez un ami. Les bras, les mains et les doigts sont tendus. Les doigts sont écartés les uns des autres. Dans cette posture, pratiquez quelques respirations longues et profondes. Puis inspirez à fond et, en même temps, serrez les poings. Ramenez lentement vos poings au centre de la poitrine, en contractant les muscles des bras, comme si vous rencontriez une forte résistance. Lorsque vos poings sont au centre de votre poitrine, expirez vivement et avec force. Recommencez cette séquence 2 ou 3 fois. Ouvrez à nouveau les bras comme précédemment et, dans cette posture, pratiquez une respiration longue et profonde pendant 1 min. Ramenez lentement les mains devant votre poitrine en posture de prière, en maintenant les paumes à une distance de quelques centimètres l'une de l'autre. Sentez le flux d'énergie entre vos mains. Restez dans cette posture pendant 1 à 2 min tout en pratiquant une respiration longue et profonde. Joignez les mains au centre de la poitrine et méditez en vous concentrant sur le 3e œil pendant 1 min. Puis inclinez-vous en avant en fléchissant les hanches, posez votre front et vos paumes sur le sol. Relaxez-vous dans cette posture pendant 1 à 2 min.

⑥ Extension du centre du cœur pour la guérison

5 minutes

⑦ Méditation

Revenez dans la posture simple, assise en tailleur, les mains positionnées en gyan mudra (pouce et index se touchant, les autres doigts déliés) et méditez dans cette posture le temps que vous voulez. Accordez-vous ensuite un moment de relaxation profonde (10 à 12 min), allongez-vous simplement sur votre tapis, recouverte d'une couverture.

Mes infusions détox

Voici 2 tisanes qui soutiennent l'organisme dans son travail de nettoyage et de détoxification en accélérant le processus de drainage.

Préparation

Portez à ébullition 15 cl d'eau additionnée d'1 c. à s. de plante en vrac (mélange de 2 ou 3 plantes ci-dessous au choix) pour 1 tasse d'eau, à laisser infuser 10 min. Les tisanes peuvent se boire chaudes ou froides après avoir été placées au frais. Vous pourrez ainsi siroter votre tisane détox tout au long de la journée.

Ma tisane détoxifiante du foie

Les plantes : romarin, chardon-marie, pissenlit, boldo, artichaut.

Elles aident le foie dans son travail d'élimination et d'épuration des toxines accumulées qui l'encombrent et le ralentissent. Une détox indispensable particulièrement à l'arrivée du printemps.

→ 3 ou 4 tasses par jour à boire après ou entre chaque repas afin de lutter contre les troubles digestifs.

Ma tisane aux vertus digestives

Les plantes : menthe, fenouil, mélisse, réglisse, gingembre, cannelle, camomille.

Idéales pour éviter tout problème de digestion, constipation occasionnelle, ballonnements, acidité, bref, tout ce qui est inconfortable et ralentit le travail de détoxication du foie et le fonctionnement des organes digestifs.

→ 3 ou 4 tasses par jour à boire après ou entre chaque repas afin de lutter contre les troubles digestifs

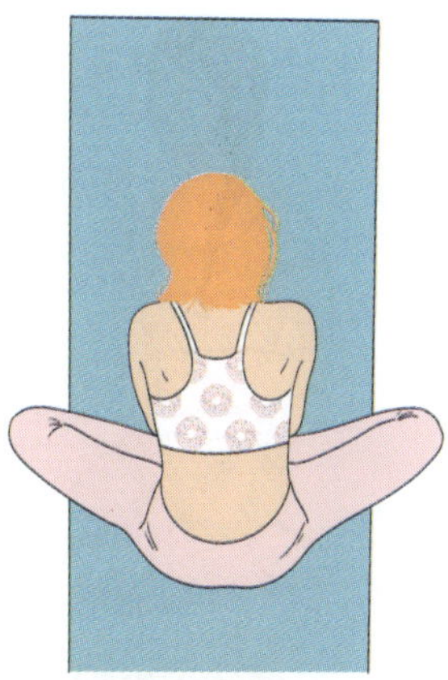

⑦ Méditation

Restez dans cette position autant de temps que vous le voulez

SÉANCE 3

Yoga détox du ventre

Vous le savez, le stress influe sur notre corps et endommage notre système digestif qui peine à se décharger des déchets. La détox est alors primordiale pour activer nos émonctoires et mieux digérer. Voici une séquence de 6 postures de yoga enchaînées qui a pour objectif de masser en profondeur votre ventre dès le lever. Les bénéfices ? Accompagner le drainage des toxines dans votre ventre, relancer votre système digestif, éliminer les gaz et apaiser votre stress !

Combien de temps ? 15 minutes.
Quand ? À pratiquer le matin à jeun avant le petit déjeuner. Soyez la plus régulière possible.

① Posture de l'élimination (Apanasana)

Bienfaits détox : Cette première posture porte bien son nom ! Certaines l'appellent aussi la posture de la libération des vents. Ici, elle vous aidera à préparer votre corps à la pratique des autres postures tout en massant en profondeur votre ventre. Allongée sur le dos, genoux à la poitrine, plaquez les cervicales au sol et étirez bien les lombaires. Pliez les jambes, puis serrez vos genoux entre vos bras. Sur l'expiration, serrez plus fort encore vos genoux sur une vingtaine de respirations.

① Posture de l'élimination (Apanasana)

20 respirations

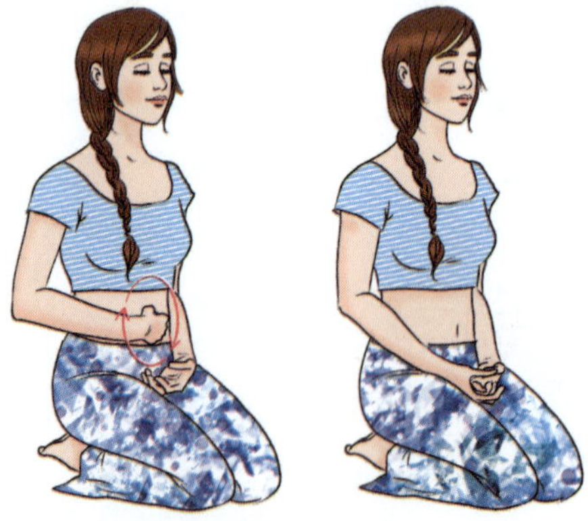

② La posture du diamant (Vajrasana)

5 minutes

② Automassage du ventre dans la posture du diamant (Vajrasana)

Bienfaits détox : Cet automassage nous permet d'éliminer les déchets de notre organisme et de relancer l'énergie dans notre ventre. Indispensable à la détoxination du corps, il aide au drainage de l'eau stockée dans le ventre.

Assise sur les talons dans la posture du diamant, le dos bien droit, les genoux joints, les pieds sous les fesses et les épaules basses. Vous pouvez ajouter un zafu ou une couverture enroulée entre vos talons et vos fesses si la position est inconfortable. Le pouce plié au centre de la paume de votre main droite, enroulez vos doigts autour pour fermer le poing. Utilisez les tranches des phalanges pour vous masser ventre. Commencez en formant de petits cercles dans le sens des aiguilles d'une montre autour de votre nombril, puis agrandissez le cercle jusqu'aux côtes. Insistez là où vous sentez des tensions. Puis réduisez le cercle en massant des côtes vers le nombril. Ensuite, faites la même chose avec l'autre poing, dans le sens inverse des aiguilles d'une montre. L'idée est ici d'activer l'énergie et de relancer le feu de la digestion, en pratiquant ce massage de façon équilibrante, des deux côtés. À faire pendant 5 min minimum.

③ Massage dynamique du ventre dans la posture de la sauterelle (Salabhâsana)

Bienfaits détox : Ce deuxième massage via une posture de yoga permet d'intensifier le premier massage du ventre et les bienfaits de la détox grâce à une intense stimulation de la partie abdominale, la posture se faisant en appui sur le ventre.

Allongez-vous sur le ventre, les bras tendus devant vous, les jambes jointes, le front au sol. Durant toute cette posture, activez les muscles de vos fesses pour protéger le bas de votre dos. À l'inspiration, levez les bras et les jambes vers le haut sans les écarter, regardez droit devant vous. À l'expiration, relâchez doucement, en maîtrisant le mouvement, puis reposez le front au sol.

④ Rééquilibrage dans la posture de l'enfant (Balasana)

Bienfaits détox : La posture de l'enfant est ici la contre-posture indispensable à la précédente, elle permet de continuer à masser délicatement le ventre.

Placez-vous à nouveau assise sur les genoux, inclinez votre buste en direction du sol, le front posé sur le tapis, les bras le long du corps. Petit à petit, détendez les épaules, la nuque, tout le dos, les bras, le visage, les mâchoires…

③ La posture de la sauterelle (Salabhâsana)

20 respirations

④ La posture de l'enfant (Balasana)

20 respirations

⑤ Le chien tête en bas (Adho mukha svanasana)

Bienfaits détox : Cette posture permet de dynamiser le corps entier et d'améliorer digestion et détoxination.

À quatre pattes, placez vos genoux sous vos hanches et vos mains légèrement en avant de vos épaules. Les mains bien ouvertes, retroussez vos orteils. Expirez, levez les genoux et poussez les fesses vers le sol. Rentrez votre menton. Poussez sur vos mains. Dans cette posture, concentrez-vous sur l'étirement du dos. Vous pouvez garder les genoux fléchis si la posture est douloureuse. Restez dans la posture sur une dizaine de respirations.

⑥ La demi-lune latérale (Ardha chandra)

Bienfaits détox : Cette posture très douce permet d'accueillir les effets des précédentes postures, de stimuler la vésicule biliaire (qui facilite la digestion des graisses) et de masser le côlon.

Allongez-vous sur le dos et tendez les bras derrière la tête. Sur une inspiration, étirez-vous. Croisez le pied gauche sur le pied droit. Attrapez le poignet gauche avec votre main droite et inclinez-vous vers la droite afin d'étirer tout votre côté gauche. Maintenez la posture 1 min. Revenez au milieu. Sur une inspiration, étirez-vous. Reproduisez la posture de l'autre côté en changeant le croisement des pieds.

⑤ Le chien tête en bas (Adho mukha svanasana)

10 respirations

⑥ La demi-lune latérale (Ardha chandra)

Maintenir durant 1 minute de chaque côté

Mes rituels Feel good détox

Maintenant que vous avez bien massé en profondeur votre ventre pour l'aider dans l'élimination des toxines, pour améliorer votre système digestif et vous libérer des gaz tout en apaisant votre stress, prolongez les effets de votre séance en suivant ces rituels complémentaires feel good détox du ventre.

3 rituels doudous des intestins !

Par notre naturopathe, Delphine Rapaud

Je mâche bien

Prendre soin de ses intestins commence par prendre le temps de manger dans le calme et de bien mâcher. Les intestins, et le ventre en général, sont très sensibles au stress et les problèmes intestinaux vont à leur tour nourrir le stress. Bien mâcher, c'est mettre toutes les chances de son côté pour bien digérer et bien assimiler.

Je chouchoute mon microbiote au quotidien

Un transit régulier et quotidien est une clé essentielle d'un intestin en bonne santé, il est donc important de le réguler toujours en douceur sans utiliser de plantes ou compléments alimentaires qui pourraient l'irriter. Consommez des prébiotiques (banane, artichaut, ail, poireau, oignon, légumes à feuilles vertes… par exemple) : leurs fibres vont nourrir le microbiote intestinal.

Je masse mon ventre

En cas d'inconfort, de ballonnements, massez votre ventre dans le sens des aiguilles d'une montre avec une cuillère à café d'huile végétale additionnée de 5 gouttes d'huile essentielle de basilic ou d'estragon.

SÉANCE 1

Yoga-pilates détox émotionnelle

SÉANCE 2

Pilates pour gérer ses émotions

SÉANCE 3

Yoga des émotions

- Chapitre 4 -

Détox émotionnelle

Les émotions (angoisse, peur, déception, colère...) s'imposent à nous et nous n'avons d'autre choix que de les affronter. Lorsqu'elles ne sont pas maîtrisées, elles prennent le pas sur nos comportements et nos pensées pour finir par complètement nous envahir et susciter du stress !

Qu'est-ce qu'une émotion ?

Une émotion est tout simplement une réaction psychologique et physique face à une situation. Lorsque la peur, la colère, la joie ou encore la honte se manifestent, notre corps parle (rythme cardiaque qui s'accélère, pincement au cœur, estomac noué, rougissements, poings qui se serrent...) et dans notre tête ça donne un peu ça : « J'ai envie de crier ! de pleurer ! de rire ! » Les émotions nous poussent à réagir pour rétablir notre équilibre et notre bien-être.

Apprenez à identifier vos émotions

La première étape pour maîtriser ses émotions, c'est de parvenir à les identifier avec clarté. Faites « un arrêt sur image », repérez les signaux que votre corps et votre mental vous envoient et mettez des mots dessus. Posez-vous ce genre de questions : « Qu'est-ce que je ressens ? Est-ce de la peur ? de la tristesse ? de la colère ? du dégoût ? de l'ennui ? autre chose ? »

Comprendre l'origine de ses émotions

Pour ne plus vous sentir victime de vos émotions, vous devez comprendre leur message. Pour cela, prenez le temps de réfléchir à la cause de votre émotion. Quel a été l'élément déclencheur ? Lorsqu'une émotion surgit, c'est en identifiant vos besoins non comblés (sécurité, sérénité, repos, bienveillance...) que vous parviendrez à trouver une meilleure stratégie de résolution du problème.

Le bassin, siège des émotions !

Selon la philosophie du yoga, sœur de celle du Pilates, le siège de nos émotions se situe au niveau du bassin et des hanches. La manière de s'asseoir des Occidentaux a tendance à bloquer cette région du corps. En revanche, en Asie, on peut remarquer que la position assise la plus fréquente est la position accroupie, les jambes légèrement écartées, et ce même à des âges canoniques ! Cette position, qui libère le bassin grâce à l'ouverture des hanches, est aussi parfaite pour expulser les énergies et les émotions négatives qui abondent à cet endroit.

SÉANCE 1

Yoga-pilates détox émotionnelle

Délogez les émotions encombrantes avec cette séance qui vous reconnecte à vous-même et à l'essentiel. Dans ce flow, l'accent est mis sur l'ouverture des hanches et leur mobilité. Le travail et la détente de la zone des hanches, siège de nos émotions en yoga, va vous aider à vous défaire du négatif et à déverser le trop-plein émotionnel pour vous sentir plus libre et légère !

Combien de temps ? 15 à 20 minutes.

Fréquence ? Programmez deux ou trois séances par semaine (en les calant dans votre agenda si besoin), pour ressentir les bienfaits des séances sur votre corps et votre mental.

Avant de commencer cette séance, échauffez-vous avec le warm-up yoga p. 34. Puis, finissez ce flow en vous relaxant 5 à 10 minutes en shavasana (voir p. 45).

① De la fente haute (jambe gauche devant) au squat Pilates

Bienfaits : vous tonifiez profondément vos jambes et vos fessiers en fente haute et en squat. En squat Pilates les jambes largement espacées, vous sculptez les muscles des cuisses (quadriceps, intérieur des cuisses, adducteurs) et des fessiers, tout en libérant la zone du bassin, ce siège émotionnel. Sentez le renforcement intense dans le bas du corps.

Inspirez dans la posture de la montagne (voir p. 49), expirez, ouvrez les pieds parallèles largeur

① De la fente haute (jambe gauche devant) au squat Pilates

4 squats

bassin et faites un pas en arrière avec la jambe droite. Le genou avant (gauche) est fléchi à angle droit, en ligne avec la cheville. Allongez la jambe arrière en la gardant active. Le dos reste droit, les hanches sont alignées, les bras le long du corps. Le ventre est rentré (périnée et transverse engagés). En fente haute, inspirez, ouvrez le pied arrière, pivotez les deux pieds sur le côté droit pour vous retrouver de profil. Les pieds sont espacés de plus que la largeur des épaules, les pieds et les genoux sont ouverts et tournés vers l'extérieur. Inspirez l'air dans les côtes, pliez les genoux et repoussez les fessiers vers l'arrière comme pour vous asseoir sur une chaise. Sur cette descente montez les bras devant vous à l'horizontale. Expirez, repoussez les pieds dans le sol et remontez les jambes tendues en contractant les fessiers, les bras le long du corps. Gardez la connexion à votre centre en ayant toujours le ventre rentré. Sur la descente en squat, gardez les genoux alignés dans l'axe des pieds.

Tips posture : gardez le buste redressé, le dos long, les épaules basses et la nuque longue. Soyez bien ancrée dans le squat : placez le poids du corps dans les talons et pressez dans le bord externe des pieds. N'allez pas trop bas, privilégiez une belle posture et prenez le temps de bien respirer.

② Guerrier II (jambe gauche fléchie)

Bienfaits : cette posture dynamise, tonifie et étire les jambes. Elle ouvre le bassin et assouplit les hanches. Imaginez à chaque respiration que l'air circule dans vos hanches. Expirez dans cette zone en visualisant les hanches s'ouvrir, et sentez le corps se purifier.

Inspirez, refermez le pied avant (gauche) vers l'avant du tapis et ouvrez le pied arrière (droit) à la perpendiculaire du pied avant, le talon arrière posé dans le sol. Les deux talons sont alignés. Le genou avant (gauche) est fléchi, la jambe arrière active. Allongez les bras de chaque côté, paumes de main vers le sol, détendez les épaules. Le regard est placé sur le majeur de la main gauche. Les deux pieds restent fermement ancrés dans le sol, les jambes actives. Pressez dans le bord externe du pied arrière pour étirer un peu plus la jambe arrière. Décambrez le bas du dos en engageant le ventre et le périnée.

③ Triangle (à gauche)

Bienfaits : le triangle étire la colonne vertébrale, ouvre les épaules, le bassin et étire l'arrière des jambes (ischio-jambiers). Campée sur vos appuis,

② Guerrier II (jambe gauche fléchie)

3 respirations

③ Triangle (à gauche)

3 respirations

vous travaillez votre équilibre. Dans cet ancrage, l'énergie et les émotions circulent et remontent le long du buste étiré.

Du guerrier II (les jambes pas trop écartées), inspirez et dépliez la jambe avant (jambe gauche), en conservant le placement des pieds. La jambe avant tendue, expirez et inclinez le buste sur la jambe gauche en conservant l'ouverture du bassin. Amenez le bras gauche vers la cheville gauche et le bras droit vers le ciel. Selon votre souplesse, la main gauche repose sur la cheville, le tibia ou la cuisse. Les deux bras sont alignés. Les muscles des jambes sont engagés. Les deux pieds restent ancrés dans le sol pour stabiliser la posture. Le dos reste long et ne doit pas s'arrondir, imaginez que vous êtes adossée à un mur. La taille est étirée des deux côtés. Le regard est placé devant vous si vous débutez, sinon vers le ciel. À chaque inspiration, sentez la cage thoracique s'ouvrir.

Tips posture : si l'étirement des jambes est trop intense, diminuez l'écart entre les deux jambes, ou pliez légèrement la jambe avant. Vous pouvez vous aider d'une brique placée sous la main avant pour plus de facilité.

④ Lézard (jambe gauche devant)

Bienfaits : le lézard étire l'arrière de la cuisse (ischio-jambiers), l'avant de la cuisse (quadriceps) et les fléchisseurs de hanche. En travaillant l'ouverture de hanche, cette asana aide à relâcher les tensions musculaires et à décharger les émotions.

À partir de la posture du triangle, inspirez, repliez le genou avant (gauche), décollez le pied arrière droit du sol, tournez les hanches face au tapis. Posez les mains au sol, sous les épaules, les bras tendus. Le pied avant (gauche) est placé à l'extérieur de la main gauche. Si vous êtes à l'aise et que votre genou n'est pas sensible, vous pouvez orienter le pied avant légèrement vers l'extérieur (côté gauche). Expirez, déposez le genou de la jambe arrière (jambe droite) au sol. Dans ce lézard, vérifiez que le genou avant est bien aligné avec la cheville. Le dos est long et étiré, le périnée et le transverse engagés. Le regard est porté devant soi. Respirez profondément. Si vous êtes à l'aise, décollez la jambe arrière et tendez-la en poussant le talon vers l'arrière pour accentuer l'étirement de la jambe.

Tips posture : adaptez la posture à votre ressenti et votre aisance : placez un support sous le genou arrière si besoin. Tendez les bras ou, si vous pouvez aller plus loin, posez les avant-bras au sol, coudes sous les épaules. À éviter en cas de blessure au genou.

④ Lézard (jambe gauche devant)

3 respirations

⑤ Guirlande

Bienfaits : la guirlande est une posture intense qui étire les chevilles, ouvre les hanches, favorise la digestion en stimulant les organes abdominaux. Avec la pratique, cette asana soulage les raideurs dans les hanches. Ici, « plongez » dans vos hanches pour ouvrir amplement la zone du bassin et la détoxifier de l'énergie et des émotions stagnantes. Sentez l'énergie et l'air circuler dans vos hanches. De la posture du lézard, inspirez et ramenez le pied droit à côté de votre pied gauche. Les deux pieds alignés, les pieds et les genoux sont tournés vers l'extérieur. Adaptez l'écart entre vos pieds de manière à descendre plus facilement vos hanches. Les pieds sont à plat et ancrés dans le sol. Le poids du corps est dans les talons. Placez les mains jointes en prière. Essayez de repousser l'intérieur des genoux à l'aide des coudes. Respirez profondément dans cette posture avec le buste redressé, la poitrine haute et le regard loin devant vous.

Tips posture : si cette posture est trop intense pour les hanches, descendez moins bas. Vous pouvez aussi placer une serviette roulée en deux en support sous vos talons pour étirer plus facilement le dos. À éviter en cas de blessure au genou.

⑥ Spine twist (droite-gauche)

Bienfaits : cet exercice de Pilates renforce les muscles profonds du dos, les abdominaux (transverse et obliques), travaille la posture. Vous affinez votre taille et développez la mobilité de votre colonne vertébrale. En étirant la colonne vertébrale, vous délogez les tensions physiques et émotionnelles. Cette torsion masse l'abdomen et favorise le transit.

En position assise à l'avant de votre tapis, ancrée sur vos ischions, le dos et le bassin neutres. Les jambes sont espacées plus largement que les épaules (environ largeur tapis), les pointes de pied tendues. Votre buste est vertical, les bras tendus et ouverts sur le côté sur la ligne des épaules. Imaginez tenir un gros ballon entre vos mains. Le ventre est rentré (périnée et transverse engagés). Les épaules sont basses, les omoplates fixées. Inspirez l'air dans les côtes, stabilisez la posture. Expirez le ventre rentré, pivotez le buste sur un côté. Inspirez, revenez au centre, expirez, pivotez de l'autre côté. Sur tout le mouvement, le bassin reste stable, le dos reste le plus étiré possible, les côtes ouvertes, la nuque longue. Le regard accompagne le mouvement.

Tips posture : imaginez essorer votre colonne sur chaque rotation de buste. Si la posture est inconfortable ou si vous basculez vers l'arrière, surélevez

⑤ Guirlande

3 respirations

⑥ Spine twist (droite-gauche)

5 répétitions (1 répétition = côté droit + côté gauche)

les fessiers en plaçant une brique de yoga ou un coussin sous vos fessiers. Pour travailler un peu plus la souplesse des hanches, ouvrez les jambes plus largement en gardant le dos droit.

⑦ Angle assis

Bienfaits : L'angle assis étire et détend le dos, assouplit l'arrière des jambes et les hanches. Cette flexion avant favorise le sommeil, elle « nettoie » le mental pour mieux « vider » l'esprit et apaiser l'agitation intérieure. Elle stimule également les organes de l'abdomen (foie, vessie, intestins…) et facilite la digestion.

Du spine twist, le dos redressé, formez un angle à 90 degrés entre vos jambes, tendues et contractées (les genoux tournés vers le plafond), les pointes de pieds flexes. Inspirez, appuyez vos mains au sol devant vous. Expirez, penchez-vous vers l'avant en basculant à partir du bassin. Le dos s'allonge, les bras s'étirent vers l'avant. Le périnée et le transverse sont engagés. Les jambes restent ancrées au sol. Si vous êtes à l'aise dans cette posture ouvrez davantage les jambes. À chaque inspiration étirez davantage le dos, et à chaque expiration plongez un peu plus vers l'avant.

Tips posture : pour plus de facilité dans cette flexion avant, pliez légèrement les jambes. Si vous manquez de souplesse dans les hanches et pour étirer plus facilement le dos, placez une couverture ou une serviette pliée sous les fessiers.

⑧ Side passé (sur le côté droit)

Bienfaits : ce mouvement galbe vos cuisses et vos fessiers tout en ouvrant la hanche de la jambe sollicitée. Imaginez-vous dans la peau d'une danseuse classique et ressentez l'élégance et l'allongement de votre corps dans cet exercice.

Allongée sur le côté droit, la tête posée sur le bras droit étendu au sol. Le bassin et le dos sont neutres. Les jambes sont tendues et serrées, les pieds en V Pilates (les pieds forment un V avec les talons collés et les orteils vers l'extérieur). Le corps est étiré sur une même ligne, les deux hanches l'une au-dessus de l'autre. La main gauche est posée en appui au sol devant le buste. Expirez et engagez le périnée (faites comme si vous reteniez une envie pressante) et le transverse. Inspirez dans les côtes, pliez la jambe supérieure (jambe gauche), glissez la pointe de pied le long de la jambe en appui au sol, jusqu'au genou. Puis dépliez la jambe et dirigez-la jambe tendue vers le plafond (toujours pied pointé). Expirez, descendez la jambe le pied flexe et ramenez-la au point de départ.

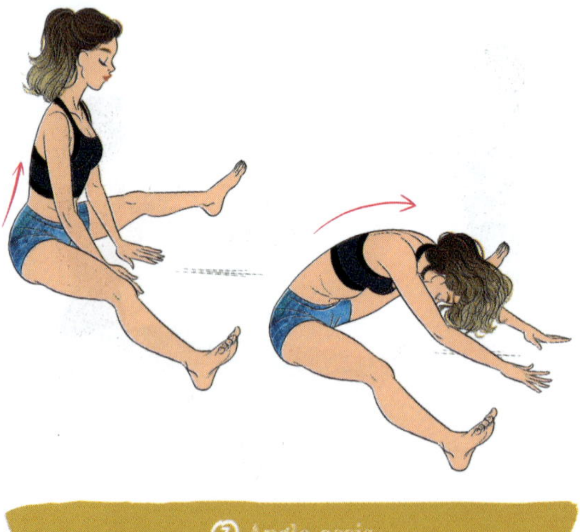

⑦ Angle assis

3 à 5 respirations

⑧ Side passé

8

Tips posture : le placement des pieds en V Pilates ouvre et « déverrouille » les hanches. La jambe de terre ne bouge pas du sol. Le corps ne bascule ni vers l'avant ni vers l'arrière. Stabilisez la posture en contractant les fessiers, l'avant des cuisses et les abdominaux.

⑨ Scissors

Bienfaits : le scissors engage les muscles fléchisseurs de hanche et renforce les muscles profonds des abdominaux. Un bon tonus abdominal joue un rôle « détox » d'élimination des déchets : en massant les organes digestifs, le transit est stimulé.

Roulez sur le dos, placez le bassin et le dos en position neutre (léger creux lombaire respecté). Posez les pieds à plat au sol, les genoux pliés. Les pieds et les genoux sont parallèles largeur bassin. Les bras le long du corps, paumes au sol. La nuque est longue et les omoplates fixées (épaules détendues). Expirez, engagez périnée et transverse et placez une jambe après l'autre en chaise renversée (genoux au-dessus des hanches, tibias parallèles au sol) et les pieds pointés. Inspirez pour stabiliser la posture, expirez, abaissez la jambe droite toujours fléchie en angle droit comme pour piquer les orteils du pied droit dans le sol. La jambe gauche ne bouge pas. Inspirez dans les côtes, ramenez la jambe droite en chaise renversée et dans le même temps abaissez la jambe gauche : piquez les orteils vers le sol, genou gauche en angle droit. Inspirez, ramenez la jambe et abaissez l'autre jambe, etc. Stabilisez votre bassin sur tout le mouvement.

Tips posture : placez un coussin ou une serviette dans le bas du dos pour le soulager si besoin. Imaginez une petite balle coincée sous le genou pour conserver l'angle droit du genou pendant le mouvement.

Pour finir le flow

À la fin du scissors, ramenez un genou puis l'autre à la poitrine et enlacez-les avec vos mains. Vous pouvez faire des rotations de genoux pour masser le bas de votre dos. Prenez le temps de fermer vos yeux, d'observer comment vous vous sentez. Puis, doucement, roulez sur le côté et relevez-vous en déroulant le dos. Repartez ensuite pour un flow de l'autre côté (fente haute, jambe droite devant). 1 tour = 1 flow à droite + 1 flow à gauche.

sur le côté droit)

épétitions

⑨ Scissors

8 répétitions de chaque côté

SÉANCE 2

Pilates pour gérer ses émotions

Cette routine Pilates travaille sur les ouvertures de hanches pour vous aider dans votre détox émotionnelle. Les postures vous aideront à faire circuler les émotions positives en évacuant les négatives, celles qui sont à l'origine des nœuds et des tensions. N'hésitez pas à vous exercer à cette routine tous les jours et à la pratiquer dès que vous en ressentez le besoin.

Fréquence ? Trois ou quatre fois par semaine pour lutter contre le stress efficacement !

① Deep Squat

Debout, pieds écartés de la largeur du bassin, pointes de pieds légèrement tournées vers l'extérieur, poussez vos hanches vers l'arrière en fléchissant les genoux pour vous placer en position de squat complet, les fessiers en dessous de la ligne des genoux. Les talons doivent rester posés au sol (si vous n'y arrivez pas, tenez-vous à un poteau ou à un pied de table pour vous aider) et le dos doit être le plus droit possible. Maintenez la position 30 secondes à 1 minute en respirant profondément.

② Spine twist

Assise sur les ischions (petits os pointus des fessiers), jambes en position diamant (hanches ouvertes, genoux au sol et plantes de pieds l'une contre l'autre), placez les deux poings l'un contre l'autre face à la poitrine. Exercez une légère pression entre vos poings afin de ressentir l'engagement de l'arrière des bras, du dos et la connexion des

① Deep Squat

30 secondes à 1 minute

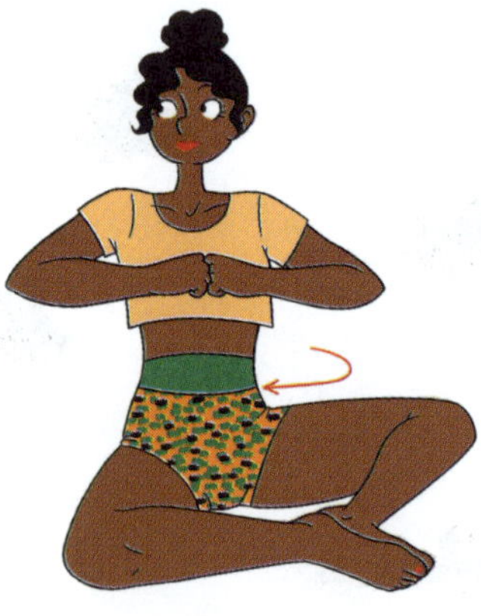

② Spine twist

4 répétitions

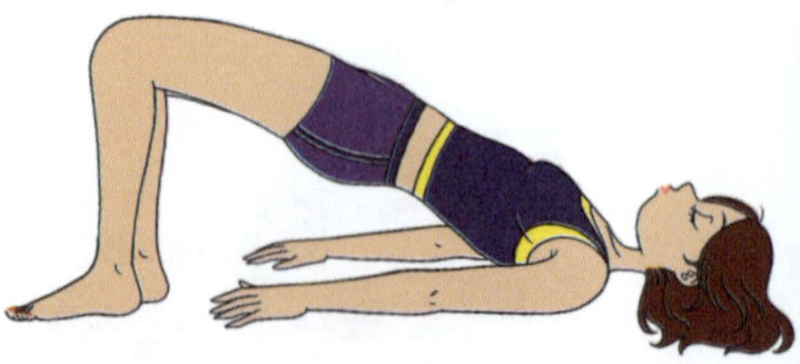

③ Bridge

5 répétitions

omoplates. Inspirez, puis à l'expiration, effectuez une rotation du buste vers la droite en gardant le nez, le menton et vos poings alignés avec le milieu de votre poitrine (sternum) sans bouger le bassin. Inspirez en revenant à la position initiale et faites la même chose à gauche. Aspirez le nombril vers la colonne durant tout le mouvement.

③ Bridge

Allongée sur le dos, bras le long du corps, jambes fléchies et pieds écartés de la largeur du bassin. Inspirez en rétroversant le bassin (poussez le pubis vers le plafond). À l'expiration, décollez le bas des fesses, puis de façon progressive et contrôlée, faites monter votre bassin en décollant la colonne, vertèbre après vertèbre, jusqu'à ce qu'il soit aligné avec vos épaules et vos genoux. Inspirez de nouveau et, à l'expiration, redescendez en position initiale en commençant par reposer le haut du dos sur le tapis, vertèbre après vertèbre et en terminant avec un bassin neutre.

④ Swan

Allongée sur le ventre, pieds écartés au-delà de la largeur du bassin, pointes de pieds orientées vers l'extérieur et mains posées au sol à côté de vos épaules. Inspirez, nombril absorbé vers la colonne. À l'expiration, sans pousser le sol avec vos mains, décollez la poitrine (pour une plus grande extension du dos, si vous le pouvez, poussez le sol avec vos mains jusqu'à tendre à moitié voire complètement vos bras). Durant ce mouvement d'extension de votre colonne, cherchez à éloigner vos épaules de vos oreilles en poussant le sommet de votre crâne en opposition (allongez votre nuque). Relâchez les fessiers et vos cuisses pour ne pas engager le bas du corps. Ici, on se focalise sur le renforcement postural du dos et l'ouverture et l'étirement des hanches.

⑤ Posture de l'enfant

Installée à quatre pattes sur votre tapis, les épaules à l'aplomb de vos poignets et les genoux à l'aplomb de votre bassin. Écartez les genoux à la largeur de votre tapis, puis inspirez. À l'expiration, poussez les fesses vers l'arrière pour les poser sur vos talons, avec les bras tendus vers l'avant. Opposez votre coccyx, tendu vers l'arrière, au bout de vos doigts, tendus vers l'avant. Étirez votre colonne et ouvrez bien les hanches. Maintenez la position pendant 6 à 10 cycles respiratoires.

④ Swan

6 répétitions

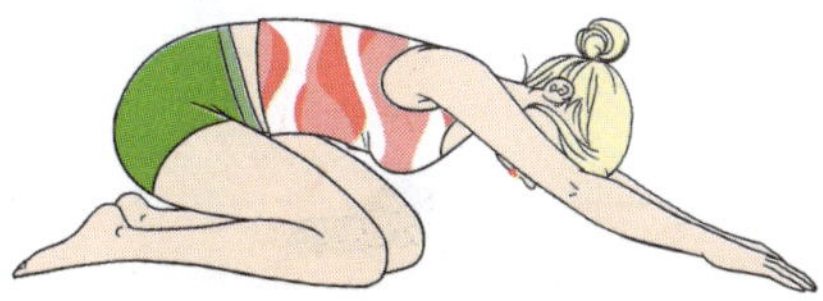

⑤ Posture de l'enfant

Maintenir durant 6 à 10 cycles respiratoires

SÉANCE 3

Yoga des émotions

Bien sûr, accueillir ses émotions s'apprend, c'est un travail au long cours. Cette séance permet un retour sur soi et l'introspection, grâce aux flexions arrière qui permettent de libérer le diaphragme et de stimuler le chakra du cœur et le chakra du plexus solaire, centres de nos émotions. Le but de cette séance est de ralentir pour mieux comprendre les émotions qui vous traversent, mieux les accueillir puis les laisser partir.

Combien de temps ? 25 minutes.

① Retour au calme

Jusqu'à détente du corps

① Intro : retour au calme

Commencez la séance par un temps de retour au calme. Asseyez-vous sur votre tapis en tailleur avec le dos bien droit. Posez une main sur votre cœur, une main sur votre ventre et prenez le temps d'écouter votre respiration. À chaque expiration détendez un peu plus tout votre corps.

② Warm up : salutation au soleil

Commencez lentement par 5-6 cycles de salutations au soleil à un rythme assez lent pour avoir des respirations longues, ce qui va vous permettre d'apaiser vos émotions et de vous poser, tout en prenant contact avec votre corps.

1. Inspirez, étirez les bras vers le ciel. Étirez-vous en pressant les talons dans le sol et en allant chercher le ciel du bout des doigts.

2. Expirez, plongez vers le sol en fléchissant les hanches, dos droit (pliez légèrement les genoux au besoin). Les bras descendent progressivement par les côtés. Arrivée tête en bas, relâchez les bras et la tête. N'hésitez pas à fléchir les jambes autant que vous le souhaitez pour favoriser la flexion du bassin : le ventre doit être collé aux cuisses. Le poids du corps est sur les orteils.

3. Inspirez et activez les muscles du dos pour obtenir un dos plat, en plaçant les mains sur vos genoux ou vos tibias. Ici, vous pratiquez l'autograndissement en étirant le sommet du crâne vers l'avant et le sacrum vers l'arrière. Rentrez le menton vers la poitrine.

4. Expirez, placez-vous dans la posture de la planche en reculant une jambe puis l'autre. Étirez-vous en poussant le sommet du crâne vers l'avant et les talons vers l'arrière. Les épaules, le bassin et les chevilles sont alignés. Vous repoussez le sol avec la paume des mains, ce qui crée un léger arrondi au niveau des omoplates. Inspirez dans la posture.

5. Expirez en posant les genoux au sol, avancez les épaules au-dessus des poignets, puis posez la poitrine et le menton au sol. Gardez les coudes serrés et parallèles au corps, ils sont comme attirés l'un par l'autre. Le bassin est légèrement anterversé : les ischions (petits os des fesses) pointent vers le ciel. Les orteils sont crochetés dans le sol.

6. Depuis la planche, avancez les épaules au-dessus des poignets et, en expirant, descendez au ras du sol en fléchissant les bras à 90°, coudes serrés contre le buste.

② Salutation au soleil

Durant 5 ou 6 cycles respiratoires

7. Inspirez, glissez pour vous allonger à plat ventre au sol dans la posture du petit cobra, mains sous les épaules, celles-ci roulées vers l'arrière et vers le bas. Les épaules sont éloignées des oreilles, le menton légèrement rentré pour ne pas casser la nuque, le regard porté vers le haut. Vous ne poussez que très légèrement dans les mains, ce sont les muscles du dos qui lèvent le buste et vous maintiennent dans la posture.

8. Pressez dans les mains, soulevez les genoux en vous appuyant sur les cous-de-pied. Les épaules éloignées des oreilles sont roulées vers l'arrière et vers le bas. Aspirez le nombril et serrez le ventre pour avancer le pubis et éviter une cambrure trop importante. Le sommet du crâne est étiré vers le ciel, le regard vers le haut, sans casser la nuque.

9. Retournez la plante des pieds sur le sol et poussez dans les mains pour lever les hanches vers le plafond et vous placer dans la posture du chien tête en bas. Vos doigts sont bien ouverts et actifs, toute la paume de la main repousse le sol pour ramener le poids du corps vers l'arrière et ainsi créer de l'espace entre les vertèbres. Idéalement, les talons touchent le sol, mais si votre dos s'arrondit, n'hésitez pas à fléchir légèrement les genoux pour privilégier un dos plat et étiré. Poussez les ischions (petits os des fesses) vers l'arrière et vers le haut. Vous avez la sensation d'être cambrée, mais ce n'est qu'une impression. Relâchez complètement la tête et détendez tout le visage. Respirez profondément ici pour 4 respirations complètes profondes. Savourez l'étirement à l'arrière des jambes et la sensation de relaxation due à l'inversion (tête vers le bas).

10. Inspirez, puis montez sur la pointe des pieds, fléchissez les deux jambes et faites un grand pas, ou bien sautez à l'avant du tapis tout en légèreté (transférez votre poids vers l'avant). Expirez, relâchez-vous dans la posture de la pince à nouveau.

11. Inspirez, fléchissez les jambes, pressez dans les talons pour remonter le buste et monter les bras par les côtés vers le ciel. Vous êtes à nouveau dans la posture de la salutation, les mains levées. Le dos reste droit durant toute la remontée.

12. Expirez et ramenez les mains jointes devant la poitrine.

Terminez vos salutations en posture de l'enfant.

② Salutation au soleil (suite)

Durant 5 ou 6 cycles respiratoires

③ Posture de l'enfant

Restez dans la posture de l'enfant pendant 4 ou 5 respirations profondes en inspirant sur 4 temps et en expirant sur 6 temps. Sur chaque expiration, visualisez vos émotions qui s'évacuent par le sommet de votre tête, votre fontanelle est comme un robinet qui laisse s'échapper une fumée noire.

④ Fente basse

Depuis la posture de l'enfant, crochetez vos orteils dans le tapis puis tendez les jambes pour vous placer en chien tête en bas. Inspirez, levez la jambe droite vers le ciel. Expirez, ramenez votre genou droit au front pour poser votre pied droit au sol entre vos deux mains. Posez le genou gauche au sol. Inspirez, activez vos deux jambes et soulevez les bras vers le ciel en prière au-dessus de votre tête. Restez ainsi durant 3 respirations : à chaque inspiration montez un peu plus les mains vers le ciel, et à chaque expiration montez un peu plus haut le cœur pour libérer le diaphragme et ouvrir les côtes, en stimulant le chakra du cœur et le plexus solaire, centres des émotions.

⑤ Pince

Puis, sur une expiration, posez les mains au sol et faites un pas vers l'avant avec le pied gauche afin de réunir vos pieds et de vous retrouver à l'avant du tapis, les fesses vers le ciel et la tête vers le bas. Restez ainsi pendant 3 respirations, ce qui va vous permettre de stimuler le système parasympathique grâce au reflux du sang vers la tête, et ainsi de vous apaiser pour accueillir les émotions avec recul. Puis pliez les jambes et déroulez la colonne vertèbre par vertèbre très lentement en expirant pour redresser votre buste.

⑥ Guerrier III

Cette posture d'équilibre favorise la concentration pour calmer le mental et prendre du recul sur les émotions. Inspirez, levez le genou droit et les mains vers le ciel, puis expirez et tendez la jambe droite vers l'arrière tandis que le buste se penche en avant, vos mains placées en prière devant le cœur.

③ Posture de l'enfant — 4 ou 5 respirations

④ Fente basse — 3 respirations

⑤ Pince — 3 respirations

⑥ Guerrier III — 3 répétitions

⑦ Déesse avec mouvement de bras

Cette posture permet de s'ancrer pour faire redescendre votre énergie et vos émotions. Déposez votre pied droit au sol derrière vous et faites pivoter les hanches pour vous placer les deux jambes largement écartées dans le sens de la longueur de votre tapis. Inspirez, partez du bas, passez par les côtés et levez les bras tendus en un beau cercle qui se termine lorsque les mains se rejoignent au-dessus de la tête : par ce mouvement, imaginez que vous rassemblez toute l'énergie autour de vous. Expirez par la bouche, pliez les genoux vers l'extérieur tout en abaissant vos paumes devant votre corps, comme si vous vouliez faire redescendre votre énergie et vos émotions. Répétez ce mouvement 3 fois. Puis revenez à l'avant du tapis.

⑧ Arbre

La posture de l'arbre permet de se recentrer sur le moment présent afin de prendre du recul sur ses émotions. Dans cette posture, vous travaillez votre équilibre physique et émotionnel. Placez votre pied droit, la plante contre votre jambe gauche, au-dessus du genou gauche ou au niveau du mollet si c'est plus facile. Ouvrez bien le genou droit pour ouvrir les hanches. Pressez votre pied de terre (gauche) dans le sol et essayez de vous grandir le plus possible en étirant le sommet du crâne vers le ciel. Vous vous étirez en deux sens opposés. Lorsque vous êtes stable, ouvrez les deux bras vers le ciel dans la forme d'un V symbolisant vos branches : ouvertes, elles représentent l'accueil de vos émotions. Ressentez à la fois les énergies de la terre qui remontent le long de votre tronc pour vous nourrir de force, et les énergies du ciel. Vous êtes en totale acceptation des expériences que la vie vous présente.

⑦ Déesse avec mouvement de bras

3 répétitions

⑧ Arbre

4 à 6 respirations

Mes rituels feel good détox émotionnelle

SOS EFT !

C'est la crise, vous êtes surtendue, avez envie de hurler de colère et en même temps de pleurer comme un bébé… Vous vous visualisez bien en Bridget Jones, le pot de glace sur les genoux, en train de chanter (faux) à tue-tête devant la télé. Pour vous remonter le moral, une solution moins calorique et moins bruyante existe : l'EFT.

L'EFT, qu'est-ce que c'est ?

L'Emotional Freedom Technique est une méthode de libération émotionnelle créée par Gary Graig dans les années 1990. Le principe ? Tapoter des points d'acupuncture (début et fin des méridiens) avec le bout des doigts pour débloquer les émotions toxiques. Et hop ! la pression retombe. On peut la pratiquer dès qu'on en a besoin.

Les 8 points EFT

Point 1 : Le point 1 du méridien de la Vessie, au bord du sourcil interne.

Point 2 : Le point 1 du méridien de la Vésicule Biliaire, au bord externe de l'œil.

Point 3 : le point 1 du méridien de l'Estomac, juste en dessous de l'œil.

Point 4 : le point 26 du méridien Gouverneur, sous le nez.

Point 5 : le point 24 du méridien Conception, sur le menton.

Point 6 : le point 27 du méridien du Rein, sous et au milieu de la clavicule.

Point 7 : le point 14 du méridien du Foie, sous le sein.

Point 8 : Le point 21 du méridien de la Rate, à une paume de main sous l'aisselle.

Je cultive ma zénitude

Pour un état d'esprit calme et serein, drainez ainsi toutes vos émotions régulièrement. La première semaine du mois, avant de vous coucher, tapotez une dizaine de fois chacun des points d'EFT en prononçant les phrases associées :

Sourcil ⇨ « Je libère ma peur. »

Bord externe de l'œil ⇨ « Je libère ma tristesse. »

Sous l'œil ⇨ « Je libère mes doutes. »

Sous le nez ⇨ « Je libère ma honte. »

Sur le menton ⇨ « Je libère les traumatismes de mon passé. »

Sous la clavicule ⇨ « Je libère mon insécurité. »

Sous le sein ⇨ « Je libère mes colères. »

Sous l'aisselle ⇨ « Je libère ma rancune. »

SÉANCE 1

Pilates strong mental

SÉANCE 2

Yoga-pilates ancrage et confiance en soi

SÉANCE 3

Yoga détente confiance en soi

- Chapitre 5 -

Pour renforcer son mental

La vie nous réserve parfois des surprises qui éprouvent notre sérénité émotionnelle et notre détermination. Dans certaines situations, il vaut mieux pouvoir compter sur un mental d'acier et être capable de se surpasser physiquement et mentalement. Plus on entraîne son mental, plus on gagne en persévérance, en confiance en soi et en ouverture d'esprit, et plus on est à même de gérer avec brio les événements stressants qui se présentent.

Apprendre de ses échecs et persévérer

Ne dit-on pas que ce qui ne nous tue pas nous rend plus forts ? Pourtant, la peur de l'échec peut nous paralyser dans nos prises de décision et même nous inciter à abandonner à la moindre embûche ! Ne restez pas bloquée sur le passé. Gardez en tête qu'il n'y a jamais de victoire sans échec. Il faut tomber afin de se relever et devenir plus forte. Servez-vous de vos échecs pour ne pas reproduire les mêmes erreurs et remontez en selle.

Toujours croire en soi !

Personne ne doit pouvoir vous dissuader d'accomplir le ou les projets que vous mènerez. Il y aura toujours quelqu'un pour dire que « c'est impossible », ou que « c'est compliqué » et qu'il faut baisser les bras. À commencer par vous-même : ne laissez pas votre petite voix intérieure vous censurer, souvenez-vous de vos capacités et de tout ce que vous avez déjà accompli.

Restez physiquement active !

Une étude canadienne a montré que les personnes pratiquant une activité physique deux fois par semaine, pendant dix semaines au moins, gagnent en estime de soi et développent de meilleures compétences physiques, intellectuelles et sociales. Autrement dit, une bonne condition physique influe positivement sur la confiance en soi. L'endorphine (hormone du bien-être) produite pendant l'effort a aussi la capacité de nous rendre plus positives et donc plus fortes mentalement ! Dès lors que vous pratiquez une activité physique régulière, vous obtenez des résultats, que ce soit au niveau de votre silhouette ou dans le perfectionnement de votre pratique (meilleures postures, évolution dans la difficulté et l'intensité des postures…), vous cultivez « l'esprit de gagne », en repoussant toujours plus loin vos limites !

SÉANCE 1

Pilates strong mental

Les exercices suivants sont des postures qui demandent un fort ancrage dans le sol et un travail sur l'autograndissement afin de stimuler votre force mentale et votre confiance en vous ! Montrez à quel point vous êtes fière d'être vous-même ! Plus sereine et plus consciente de vos capacités grâce au Pilates, vous avancerez plus facilement dans la réalisation de vos projets professionnels et personnels, sans stress. N'hésitez pas à pratiquer cette routine dès que vous en ressentez le besoin.

Fréquence ? Trois ou quatre fois par semaine pour lutter contre le stress efficacement !

① Centaine

Allongée sur le dos, bras le long du buste, placez une jambe puis l'autre en chaise renversée, les genoux collés l'un à l'autre. Décollez les bras à dix centimètres du sol et inspirez sur 5 battements de bras (comme si vous dribbliez avec des petites balles) et expirez sur 5 battements. Continuez comme ça jusqu'à atteindre 100 battements. L'inspiration se fait sans gonfler le ventre (dans le haut de la poitrine et le haut du dos) et l'expiration en aspirant le nombril.

Options + : pour plus d'intensité, relevez le buste et/ou tendez les jambes en V Pilates (collez vos talons l'un contre l'autre en ouvrant vos pieds vers l'extérieur).

Option - : si le bas de votre dos tire, posez vos pieds au sol et concentrez-vous sur l'aspiration du nombril.

① Centaine

100 battements

② Open leg rocker

10 répétitions en alternant les jambes

② Open leg rocker

Assise légèrement en arrière des ischions (petits os pointus des fessiers), jambes fléchies et genoux ouverts à la largeur des épaules, pieds collés l'un à l'autre, toute la colonne vertébrale allongée. Placez les mains derrière les cuisses et placez-vous en équilibre sur les fessiers, pieds décollés du sol. Tenez-vous bien droite, fièrement. Le centre est engagé, les épaules basses et les omoplates connectées. Inspirez, puis, à l'expiration, tendez la jambe droite, inspirez en la repliant et changez de jambe.

③ Leg pull back

Assise, toute la colonne vertébrale allongée (en autograndissement), jambes fléchies à 45°, centre engagé (aspirez votre nombril vers la colonne). Placez les mains à l'arrière du bassin, de chaque côté du tapis en les alignant avec vos coudes et vos épaules. Inspirez, puis à l'expiration soulevez les fesses du sol jusqu'à les aligner avec les genoux et les épaules et restez dans cette position, les appuis bien ancrés au sol, le temps de quelques cycles respiratoires. À chaque expiration, cherchez à aspirer davantage le nombril vers la colonne.

④ Shoulder bridge avec appui unipodal

Allongée sur le dos, jambes fléchies, pieds au sol et talons alignés sous les genoux. Les bras le long du corps, inspirez et décollez le bassin du sol jusqu'à l'aligner avec votre poitrine et vos épaules. À l'expiration, décollez un pied du sol jusqu'à placer la jambe en chaise renversée (genou au-dessus du bassin et tibia parallèle au sol). Reposez la jambe au sol avec contrôle en inspirant. Puis changez de jambe. Le but est de bien stabiliser le bassin en engageant profondément la sangle abdominale lors de chaque mouvement de jambe.

Option : décollez les pieds du sol de 10 cm seulement.

⑤ Mermaid

En position assise, repliez les jambes sur le côté droit en les plaçant l'une à côté de l'autre. Inspirez en attrapant la cheville droite avec la main droite et en levant le bras gauche vers le plafond. Expirez et inclinez votre buste du côté droit. Inspirez en revenant en position initiale et inversez la position des bras sans bouger le reste du corps. Placez la main gauche au sol et levez le bras droit vers le plafond, puis inclinez votre buste du côté gauche. Cherchez sur chaque inclinaison à vous grandir tout creusant la taille du côté de l'inclinaison.

③ Leg pull back

Maintenir durant 5 ou 6 cycles respiratoires

④ Shoulder bridge avec appui unipodal

10 répétitions en alternant les jambes

⑤ Mermaid

5 répétitions de chaque côté

SÉANCE 2

Yoga-pilates ancrage et confiance en soi

Retrouvez votre équilibre émotionnel et renforcez votre confiance en vous avec ce flow. Cette séance vous invite à vous ancrer dans l'instant présent et à vous enraciner dans des postures qui incarnent la stabilité, la solidité et la force intérieure. Avec sa pratique retrouvez un esprit plus calme, limpide et plus léger.

Combien de temps ? 15 à 20 minutes.

Fréquence ? Programmez deux ou trois séances par semaine (en les calant dans votre agenda si besoin), pour ressentir les bienfaits des séances sur votre corps et votre mental.
Avant de commencer cette séance, échauffez-vous avec le warm-up Pilates p. 36.
Finissez la séance, avec le stretching p. 38 et en vous relaxant 3 à 10 minutes en shavasana (voir p. 45).

① Pointeur genou-coude (droite-gauche alterné)

Bienfaits : ce mouvement de gainage tonifie la ceinture abdominale en profondeur (transverse, obliques) et renforce la chaîne postérieure (le dos, les fessiers, l'arrière des cuisses), les bras et les épaules. Vous développez votre coordination par le jeu d'opposition. Dans cette instabilité, vous apprenez à dompter votre équilibre par le retrait de deux appuis opposés. Vous travaillez votre ancrage. Parfait pour développer votre confiance en vous !

① Pointeur genou-coude (droite-gauche alterné)

4 répétitions de chaque côté en alternance

En position de table, les mains sous les épaules, les bras tendus, les genoux placés largeur bassin sous les hanches, le dos neutre et la nuque longue. Inspirez l'air dans les côtes, stabilisez la posture. Expirez, engagez le périnée (imaginez retenir une envie pressante et un gaz) et le transverse (rentrez le ventre comme si vous portiez un jean trop serré) et dans le même temps décollez la jambe droite et le bras gauche. Inspirez, ramenez le genou droit en direction du coude gauche, expirez, allongez de nouveau bras gauche et jambe droite, inspirez, reposez le bras et la jambe sur leurs appuis. Continuez en changeant de côté : expirez, allongez le bras et la jambe opposés, inspirez, rapprochez coude-genou, expirez, allongez de nouveau. Inspirez, reposez le bras et la jambe. Prenez le temps de contrôler la posture dans l'instabilité et le mouvement. Le bassin reste stable face au sol. Le bras d'appui est tonique.

Tips posture : le dos reste le plus neutre et étiré possible, la nuque longue, le regard au sol à l'avant des mains. Le corps est gainé, gardez le ventre rentré. Le bras et la jambe décollés sont toniques et étirés (imaginez un fil qui vous tire par la main et le pied).

② Chien tête en bas + gainage genou-coude (droite-gauche)

Bienfaits : en chien tête en bas vous allongez le dos, les jambes, tonifiez vos bras et vos épaules. En gainage genou-coude vous renforcez votre sangle abdominale en profondeur (obliques, grand droit, transverse). Ce petit défi gainage-équilibre muscle votre core et votre confiance en vous !

À 4 pattes, inspirez, crochetez les orteils dans le sol. Expirez, décollez les genoux et envoyez les fessiers vers le plafond en pressant les mains dans le sol. Contractez les muscles des jambes et allongez la colonne vertébrale en formant un « V » inversé avec le corps. Le nombril est aspiré vers la colonne. Si besoin, pliez les jambes. Inspirez, transférez le poids du corps en glissant vers l'avant, amenez le genou droit en diagonale vers le coude gauche. Expirez, amenez le genou droit vers le coude droit. Votre centre du corps reste engagé (nombril aspiré). Inspirez, remontez en chien tête en bas. Repartez en gainage genou-coude cette fois-ci avec la jambe gauche : expirez, genou gauche-coude droit, inspirez, genou gauche-coude gauche.

Tips posture : les muscles des bras et des jambes sont actifs. Cherchez l'allongement de la colonne vertébrale en chien tête en bas. Si le dos s'arrondit, pliez les genoux en chien tête en bas. En gainage genou-coude les abdos sont fermement engagés (ventre légèrement rentré).

② Chien tête en bas + gainage genou-coude (droite-gauche)

1 répétition de chaque côté

③ Guerrier I

Bienfaits : cette posture tonifie les jambes et étire le mollet avec l'appui des pieds dans le sol. Les bras vers le ciel ouvrent la poitrine. À l'instar de la famille des guerriers, le guerrier I symbolise la force, la puissance et développe la confiance en soi. Stable dans vos appuis comme des racines, sentez-vous reliée à la Terre, ressentez l'ancrage sous de vos pieds.

En chien tête en bas, inspirez, décollez la jambe droite vers le plafond, expirez, glissez le corps vers l'avant et déposez le pied droit entre les mains. Pliez le genou droit, fléchi au-dessus de la cheville. Décollez les mains du sol et montez en guerrier I, les bras levés vers le ciel, épaules basses, paumes de main face à face. Déposez le talon arrière (talon gauche), ouvert à environ à 45 degrés, dans le sol. Le bassin est tourné vers l'avant du tapis, les hanches alignées. La nuque est longue, le regard dirigé au loin devant vous. À chaque respiration, enracinez-vous dans cette posture.

Tips posture : gardez le périnée (mula bandha) et le transverse engagés pour ne pas cambrer le dos. Pour une plus belle flexion du genou, reculez un peu le pied arrière, en gardant la plante à plat dans le sol. La jambe arrière est tonique, les muscles des jambes sont engagés.

④ Guerrier III (jambe droite en appui)

Bienfaits : le guerrier III renforce les muscles profonds du dos, le grand fessier et les muscles de la cuisse (ischio-jambier et quadriceps, muscles arrière et avant de la cuisse). Dans cette posture aérienne en équilibre debout, laissez-vous porter, sentez-vous légère comme un oiseau, ouvrez la cage de vos pensées pour les laisser s'envoler. Les postures d'équilibre vous invitent à garder le contrôle et à vous ancrer, ce qui développe la confiance en soi.

Expirez, transférez le poids du corps sur la jambe avant (jambe droite), décollez le talon et soulevez la jambe arrière du sol en flexant le pied. Les bras sont dirigés vers l'avant, paumes de main vers le sol, les épaules détendues, le regard au sol pour allonger la nuque. Les deux jambes sont toniques (leurs muscles engagés). Les abdominaux sont serrés (ne relâchez pas le ventre) pour éviter la bascule du bassin. Essayez de monter la jambe le plus parallèle possible au sol afin d'aligner le corps (tête, dos et jambe arrière). À chaque inspiration sentez votre dos s'allonger, votre haut du corps s'étirer, à chaque expiration sentez la force dans vos jambes et l'ancrage.

③ Guerrier I

3 à 5 respirations

④ Guerrier III (jambe droite en appui)

2 ou 3 respirations

Tips posture : fixez un point immobile au sol pour plus d'équilibre. Fléchissez la jambe de terre (jambe droite) pour plus d'ancrage et de stabilité. Gardez le dos neutre dans cet équilibre. Pour faciliter la posture, placez la main droite en soutien sur une brique de yoga posée au sol devant vous.

⑤ Battements arrière équilibre (jambe gauche)

Bienfaits : le corps gainé, vous travaillez votre posture, renforcez vos abdominaux profonds pour contrôler les battements en équilibre. Vous sculptez l'arrière de la jambe et le grand fessier. Travaillez votre ancrage sur la jambe d'appui et étirez la posture vers le ciel. Servez-vous de votre force intérieure pour ne pas basculer. Cette posture en équilibre vous aide à cultiver la confiance en vous.

Inspirez, redressez le corps en gardant une légère inclinaison du buste vers l'avant, le dos droit et étiré, le bassin neutre. Ramenez la jambe gauche en direction du sol et posez le pied au sol. Ouvrez les bras sur le côté (ou placez les mains à la taille). Expirez, réalisez un battement vers l'arrière avec la jambe gauche, en étirant la colonne et en engageant le périnée et le transverse. Inspirez l'air dans les côtes et ramenez la jambe (sans reposer le pied au sol si possible). La jambe arrière (gauche) en mouvement reste tonique et contractée. Le buste, tout comme la jambe droite en appui, demeurent immobiles, la jambe légèrement fléchie pour stabiliser la posture.

Tips posture : le défi est de réussir à ne pas poser le pied entre deux battements de jambe arrière. Prenez le temps de contrôler le mouvement en gainant votre corps, le ventre rentré et le dos étiré (omoplates fixées, épaules basses), si besoin levez la jambe arrière moins haut.

⑥ Posture de l'arbre (jambe droite en appui)

Bienfaits : avec cette posture, incarnez fièrement cet arbre grandiose. Ressentez sa stabilité par vos pieds ancrés dans le sol comme des racines. Dans cet équilibre sur un pied cultivez la confiance en vous, la concentration et le calme intérieur. Vous développez la proprioception (perception du corps dans l'espace), renforcez les chevilles, les genoux, ouvrez vos hanches. Vous tonifiez également la jambe d'appui (cuisse, mollet) et les abdominaux profonds, engagés pour stabiliser la posture.

Ramenez les deux pieds joints, le buste redressé, les bras le long du corps. En conservant une

⑤ Battements arrière équilibre (jambe gauche)

8 battements arrière

⑥ Posture de l'arbre (jambe droite en appui)

3 à 5 respirations (jambe droite en appui)

posture autograndie, transférez le poids du corps sur le pied droit et déposez le pied gauche contre la jambe droite, au-dessus ou au-dessous du genou (contre le mollet). Si vous êtes à l'aise placez le pied contre l'intérieur de la cuisse. Pressez la plante de pied contre la cuisse ou le mollet. Tenez la posture les bras pliés, les mains jointes en prière devant la poitrine, les épaules basses. Le dos est étiré en position neutre, les abdominaux engagés (périnée-transverse) pour stabiliser votre arbre. Le regard est dirigé à l'horizon sur un point fixe. Respirez profondément. À chaque inspiration, étirez votre corps un peu plus vers le ciel, à chaque expiration, sentez vos pieds s'enfoncer comme des racines dans le sol.

Tips posture : si vous débutez, placez le talon contre la cheville. Si vous êtes à l'aise, montez les bras vers le ciel paumes de main face à face, et défiez votre équilibre.

⑦ Bateau tape orteils (droite-gauche alterné)

Bienfaits : ce mouvement en équilibre (en bateau) développe la force abdominale et tonifie les abdos profonds. Il améliore la posture en renforçant le dos et sculpte les jambes (quadriceps, muscle avant des cuisses). Les exercices de la famille du bateau aident à corriger le dos voûté lié à une mauvaise posture assise. Le challenge en instabilité développe le self control et la confiance en soi.

De la posture de l'arbre debout, passez en position assise au sol, les pieds au sol, les genoux sont pliés, le dos droit. Inspirez l'air dans les côtes, étirez la colonne vertébrale. Allongez les bras, le regard placé à l'horizon. Inspirez dans les côtes, stabilisez la posture. Expirez, engagez le périnée et le transverse et basculez légèrement le poids du corps vers l'arrière en gardant le dos droit. Inspirez, décollez le pied droit du sol, expirez, reposez. Inspirez, décollez le pied gauche du sol. Expirez, reposez. Continuez ainsi à piquer les orteils au sol en calant votre respiration, en alternant un pied décollé, puis l'autre (en gardant un pied décollé si vous êtes à l'aise). Contrôlez le mouvement de jambes en conservant un dos étiré à l'aide de vos abdominaux, fortement engagés.

Tips posture : la colonne reste étirée jusqu'au sommet de la tête. Gardez les épaules basses et la nuque longue. En cas de lombaires fragiles, placez une serviette roulée en-dessous du sacrum et basculez moins vers l'arrière.

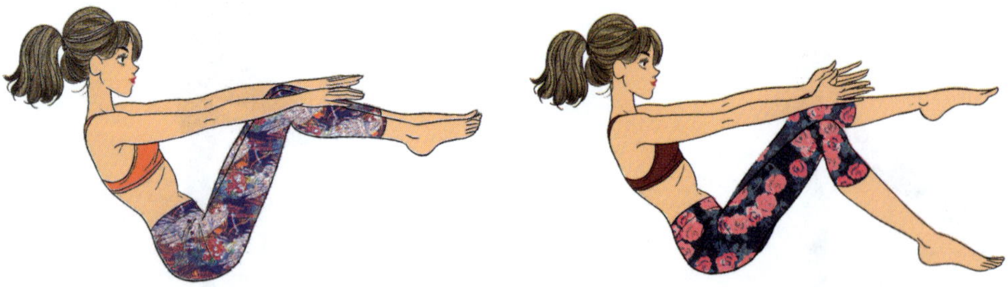

⑦ Bateau tape orteils (droite-gauche alterné)

4 cycles respiratoires (un cycle = 1 inspiration + 1 expiration)

⑧ Shoulder brige (droite-gauche alterné)

Bienfaits : plus exigeant et instable que le shoulder bridge classique (voir p. 89), cet exercice galbe les cuisses, les fessiers, assouplit le bas du dos et relâche le psoas (muscle fléchisseur de la hanche), très sollicité au quotidien. Pour stabiliser la posture, il demande d'engager encore plus les abdos profonds. Travaillez votre équilibre et votre ancrage en réalisant un pont indestructible avec des piliers solides !

En position allongée dos au sol, bras le long du corps, jambes fléchies, pieds et genoux parallèles largeur bassin. Le bassin et le dos sont neutres. Expirez, engagez le périnée et le transverse, décollez le bassin vers le plafond : le dos s'enroule vertèbre après vertèbre jusqu'à aligner les genoux, le bassin et les épaules. Les fessiers sont contractés. Inspirez dans les côtes, stabilisez la posture, expirez, décollez la jambe droite vers le plafond, inspirez, allongez la jambe vers l'avant, en l'alignant avec le genou de la jambe d'appui. Expirez, reposez le pied droit sur son socle (le bassin toujours à la même hauteur). Inspirez, stabilisez la posture, expirez, décollez l'autre jambe vers le plafond, inspirez, allongez-la vers l'avant, expirez, reposez le pied gauche. Puis continuez ces mouvements.

Tips posture : les genoux restent fixes. Pressez dans les talons et les épaules pour rester stable. Contractez les fessiers, les abdos pour garder une belle hauteur de bassin. Engagez les muscles de la jambe décollée pour plus de tonification musculaire. Si garder le bassin en hauteur est trop intense, redescendez le bassin après avoir travaillé une jambe. Puis remontez pour faire l'autre jambe.

Pour finir le flow

À la fin du shoulder bridge, reposez doucement le bassin au sol. Puis, les pieds au sol, basculez doucement les genoux d'un côté puis de l'autre avant de les ramener contre votre poitrine. Le bas du dos reste dans le sol. Dans cette posture, vous massez le bas de votre dos en réalisant des petits cercles de genoux. Fermez vos yeux pour observer comment vous vous sentez en cette fin de flow. Puis, doucement, roulez sur le côté et remontez en position de table pour recommencer le flow de l'autre côté (pointeur genou-coude). 1 tour = 1 flow à droite + 1 flow à gauche.

⑧ Shoulder brige (droite-gauche alterné)

4 répétitions sur chaque jambe en alternance

SÉANCE 3

Yoga détente confiance en soi

Nous vous avons concocté une routine antistress qui vous permet de mettre plus de bonheur, de détente et d'énergie dans votre ventre en activant le chakra du plexus solaire. Ces postures sont à pratiquer dès que votre ventre est tendu par le stress, que vous vous sentez en colère ou renfermée et que vous avez besoin d'activer votre confiance en vous.

Combien de temps ? 10 minutes.

① La guirlande (Malasana)

Bienfaits : Cette posture assouplit les jambes et les fesses, renforce le centre et le bas du dos. Dans cette séquence, elle vous permettra de libérer une énergie nouvelle grâce à l'ouverture des hanches et du cœur, et de favoriser votre digestion.

Mettez-vous accroupie, les pieds écartés plus largement que les hanches. Poussez les talons vers le sol, et trouvez comment vous installer dans la posture en ouvrant les cuisses. Penchez-vous vers l'avant pour engager le buste entre vos jambes. Poussez avec vos coudes à l'intérieur de vos genoux. Amenez le coccyx vers le sol, et allongez votre colonne vertébrale.

② Le chien tête en bas (Adho mukha svanasana)

Bienfaits : Cette posture permet de dynamiser le corps entier et d'améliorer digestion et détoxination.

À quatre pattes, placez vos genoux sous vos hanches et vos mains légèrement en avant par rapport à vos épaules. Les mains bien ouvertes, retroussez vos orteils. Expirez, levez les genoux et

① La guirlande (Malasana)

Maintenir durant 10 respirations

② Le chien tête en bas (Adho mukha svanasana)

Maintenir durant 10 respirations

poussez les fesses vers le haut. Votre tête est entre vos bras, elle pend librement vers le sol. Rentrez votre menton. Poussez sur vos mains. Dans cette posture, concentrez-vous sur l'étirement du dos. Vous pouvez garder les genoux fléchis si la posture est douloureuse.

③ Séquence en yoga vinyasa avec les postures du guerrier

Bienfaits : Les postures du guerrier (il en existe plusieurs variations) aident à rester centrée sans s'éparpiller dans de multiples pensées. Elles ouvrent le cœur, détendent le diaphragme et rendent plus forte. Elles développent et renforcent les muscles abdominaux en permettant d'activer la force et le feu de votre ventre. Elles boostent donc la confiance en soi et la force intérieure. Dans le sens de la longueur du tapis de yoga, écartez vos jambes d'un peu plus d'1 mètre. Ouvrez la jambe droite vers l'extérieur en angle droit. Le pied arrière pointe lui aussi vers l'avant, formant un angle de 30 degrés environ.

Le guerrier I (Virabhadrasana I)

Amenez votre bassin dans l'alignement de la jambe avant. Sur l'inspiration, levez vos bras au-dessus de votre tête en pliant la jambe avant. Prenez soin de garder votre genou au-dessus de la cheville. Ressentez l'ouverture de votre cœur et le volume d'air dans vos poumons. À l'expiration, tendez la jambe avant en redescendant les bras.

Le guerrier foudroyant (Parsva virabhadrasana)

Sur la prochaine inspiration, pliez la jambe avant en ouvrant vos bras vers l'arrière le long du buste et penchez-vous vers l'avant de 45 degrés. Visualisez une longe ligne d'énergie qui part de vos talons jusqu'en haut de votre tête. Continuez cette séquence en alternant : une respiration complète dans la posture du guerrier, puis tout de suite enchaînez une respiration dans la posture du guerrier foudroyant. Effectuez 20 respirations complètes en tout.

③ Les postures du guerrier

20 respirations

④ Le papillon couché (Supta baddha konasana)

Bienfaits : Cette posture est la reine pour vous aider à vous réparer et vous reposer. On la nomme aussi la « posture de la déesse du sommeil ». Vous allez ici l'amplifier pour notre objectif « confiance en soi » à l'aide d'une couverture ou d'un zafu que vous glisserez dans votre dos pour ouvrir votre cœur et votre plexus solaire.

Enroulez une couverture assez épaisse dans la longueur pour obtenir une bande de 50 cm de large environ. Disposez-la dans le sens de la hauteur sur le tapis. Couchez-vous dessus, disposez-la à l'arrière de votre dos, elle doit supporter l'arrière de votre tête et se glisser entre vos omoplates le long de votre dos. Vos épaules s'ouvrent librement de chaque côté. Puis, ouvrez les genoux sur les côtés vers l'extérieur, plante de pied contre plante de pied à l'arrière de vos fesses. Vos jambes reposent par terre. Ouvrez vos bras sur les côtés, paumes de mains vers le haut. Fermez les yeux et allongez votre respiration.

Mon plexus solaire, clé de ma détente

Un chakra en particulier est en lien direct avec votre ventre : le chakra du plexus solaire (Manipura), situé 5 cm au-dessus du nombril et dans notre dos au niveau des vertèbres dorsales. Il est lié à des organes physiques : pancréas, mais aussi foie, estomac, diaphragme, intestin grêle, vésicule biliaire, lombaires, reins... Il est même à la source des 72 000 nadis qui se diffusent dans l'ensemble de votre corps, depuis votre nombril. Il joue un rôle de premier ordre sur la transformation des aliments en nutriments essentiels en énergie.

➾ Quand l'énergie circule correctement dans le chakra du plexus solaire, vous avez des bases solides, vous avez confiance en vous et en la vie, vous avez le goût du défi, vous êtes spontanée et joyeuse. Vos émotions circulent de façon fluide. Votre digestion est au top !

➾ Quand l'énergie ne circule pas bien dans ce chakra, cela signifie que vous ne laissez pas vos émotions s'exprimer. Vous êtes irritée, amère, renfermée, vous avez du mal à vous affirmer et à dire non. Vous êtes nerveuse, en colère, effacée, vous avez peur du jugement. Vous avez du mal à dormir, vous compensez sur la nourriture. Vous ressentez des tensions et des blocages dans votre ventre, et du point de vue de la digestion, tout est compliqué !

④ Le papillon couché (Supta baddha konasana)

30 secondes à 1 minute

Mes rituels feel good mental d'acier

Face au stress, vous perdez vos moyens. C'est en renforçant votre mental et votre confiance en vous grâce à ces tips que vous allez pouvoir vous surpasser et ne plus jamais vous laisser submerger par le stress !

Réveillez votre enfant intérieur et retrouvez votre force mentale !

Conseil de notre sophrologue Nathalie Prévost Grando

Lorsque votre mental a besoin d'un coup de boost, rappelez-vous vos premiers pas. Au départ, vous êtes certainement tombée plusieurs fois, pour autant, vous avez persévéré encore et encore jusqu'à y arriver, n'est-ce pas ? Plongez en vous et visualisez votre enfant intérieur et son mental de guerrier. Imaginez le regard des personnes présentes ce jour-là et la fierté dans leurs yeux. Voilà l'énergie du dépassement de soi à laquelle vous devez vous connecter lorsque vous flanchez. Il n'y a pas de honte à poser un genou, voire deux, à terre, à condition de ne pas rester immobile trop longtemps et de s'en servir pour prendre l'impulsion nous permettant de nous remettre en action, de nous relever et de voir les difficultés comme des leçons de vie et non pas des échecs ou un KO. De quoi ne plus jamais vous laisser terrasser par le stress !

Je booste mon mental grâce à la « Plank Challenge »

Rien de tel que de se challenger physiquement pour renforcer son mental et booster sa confiance en soi. L'exercice roi pour cela : le gainage. Mettez en place une routine quotidienne et repoussez à chaque fois vos limites, soit en termes de durée, soit en termes d'intensité (testez des postures de plus en plus difficiles… soyez créative).

En position de gainage sur les mains, jambes tendues et serrées. Les épaules, coudes et poignets sont alignés, le bassin dans l'alignement du dos, le regard entre vos mains. Le centre est engagé (nombril aspiré). Maintenez cette position statique en vous focalisant sur l'engagement du centre. À chaque expiration, cherchez à aspirer un peu plus le nombril vers la colonne afin de creuser davantage le ventre en cherchant une sensation de contraction musculaire plus intense et profonde.

SÉANCE 1

Routine pour libérer les tensions

SÉANCE 2

Yoga du visage pour chasser le stress

SÉANCE 3

Yin yoga pour soulager le dos

SÉANCE 4

Yoga pour apaiser les tensions du stress

- Chapitre 6 -

Pour débloquer les tensions

« J'en ai plein le dos ! » Voilà une expression récurrente qui résume bien l'accumulation de stress, d'émotions négatives, de choses à faire, les journées qui s'enchaînent, le temps qui passe, et cette to-do list monstrueuse d'obligations quotidiennes qui ne s'arrête pas ! On ajoute à ceci de mauvaises postures, trop d'immobilité, un matelas pas si confortable et un sac à main à la Mary Poppins... résultat : on a mal partout ! Relax, tout va s'arranger avec quelques postures adaptées !

Je détends ma tête

Les maux de tête, tout le monde connaît. Mais parfois ils sont récurrents et surtout très pénibles ! Le mal de tête peut venir d'une trop forte sollicitation des nerfs optiques (trop d'écrans, de concentration, etc.) qui déclenche une migraine ophtalmique. En yoga, il existe de petits exercices spécialement pour les yeux et pour détendre les muscles oculomoteurs. Mais un mal de tête peut également venir d'émotions trop fortes ou de tensions au niveau de la nuque, des épaules et de la tête elle-même. La crispation entraîne des tensions au niveau de la mâchoire et du muscle sterno-cléido-mastoïdien qui relie le sternum à l'os temporal. Grâce à quelques petits exercices simples, massages et mouvements de yoga, on peut vite faire disparaître un mal de tête et ne plus en avoir !

Le yoga du visage

La mauvaise humeur, les émotions négatives et le stress permanent entraînent une crispation au niveau des muscles du visage et cela peut empêcher les fluides (sang, lymphe, fluides énergétiques) de bien circuler. Une mauvaise circulation du visage peut causer tout ce que nous n'aimons pas voir dans le miroir : les cernes, les poches, les rides, le visage qui tombe et un manque de tonus. Faire grise mine prend tout son sens ! Rappelez-vous la dernière fois qu'on vous a dit : « T'as une p'tite mine, t'as mal dormi ? » Ce n'était pas plus tard que ce matin ! Adopter la bonne méthode de yoga et faire travailler consciemment les muscles du visage par des gestes adaptés va vous aider à stimuler les points énergétiques, à raviver la circulation des fluides, libérer vos émotions et ainsi détendre votre visage en profondeur pour retrouver éclat et fraîcheur !

SÉANCE 1

Routine pour libérer les tensions

Pour éviter les douleurs, vous sentir bien et évacuer le stress restant, pratiquez cette petite routine sophro qui libère les tensions zone par zone, dans la nuque, les épaules et les bras, là où elles ont tendance à s'accumuler.

Combien de temps ? 10 minutes.

① Dans la nuque quand elle fait des nœuds !

Installez-vous assise ou debout, les bras relâchés, la tête bien alignée avec votre colonne. Inspirez profondément par le nez en penchant légèrement la tête en arrière. Bloquez votre respiration quelques secondes, puis revenez la tête droite en soufflant lentement par la bouche. Recommencez 2 fois la tête en arrière, et de la même manière, 3 fois tête en avant.

② Dans les bras, crispés par le stress ou le travail sur le clavier

Adoptez votre position assise de sophro (assise sur le rebord de votre chaise, le dos bien droit, décollé du dossier, votre nuque est dans le prolongement de votre colonne vertébrale et vous rentrez légèrement le menton. Posez les mains à plat sur vos cuisses, vos jambes sont pliées en angle droit et vos pieds bien ancrés dans le sol). La tête alignée avec la colonne, les épaules relâchées, les mains posées à plat sur vos cuisses. Fermez les yeux. Inspirez profondément par le nez en levant votre bras droit à l'horizontale (hauteur d'épaule).

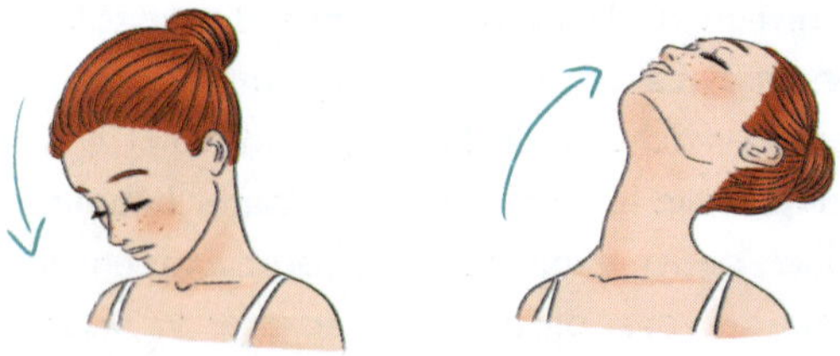

① La nuque

2 fois la tête en arrière, 3 fois la tête en avant

Bloquez votre respiration quelques instants, puis laissez redescendre doucement votre bras en soufflant par la bouche, les deux mains sur vos cuisses. Revenez à une respiration naturelle pour prendre conscience de votre bras droit. Recommencez 2 fois à droite, 3 fois à gauche de la même manière et terminez cet exercice en pratiquant une seule fois, les deux bras en même temps. Entre chaque exercice, respectez un temps de pause pour accueillir vos sensations.

③ Dans les jambes engourdies

Assise dans votre position de sophro, les bras relâchés. Inspirez profondément par les narines en levant la jambe droite à l'horizontale. Bloquez votre respiration quelques instants. Soufflez doucement en revenant dans la position initiale, les deux pieds à plat sur le sol. Retrouvez une respiration naturelle et accueillez vos sensations. Recommencez 2 fois à droite et 3 fois à gauche. Pour terminer, pratiquez l'exercice une fois seulement, les deux jambes en même temps. Prenez toujours le temps entre deux exercices !

Ma respiration en mode wavy

Installez-vous confortablement, allongée, votre coussin derrière la tête, plaid sur le corps, encens ou bougie allumée… Posez une main sur votre ventre et une main sur votre poitrine. Respirez naturellement. Fermez les yeux et isolez-vous du monde extérieur. Concentrez-vous sur vos sensations. À l'inspiration, sentez l'air qui rentre par vos pieds et remonte jusqu'au sommet de votre tête, comme une vague qui apporte au corps tout ce dont il a besoin (énergie, détente, bien-être, positive attitude…). Et, à l'expiration, l'air redescend et emporte avec lui toutes les toxines, les déchets, les tensions, les inquiétudes, tout ce dont vous voulez vous débarrasser, et les évacue par vos plantes de pieds. Trouvez votre rythme et sentez votre corps se laisser aller au flux et au reflux.

Continuez aussi longtemps que nécessaire. Au début, cela peut être 2 minutes, puis 5… Vous arriverez très vite à vous offrir chaque soir 10 minutes de bien-être !

② Les bras

2 fois à droite, 3 fois à gauche

③ Les jambes

2 fois à droite, 3 fois à gauche

SÉANCE 2

Yoga du visage pour chasser le stress

C'est parti pour le yoga du visage, alors place aux grimaces ! Vous pouvez commencer par vous entraîner devant le miroir. Cet enchaînement peut être réalisé 1 fois par semaine, mais également tous les jours dès que vous ressentez des tensions liées à de fortes émotions. On appelle les postures de yoga du visage *mukhasana*.

Combien de temps ? 2 minutes.

Fréquence ? 1 fois par semaine ou quotidiennement, dès que vous ressentez des tensions.

① Posture du dragon

Tirez les commissures de la bouche vers le bas, comme si vous faisiez une moue triste exagérée. Contractez également les muscles du cou. Tournez doucement votre tête à droite, puis à gauche. Relâchez la posture, inspirez, puis expirez.

② Posture du raton

Concentrez toutes les contractions musculaires au centre de votre visage. Plissez le nez, les yeux vers le nez et la bouche fermée vers le nez. Tenez la posture, puis relâchez. Respirez le visage détendu.

① Posture du dragon

15 secondes

② Posture du raton

15 secondes

③ Posture du poisson

15 secondes

③ Posture du poisson

Creusez les joues et pincez-les à l'intérieur de la bouche. Écarquillez grand les yeux et placez votre regard en haut à droite, puis en haut à gauche. Relâchez et respirez profondément.

④ Posture du crapaud

À l'inverse du poisson, gonflez les joues à fond ! Vous devez sentir vos mâchoires s'ouvrir. Fermez les yeux et haussez les sourcils. Tenez la posture et relâchez.

⑤ Posture du lion

On étire le visage en bas et en haut. Ouvrez la bouche et tirez la langue au maximum vers le bas. Étirez la partie haute du visage en portant le regard entre vos deux sourcils (3e œil). Expirez et relâchez.

⑥ Posture de la joie

Exagérez votre joie en faisant un grand sourire forcé. Contractez bien les pommettes. Tenez la posture et relâchez. Respirez profondément et sentez comme votre visage est détendu.

Je complète avec un petit massage du visage (3 min)

Dans votre panoplie de produits et d'accessoires beauté, vous pouvez ajouter des accessoires de massage pour le visage. Cela vous aidera à compléter votre séance de yoga du visage pour une détente absolue ! Comme nouveaux joujoux bien-être, on trouve : les rouleaux en pierre ou en cristaux, plus communément appelés roll-on, bien souvent en jade ou en quartz rose pour leurs vertus équilibrantes, cicatrisantes et apaisantes. Leur chargement en énergie aiderait le visage à dégonfler et à retrouver de la tonicité. Pour un effet immédiat, placez votre rouleau au frigo, le froid raffermit la peau. Utilisez la petite pierre en premier pour le contour de l'œil, puis passez le plus gros rouleau sur l'ensemble du visage. Insistez bien sur le front et les pommettes ! Moins connu, car moins instagramé, il y a le gua sha ! C'est à peu près la version plate du roll-on en pierre de jade, à la seule différence que le précédent permet un drainage lymphatique tandis que la pierre de jade offre un massage relaxant et liftant de l'épiderme. Inspiré de la médecine chinoise, cet accessoire a des effets bénéfiques anti-âge. Utilisé autrefois comme véritable soin, il est devenu le geste beauté numéro un pour un parfait massage du visage. Un lifting avant l'heure ! Astuce d'utilisation : préparez votre peau avec un sérum ou une texture huileuse avant de passer votre gua sha sur tout le visage, en allant du centre vers l'extérieur. Servez-vous de l'encoche pour dessiner l'ovale du visage d'une oreille à l'autre en passant par le menton.

④ Posture du crapaud

15 secondes

⑤ Posture du lion

15 secondes

⑥ Posture de la joie

15 secondes

SÉANCE 3

Yin yoga pour soulager le dos

Journées longues et difficiles, erreurs de posture ou d'hygiène de vie, stations assises ou debout prolongées : notre colonne, cette merveille d'architecture, souffre d'un quotidien souvent inadapté. Tensions musculaires, blocages, douleurs : elle mérite notre attention et notre soin ! Cette séquence va reposer votre colonne de haut en bas pour vous soulager en douceur.

Combien de temps ? Prévoyez environ 50 minutes à 1 h 05.

① Assise méditative

Installez-vous confortablement, assise en tailleur, jambes croisées (vous pouvez utiliser un petit coussin de méditation) ou en lotus (chaque pied posé sur la cuisse opposée) si vous vous sentez confortable, ou encore à genoux, les fesses posées sur vos talons. Laissez reposer vos mains souplement sur les genoux (paumes des mains vers les genoux ou vers le ciel, au choix). Les fessiers doivent être bien ancrés dans le sol (ou dans les talons si vous êtes à genoux). Baissez les épaules, resserrez légèrement les omoplates, basculez un peu le bassin vers l'arrière pour « sortir » le pubis, tenez-vous droite et redonnez à votre colonne sa courbure naturelle, en imaginant qu'un fil relie le haut de votre tête au plafond. Tenez-vous droite, ne vous affaissez pas : vous êtes en posture de méditation, donc d'engagement. Détendez votre corps : chevilles, mollets, cuisses, bras, abdomen, épaules, mains... Lissez votre visage. Vous pouvez basculer (très légèrement) le menton vers la poitrine.

① Assise méditative

4 minutes

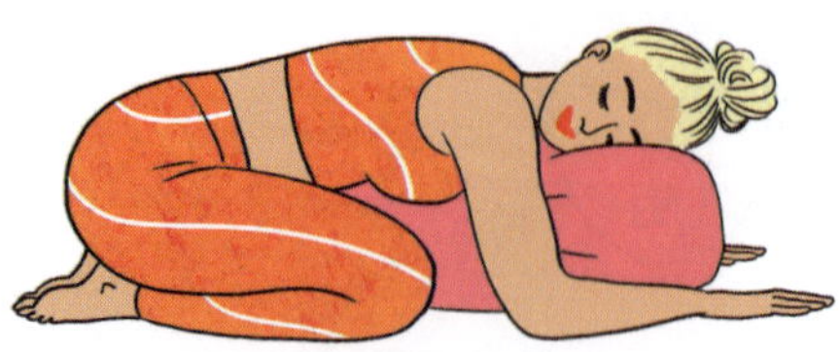

② Posture du tigre sur l'arbre

4 à 6 minutes

② Posture du tigre sur l'arbre

Assise sur vos talons, cous-de-pied au sol, écartez les genoux et installez un bolster devant vous, une extrémité collée à votre pubis. Buste droit, inspirez longuement puis expirez doucement en descendant le buste pour l'allonger complètement sur le bolster. Vous pouvez tourner la tête d'un côté si cela vous semble plus confortable. Les bras reposent souplement à côté du bolster ou peuvent entourer celui-ci. Pour sortir de la posture, prenez doucement appui sur vos mains et vos avant-bras et relevez-vous lentement.

Option - : si vos genoux vous font souffrir, allongez les jambes derrière vous.

③ Posture du papillon contre le mur

Allongée sur votre tapis le long d'un mur, basculez les jambes vers le haut, fesses collées au mur, pliez les jambes et écartez les genoux en joignant les plantes de pieds (bords externes des pieds reposant contre le mur). La colonne est bien plaquée au sol, de bas en haut, la tête droite, les bras de chaque côté du corps. Pour sortir de la posture, tendez lentement les jambes, faites-les basculer ensemble d'un côté et relevez-vous avec douceur.

Option - : ne cherchez pas un étirement maximal des cuisses en rapprochant trop les pieds du pubis, ni à coller vos genoux au mur : trouvez l'ajustement qui convient à votre morphologie et vous apporte du repos.

④ Posture du nœud papillon

Allongée sur le ventre, jambes tendues, bras pliés, avant-bras au sol et coudes sous les épaules, poussez dans les mains et les avant-bras pour décoller la tête et le haut de la poitrine (comme dans la posture du sphinx, p. 45). Glissez le bras gauche sous le bras droit, puis le bras droit dans le sens opposé. Les avant-bras sont plaqués sur le tapis, les deux coudes alignés, les paumes des mains vers le plafond. Inspirez doucement et, en expirant, inclinez le buste pour venir le déposer sur les bras croisés, front au sol. Pour sortir de la posture, relevez doucement la tête et le buste, décroisez les bras et reproduisez la posture dans l'autre sens. Pour terminer, allongez-vous sur le ventre, bras détendus de chaque côté du corps.

Option - : vous pouvez installer une brique sous le front.

③ Posture du papillon contre le mur

4 à 6 minutes

④ Posture du nœud papillon

4 à 6 minutes de chaque côté (total : 8 à 12 minutes)

⑤ Posture du happy baby

Allongée sur le dos, pliez les genoux sur le buste, écartez-les et attrapez avec la main le pied du même côté, en plaçant les bras à l'intérieur des jambes. Ancrez bien toute votre colonne, votre bassin, vos épaules et votre tête au sol. Maintenez ensuite la posture en laissant les genoux s'ouvrir et se rapprocher doucement du sol, sans tirer sur les pieds et en gardant les coudes proches des genoux. Pour sortir de la posture, lâchez doucement les pieds, redescendez doucement les jambes pour les allonger au sol.

Option - : vous pouvez glisser une couverture pliée en quatre sous le bassin. Vous pouvez attraper les pieds par les gros orteils, par la tranche ou les talons.

⑥ Posture d'étirement allongée

Allongée sur le dos, remontez les deux jambes pliées sur la poitrine et entourez-les de vos bras. Libérez ensuite la jambe droite et laissez-la lentement rejoindre le sol en maintenant la gauche avec vos mains. La tête, les épaules et toute la colonne restent bien ancrées dans le sol. Au fil du temps, vous pouvez rapprocher encore un peu le genou gauche de la poitrine, sans donner d'à-coups. Pour sortir de la posture, pliez la jambe droite, plante du pied au sol. Libérez la jambe gauche et redescendez-la doucement, sans cambrer le dos, pour la déposer de la même façon. Vous pouvez allonger un peu les deux jambes. Puis remontez les genoux sur la poitrine et effectuez la posture de l'autre côté. Terminez allongée, jambes pliées et pieds au sol.

⑤ Posture du happy baby

5 à 6 minutes

⑥ Posture d'étirement allongée

4 à 6 minutes de chaque côté
(total : 8 à 12 minutes)

⑦ Torsions au sol

Allongée, pliez les jambes en gardant les pieds au sol, écartés de la largeur des épaules. Soulevez ensuite légèrement le bassin et décalez-le d'une dizaine de centimètres vers la gauche. Relevez les genoux vers la poitrine, puis basculez-les lentement vers la droite. Gardez bien les deux épaules dans le tapis. Écartez les bras et tournez la tête vers la gauche pour que la torsion soit complète. Pour en sortir, replacez la tête droite, relevez doucement les genoux, repliez-les sur la poitrine en les entourant de vos bras. Puis déposez les pieds au sol, décalez le bassin vers la droite et reproduisez la posture du côté gauche.

Option - : vous pouvez poser la main droite sur les genoux pour les rapprocher un peu plus du sol, ou glisser dessous une brique ou un bolster pour les supporter. Si vos cervicales sont fragiles, gardez la tête droite.

Option + : vous pouvez remonter un peu plus les genoux en direction du buste.

⑧ Shavasana

Allongez-vous, jambes écartées à la largeur du tapis (vous pouvez glisser un bolster sous vos genoux légèrement repliés afin de soulager le bas de votre dos et gagner du confort), bras légèrement écartés du corps, paumes des mains tournées vers le ciel. Vos yeux sont fermés, vous pouvez poser sur eux un petit coussin de relaxation (parfois rempli de lavande odorante très relaxante). Décontractez tout votre corps, et laissez-vous aller dans la posture, flottez dans un état de détente et de sérénité, « entre deux eaux », sans plus rien faire du tout : profitez ! Pensez à vous recouvrir intégralement avec une couverture de yoga (pieds et mains compris, jusqu'au cou) : elle apporte de la chaleur qui facilite la détente corporelle.

Tips posture : glissez un bolster sous vos genoux légèrement repliés pour bien caler la colonne sur le tapis.

⑦ Torsions au sol

5 à 6 minutes de chaque côté
(10 à 12 minutes au total)

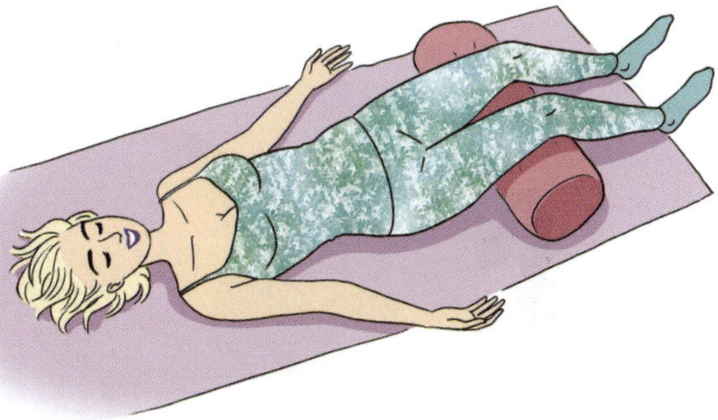

⑧ Shavasana

6 minutes

SÉANCE 4

Yoga pour apaiser les tensions du stress

Pour relâcher la pression et vivre dans le moment présent, il n'y a rien de tel qu'une séance relaxante de yoga : une séance en pleine conscience, en vous concentrant sur votre respiration et en prenant le temps de faire les postures adaptées, va détendre les parties du corps en tension et tout simplement vous relaxer.

Combien de temps ? 30 minutes.

① La libération des vents (pour le dos et les épaules)

Restez allongée dans la posture de détente shavasana et faites la posture de la libération des vents de chaque côté : amenez un genou près de la poitrine, entourez-le de vos mains puis pressez-le contre le ventre à chaque expiration, faites de même avec les deux genoux contre la poitrine, puis, sur une expiration, montez le front près des genoux. Relâchez la tête au sol et les pieds au sol. Tenez 3 respirations pour chaque genou puis 3 pour les deux ensemble.

① La libération des vents

3 respirations de chaque côté, puis 3 respirations ensemble

② Les exercices pour les jambes

3 respirations sur chaque jambe, puis 3 respirations pendant l'écart

② Les exercices pour les jambes

Amenez la jambe droite à la verticale au-dessus de vous et entourez-la de vos mains à hauteur du genou. Gardez la jambe tendue et, à chaque expiration, montez les mains vers vos chevilles. Si votre jambe plie, c'est que vos mains sont trop hautes par rapport à votre souplesse du jour. Relâchez doucement et passez à l'autre jambe. À présent, mettez les deux jambes à la verticale et faites un écart. Vous pouvez vous aider en posant vos mains à l'intérieur des cuisses. Respirez. Étirez, puis relâchez. Tenez 3 respirations pour chaque jambe puis 3 respirations pendant votre écart.

③ Le chat-vache (pour le dos)

Mettez-vous à quatre pattes sur votre tapis et regardez entre vos mains. Inspirez, creusez le dos, ouvrez la poitrine, levez la tête et regardez devant vous. Expirez, arrondissez le dos, la nuque et la tête, regardez votre nombril. Faites plusieurs fois cet enchaînement à un rythme lent. Décomposez vos mouvements et prenez de bonnes respirations.

④ L'enfant retourné (pour les épaules)

Restez à quatre pattes sur votre tapis et placez les avant-bras au sol devant vous. Passez votre bras droit sous votre bras gauche en faisant une torsion du dos et posez votre épaule droite et votre tête au sol. Gardez le bras étiré. Détendez-vous un peu plus à chaque respiration. Vous ne devez pas ressentir de tension mais une relaxation au niveau des épaules, de la nuque et des trapèzes. Sortez doucement de la posture, revenez à quatre pattes et faites la même chose de l'autre côté.

⑤ Le lapin (pour la nuque)

Mettez-vous à genoux, assise sur vos chevilles. Levez les fesses, arrondissez le dos et positionnez l'arrière de votre tête au sol juste devant vos genoux. Imaginez que vous allez faire une roulade. Enroulez bien votre tête, vous devez sentir un étirement et un soulagement au niveau des cervicales. Attrapez vos talons avec vos bras en arrière. Respirez et détendez-vous.

③ Le chat-vache

5 répétitions de l'enchaînement

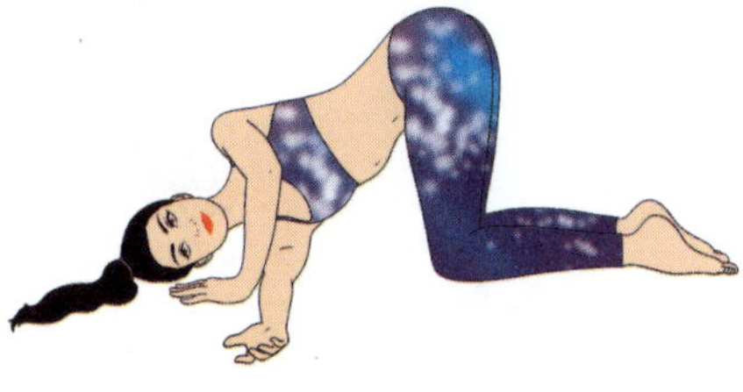

④ L'enfant retourné

3 respirations de chaque côté

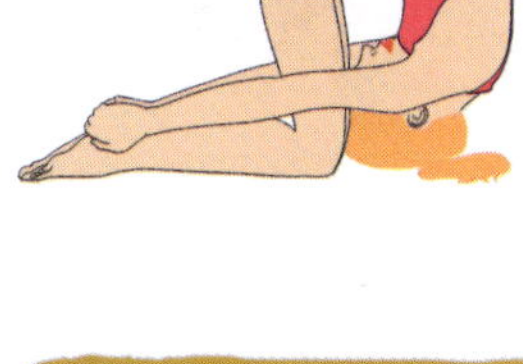

⑤ Le lapin

2 ou 3 longues respirations

⑥ Le pigeon en flexion avant (pour étirer les cuisses et le fessier)

Commencez à quatre pattes. Avancez le genou droit devant vous tout en glissant la jambe gauche vers l'arrière jusqu'à ce qu'elle soit tendue. Posez la fesse droite au sol et dégagez le pied droit de sorte que votre genou forme un angle. Posez les mains au sol de chaque côté du genou, gardez le buste droit et les bras tendus. Soyez à l'aise dans votre posture du pigeon : adaptez la flexion à votre niveau de souplesse. Faites une flexion avant du buste, posez les avant-bras au sol et venez vous allonger sur votre genou.

⑦ Le pigeon en torsion (pour assouplir la colonne)

Redressez le buste et repositionnez vos mains de chaque côté du genou. Placez votre main droite à la place de la main gauche en faisant une rotation du buste vers la gauche. Regardez derrière vous et essayez d'attraper votre jambe avec la main gauche. Respirez et revenez doucement en posture du pigeon. Essayez de faire la même rotation de l'autre côté même si c'est plus difficile, le but est de faire une torsion de la colonne vertébrale grâce au buste et de regarder derrière vous. Respirez et revenez. Passez en planche haute et changez de côté. Amenez votre genou gauche devant cette fois et faites l'enchaînement de la flexion avant et de la rotation. Terminez en vous remettant à quatre pattes.

⑧ Le chien tête en bas (pour le dos et les épaules)

Vous êtes à quatre pattes. Passez en chien tête en bas en poussant dans vos bras et dans vos pieds de façon à lever les fesses. Votre corps doit avoir une forme de V à l'envers. Poussez bien dans vos bras pour étirer les épaules et regarder votre nombril. Poussez également dans vos talons vers le sol pour étirer les jambes.

⑨ Le chien tête en haut (pour étirer la région abdominale et ouvrir le thorax)

Depuis le chien tête en bas, passez en chien tête en haut en abaissant le bassin et les jambes. Les bras restent tendus, le buste droit et les jambes

⑥ Le pigeon en flexion avant

5 bonnes respirations en pleine conscience

⑦ Le pigeon en torsion

2 ou 3 respirations de chaque côté

⑧ Le chien tête en bas

Maintenir sur une expiration longue

au ras du sol en vous tenant uniquement sur vos orteils. Vous pouvez enchaîner la posture du chien tête en bas et celle du chien tête en haut plusieurs fois de suite. Pensez à prendre de longues et profondes respirations. À chaque changement de posture, expirez en chien tête en bas et inspirez en chien tête en haut.

⑩ La pince debout (pour relâcher les tensions du haut du corps)

Venez vous mettre debout sur votre tapis. Joignez les mains devant la poitrine puis, sur une inspiration, étirez-vous en l'air en ouvrant la poitrine. Expirez et penchez tout votre corps en avant, dos plat. Gardez les jambs tendues. Détendez complètement les bras, la nuque, la tête et les épaules. Si vos mains touchent le sol, placez vos doigts sous les orteils. Respirez et détendez-vous. Enroulez votre tête contre votre buste, gardez les jambes tendues et les bras détendus et relevez-vous doucement, dos arrondi en déroulant vertèbre par vertèbre au fur et à mesure de la montée. Déroulez votre tête une fois debout. Puis expirez et étirez-vous.

⑪ L'arbre (pour l'équilibre et l'ancrage au sol)

Toujours debout. Fixez un point devant vous et amenez à l'aide de votre main le pied droit sur l'intérieur de la cuisse gauche. Ouvrez la hanche et sortez le ventre pour une respiration abdominale et plus de stabilité dans votre posture. Joignez les mains et montez-les au-dessus de votre tête. Respirez profondément et visualisez votre ancrage au sol. Essayez de fermer les yeux pour tester votre équilibre. Relâchez la posture et faites la même chose de l'autre côté.

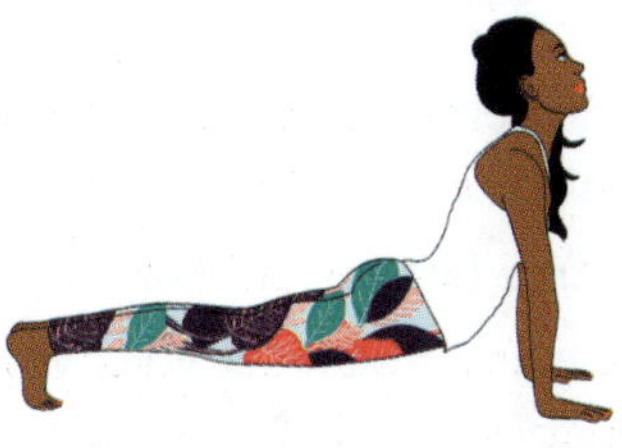

⑨ Le chien tête en haut

Maintenir sur une inspiration longue

⑩ La pince debout

5 respirations

⑪ L'arbre

3 respirations par le ventre de chaque côté

Mes rituels feel good contre les tensions

Ces petits rituels et conseils vont vous aider à vous libérer des tensions sur les zones de votre corps contractées par le stress.

6 conseils pour réduire les tensions

- **Pensez régulièrement à baisser les épaules** et à vous tenir droite, en resserrant les omoplates.
- **Surveillez vos postures au quotidien** : au travail et devant l'ordinateur, mais aussi en voiture, pour lire au lit, vider le lave-vaisselle, porter votre bébé, avec le téléphone portable ou la tablette… Redressez-vous, tenez-vous droite, tirez les épaules vers l'arrière comme pour rapprocher les omoplates.
- **Utilisez une bouillotte**, idéale pour détendre les muscles : installée contre les lombaires, elle fait un bien fou pour soulager les tensions !
- **Bougez !** C'est le remède idéal pour entretenir les muscles de son dos et ses abdominaux, essentiel en prévention.
- **Prenez un bain bien chaud pour vous détendre**, et glissez-y 3 à 4 cuillères à soupe de sels d'Epsom (des petits cristaux de magnésium), qui chassent les raideurs.
- **Masser les zones tendues** avec un mélange d'huile végétale d'arnica (15 ml) + 1 ml d'huile essentielle de romarin à camphre (Rosmarinus officinalis camphoriferum) + 1 ml d'huile essentielle de genévrier (Juniperus communis) : super-bienfaisant et décontractant !

Je relâche les tensions grâce à la relaxation de Jacobson

Cet exercice sert à évacuer toutes les tensions corporelles en premier lieu, avant de détendre votre esprit. C'est une relaxation dynamique qui utilise la sensation agréable de relâchement du corps.

Allongée sur le dos, vous allez progressivement vous concentrer sur toutes les zones de votre corps, l'une après l'autre, et y créer une douce tension pendant quelques secondes. Puis relâchez naturellement pour ressentir la détente. Fermez les yeux et concentrez-vous sur votre respiration lente et profonde.

- Serrez les poings et relâchez.
- Tendez vos biceps et relâchez.
- Plissez le front en remontant les sourcils et relâchez.
- Froncez les sourcils comme si vous vouliez qu'ils se touchent et relâchez.
- Fermez les yeux très fort et relâchez.
- Serrez votre mâchoire comme si vous vouliez mordre et relâchez.
- Serrez vos lèvres en les pressant l'une contre l'autre et relâchez.

- Poussez la tête le plus possible vers l'arrière et relâchez.
- Pressez votre menton contre votre poitrine et relâchez.
- Remontez vos épaules et relâchez.
- Ramenez vos épaules vers l'arrière comme si vous vouliez que vos omoplates se touchent et relâchez.
- Poussez les muscles de votre ventre vers l'extérieur en les durcissant et relâchez.
- Arquez votre dos et relâchez.
- Tendez les muscles de vos fesses en les serrant l'une contre l'autre et relâchez.
- Serrez les muscles de vos cuisses et relâchez.
- Tendez les muscles de vos mollets en pointant vos orteils vers le haut et relâchez.
- Tendez les muscles de vos pieds en recourbant les orteils vers le bas et relâchez.

Sentez tout votre corps relâché, détendu. Observez les points d'appui de votre corps en contact avec votre lit. Gardez les yeux fermés.

J'utilise mon bol tibétain pour libérer mes tensions

Vous allez faire chanter un bol rempli d'eau sur les zones contractées par le stress. La vibration du bol chargé d'eau va apaiser et décontracter les muscles, les organes, les cellules et apporter une énergie régénérante aux tissus. En effet, l'eau contenue dans le bol va entrer en résonance énergétique avec l'eau du corps. L'eau du corps va donc danser, frétiller, entrer dans un mouvement libérateur qui va permettre de dénouer les tensions les plus profondes. Sans compter la conscience que vous allez porter à cette zone…

1. Vous pouvez vous allonger ou vous asseoir, en tout cas adopter une posture qui vous permette de poser votre bol sur la zone que vous souhaitez traiter. Dans certains cas, l'aide d'une autre personne est à prévoir…

2. Versez de l'eau tiède à mi-hauteur dans votre bol tibétain.

3. Faites chanter votre bol en faisant tourner le bâton recouvert de tissu ou de cuir sur le bord extérieur. Observez et écoutez les petites bulles qui se créent et se mettent à jaillir de toutes parts comme des bulles de champagne. Relaxez-vous.

4. Si vous ressentez une tension (nœud de stress dans les épaules, dans les bras, la nuque ou dans le dos), posez délicatement votre bol sur la zone et continuez de le faire chanter. Concentrez-vous sur cette crispation : inspirez et visualisez que vous dirigez l'air à cet endroit. À l'expiration, corps, chassées par le souffle, et qu'ils se nettoient dans l'eau du bol.

5. Procédez de la sorte plusieurs fois : tout en continuant de faire chanter le bol. Respirez et lâchez prise. Continuez aussi longtemps que vous en ressentez le besoin, pour chaque crispation.

6. Vous sentez la vibration du bol sur votre corps, ça chatouille et ça libère, profitez-en !

7. Jetez l'eau du bol dans les toilettes (et non pas dans une plante, car elle est chargée d'énergie grise). Vous voici nettoyée, détendue, votre corps est relaxé !

SÉANCE 1

Yoga assis pour se relaxer

SÉANCE 2

Chair yoga antistress

SÉANCE 3

Yoga détente en fin de journée

SÉANCE 4

Yoga détente dans le bain

- Chapitre 7 -

Au bureau et afterwork

La vie de bureau n'est pas toujours facile et comporte son lot de stress... Résultat : des tensions accumulées dans tout le corps et des ruminations qui ne cessent même quand vous avez passé le pas de votre porte à la fin de votre journée. Vous vous demandez sûrement s'il est possible de calmer votre stress au bureau et de vous apaiser en fin de journée ? Eh bien oui !

Se détendre à tout instant

Le stress ne prévient pas et peut arriver à tout moment dans votre journée, notamment lorsque vous êtes au bureau. Difficile alors de sortir son tapis et d'entamer une séance de sport dans l'openspace pour tenter de vous apaiser… Pas de panique ! Il est tout à fait possible de faire du yoga dans un bureau sereinement. Oui, oui ! Vous n'aurez besoin que de votre chaise ! Le yoga s'adapte à vous !

Pourquoi instaurer une routine yoga au retour du bureau ?

Pour se relaxer de la journée

Profitez de votre soirée pour prendre 20 à 30 minutes pour vous et faire une séance qui vous détendra après cette journée de boulot, qui vous permettra de souffler ! Une routine yoga en rentrant chez vous vous aidera à évacuer les tensions de la journée, aussi bien physiques que mentales, à vous poser dans l'instant pour faire le vide et à vous ressourcer.

Pour faire une transition avec votre vie perso

Réaliser votre routine au retour du bureau, par exemple, est une bonne façon d'envoyer à votre corps le signe que c'est bon, il est en sécurité, il est de retour chez lui. Cela peut constituer le signal que vous vous consacrez à votre vie perso à partir de cet instant !

Pour remercier cette journée et bien la terminer

Réaliser une routine le soir, c'est aussi l'occasion de terminer la journée sur une note feel good, même si elle a été compliquée. Grâce à la pleine conscience, vous faites le vide, vous revenez à l'instant présent, loin du stress, des inquiétudes et des blessures de la journée. Cela vous permet de prendre du recul. Dès lors, vous pouvez apprécier les petits bonheurs de la journée. Pleine du bien-être que vous apporte la séance, vous vous sentez reconnaissante. Un moyen de célébrer cette journée passée et de pratiquer la gratitude, dont on sait qu'elle améliore le bonheur de ceux qui la pratiquent régulièrement !

SÉANCE 1

Yoga assis pour se relaxer

C'est bon contre le stress car pratiquer le yoga au bureau permet d'évacuer les tensions accumulées grâce à la respiration et aux étirements, qui réduisent les tensions. En prenant soin de votre corps, vous vous offrez également une coupure bien méritée dans votre journée de boulot. C'est pour vous si vous avez trop de travail. La sensation de trop-plein crée souvent des tensions corporelles et des douleurs apparaissent.

Combien de temps ? 10 minutes.

1 Pour soulager les tensions au niveau de votre dos : l'angle lié

Asseyez-vous au bord de la chaise, les deux pieds bien ancrés dans le sol, les jambes formant un angle droit. Allongez la jambe droite complètement, talon au sol, et étirez les orteils vers le ciel. Saisissez l'assise de la chaise avec les deux mains et penchez le buste en avant en veillant à le basculer à partir des hanches. Maintenez le dos droit et la tête bien alignée avec la colonne vertébrale. Conservez la position pendant 4 respirations, puis changez de côté.

1 L'angle lié

4 respirations de chaque côté

② Pour dénouer le ventre en cas de stress : la chaise en torsion

Tournez la chaise ou mettez-vous de travers de manière à avoir le dossier à votre droite. Asseyez-vous, pieds parallèles écartés de la largeur des hanches et bien enracinés dans le sol. Inspirez, allongez la colonne vertébrale et, à l'expiration, tournez les épaules vers la droite pour attraper le dossier de la chaise avec les mains. Gardez une main de chaque côté du dossier afin de maintenir la colonne allongée et les épaules à la verticale du bassin. Laissez la tête se diriger vers la droite, le menton tourné vers l'épaule droite pour accentuer l'étirement. Maintenez la posture sur 3, 4 respirations, puis changez de côté.

③ Pour détendre vos épaules engourdies : les ailes de poulet

Cela fait plusieurs heures que vous êtes devant votre ordinateur et sans vous en rendre compte vos épaules remontent, se crispent. L'intérêt de cette posture est donc de stimuler les muscles derrière vos omoplates ainsi que les muscles de vos épaules et vos trapèzes pour relâcher les tensions. Asseyez-vous le dos droit et placez vos doigts sur vos épaules en écartant les coudes vers l'extérieur. Respirez profondément en faisant de petits cercles avec vos coudes. Étirez-vous ensuite en levant le plus haut possible vos deux coudes vers le plafond, puis en les écartant au maximum et, enfin, en baissant vos deux coudes vers le sol pour détendre les trapèzes.

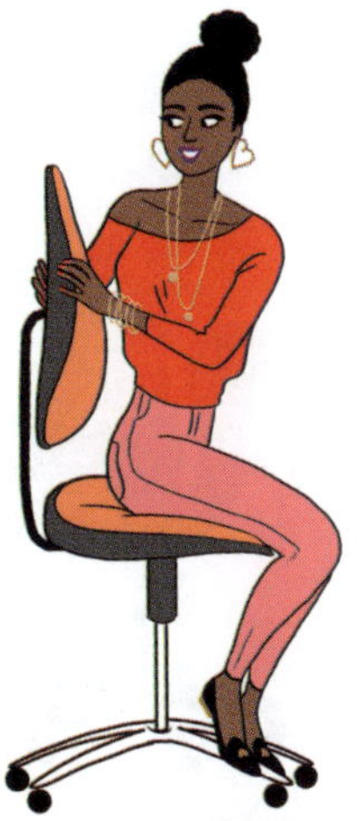

② La chaise en torsion

Maintenir sur 3 ou 4 respirations de chaque côté

③ Les ailes de poulet

SÉANCE 2

Chair yoga antistress

On passe la plupart de la journée assise derrière un ordinateur, on respire mal, le corps, lui, n'aime pas beaucoup ça ! Alors on lui offre une microsession de Chakra yoga sur chaise, une posture par chakra, pour faire circuler l'énergie dans tous les chakras, et ainsi dans tout le corps. Pas besoin de tapis, même pas besoin de bouger de sa chaise... Prête ?

Combien de temps ? 25 minutes.

① Chakra racine, l'ancrage et la connexion à la terre pour retrouver le calme

Bien assise sur votre chaise (plutôt à l'avant de l'assise, ne vous appuyez pas contre le dossier), posez vos deux pieds au sol, bien parallèles l'un par rapport à l'autre. Portez votre attention sur la sensation de vos fesses posées sur la chaise, vos pieds au sol, relâchez les tensions, ancrez-vous et respirez...

② Chakra sacré, le mouvement et la fluidité des hanches et du bassin pour lâcher prise

Posez le bas du tibia droit sur le bas de la cuisse gauche, attrapez délicatement votre genou droit avec la main et montez et descendez votre genou et votre cuisse droite en faisant de petites pressions pour ouvrir votre hanche doucement. Répétez de l'autre côté.

① Chakra racine

② Chakra sacré

③ Chakra du plexus solaire, la puissance du feu digestif pour transformer et digérer le stress

Bien droite sur votre chaise, comme si un fil tirait le sommet de votre crâne, allongez votre colonne vertébrale. Puis entrez dans une torsion vers le côté droit : pivotez le buste à droite sans bouger les hanches et tout en continuant de créer de l'espace entre les vertèbres. Sentez l'essorage qui se fait au niveau de votre colonne vertébrale… Répétez de l'autre côté. Cet exercice est aussi excellent quand on a des problèmes de digestion !

④ Chakra du cœur, pour ouvrir ma cage thoracique, soulager mon dos et mieux respirer

Posez vos mains sur l'assise du fauteuil derrière vos fesses, la paume bien à plat, les doigts tournés vers l'arrière. Poussez sur les mains et ouvrez la poitrine, les poumons vers le ciel. Prenez de lentes et profondes respirations et remplissez vos poumons de cet oxygène précieux et sacré dont vos cellules ont besoin… Oxygénez-vous !

Je mets de la musique et je me défoule !
Ça y est, vous êtes nettoyée de votre journée ? Vous pouvez aller encore plus loin en bougeant, en extériorisant les tensions par le mouvement ! Allez, on se rebooste et on se met dans de bonnes vibes pour profiter de notre soirée ou de notre week-end ! L'idée ? Se défouler en musique : ça aide à chasser toutes les tensions et mauvaises énergies et ça met dans un bon mood pour pratiquer !

⑤ Chakra de la gorge, je déverrouille et j'active la vibration pour faire circuler les tensions émotionnelles

En gardant le corps droit, tournez la tête vers la droite, puis vers la gauche. Puis amenez votre oreille droite vers votre épaule droite, sans monter l'épaule. Répétez de l'autre côté. Faites ensuite des demi-cercles avec votre tête, vers l'avant, vers l'arrière. Puis avec le bout de votre menton, dessinez le signe de l'infini dans l'air devant vous, dans votre espace d'expression. Vous vous autorisez ainsi à vous exprimer sans limite !

③ Chakra du plexus solaire

④ Chakra du cœur

⑤ Chakra de la gorge

⑥ Chakra du 3e œil, je ferme les yeux et je stretche mon cerveau pour y voir plus clair

On lui fait courir des marathons tous les jours, mais on ne lui octroie jamais de moment d'étirement… le cerveau. Un peu comme un muscle qui a beaucoup travaillé, offrez-lui une séance de stretching. Fermez les yeux et positionnez votre regard à la pointe de votre nez, vous allez ainsi étirer votre regard intérieur vers l'avant et de ce fait étirer votre cerveau qui va se relâcher. Prenez conscience de votre regard, et observez les lumières, les couleurs derrière l'écran de vos paupières. Peut-être verrez-vous apparaître votre troisième œil !

⑦ Chakra couronne, je me déconnecte de mon ordinateur pour prendre du recul

Dans le silence et l'immobilité, fermez les yeux et positionnez votre attention sur le sommet de votre crâne. Prenez une grande inspiration et laissez entrer une belle lumière chaude et blanche par le sommet de votre crâne. Envoyez cette lumière jusque dans vos poumons (chakra du cœur), retenez ici votre souffle pendant quelques secondes, puis expirez et laissez descendre la lumière à travers votre corps jusque dans la terre. Faites ainsi plusieurs respirations en vous remplissant au fur et à mesure d'une belle lumière blanche qui vous nettoie, vous allège et vous rend joyeuse. Voilà, vous êtes déstressée !

⑥ Chakra du 3e œil

⑦ Chakra couronne

SÉANCE 3

Yoga détente en fin de journée

Réservée à la détente, cette séquence, courte mais efficace après une journée difficile, trop remplie, stressante ou fatigante, va vous aider à vous relaxer et à dissiper les tensions nerveuses et les crispations physiques. Elle est proposée en deux versions, pour vous laisser choisir (ou pour alterner selon les jours) ! Laissez-vous emporter par ses bienfaits…

Combien de temps ? environ 25 minutes.
Pensez à utiliser votre couverture !

① Assise méditative

Installez-vous confortablement, assise en tailleur, jambes croisées (vous pouvez utiliser un petit coussin de méditation) ou en lotus (chaque pied posé sur la cuisse opposée) si vous vous sentez confortable, ou encore à genoux, les fesses posées sur vos talons. Laissez reposer vos mains souplement sur les genoux (paumes des mains vers les genoux ou vers le ciel, au choix). Les fessiers doivent être bien ancrés dans le sol (ou dans les talons si vous êtes à genoux). Baissez les épaules, resserrez légèrement les omoplates, basculez un peu le bassin vers l'arrière pour « sortir » le pubis, tenez-vous droite et redonnez à votre colonne sa courbure naturelle, en imaginant qu'un fil relie le haut de votre tête au plafond. Tenez-vous droite, ne vous affaissez pas : vous êtes en posture de méditation, donc d'engagement. Détendez votre corps : chevilles, mollets, cuisses, bras, abdomen, épaules, mains… Lissez votre visage. Vous pouvez basculer (très légèrement) le menton vers la poitrine.

① Assise méditative

5 minutes

② Posture du papillon allongé

Allongez-vous sur le tapis, bras légèrement écartés du corps et paumes des mains vers le ciel. Fermez les yeux, pliez les jambes, ouvrez les genoux vers l'extérieur pour les laisser se rapprocher du sol et joignez les plantes des pieds. Vos pieds ne sont pas collés au pubis : trouvez l'éloignement qui vous convient et vous procure des sensations (mais pas trop), mais ne creuse pas votre dos ! Pensez à bien détendre vos cuisses : vos genoux vont ainsi se rapprocher lentement du sol. Respirez doucement avec le ventre en détendant tout le dos sur le sol. Pour sortir de la posture, relevez-vous très doucement en vous aidant des bras. Remontez les genoux et joignez-les jambes pliées (vous pouvez faire quelques lents mouvements d'essuie-glace de droite à gauche), ou bien tendez les jambes.

Option - : vous pouvez intercaler une brique entre chaque genou ou cuisse et le sol pour plus de confort.

Option + : vous pouvez mettre les bras derrière la tête, chaque main maintenant le coude du bras opposé. Si, à l'inverse, vous trouvez les sensations trop intenses, descendez doucement les pieds plus loin du pubis.

③ Posture de la chenille

Assise, les jambes tendues devant vous, inspirez en redressant le buste, puis descendez-le doucement vers l'avant à l'expiration, en faisant le dos rond. Déposez les avant-bras (si vous pouvez), les poignets et les mains au sol (paumes vers le ciel ou au sol, à votre guise). Vous n'avez pas à poser le nez sur les jambes, ni à étirer la colonne pour aller le plus loin possible vers les pieds, trouvez simplement le positionnement juste et laissez faire la gravité.

Option - : si vous avez mal au dos, ou que les sensations sont trop fortes dans les ischio-jambiers (muscles situés à l'arrière des cuisses), n'hésitez pas à plier légèrement les genoux, ou même à glisser dessous une brique ou la couverture roulée. Si vous descendez assez bas, vous pouvez poser une brique sur vos cuisses pour y installer le front et ainsi reposer la tête. Pour sortir de la posture, relevez-vous très doucement en déroulant lentement la colonne. Vous pouvez faire quelques mouvements doux des jambes pour déverrouiller vos genoux.

② Posture du papillon allongé

4 à 6 minutes

③ Posture de la chenille

4 à 6 minutes

④ Bananasana

Allongée sur le tapis, jambes serrées, décalez vos pieds joints vers la droite en fixant bien les hanches et les fesses au sol. Puis décalez vos épaules et omoplates également vers la droite, de façon à courber votre corps en demi-lune et sentir un étirement du flanc, de l'aisselle et du bras gauches. Tendez ensuite les bras au-dessus de la tête, soit en les pliant pour attraper chaque coude avec la main opposée, soit bras tendus et mains jointes. Pour sortir de la posture, réalignez d'abord les bras et le buste, puis les jambes, pour remettre le corps en ligne. Refaites immédiatement la posture vers la gauche. Puis réalignez-vous de la même façon et passez directement à la posture suivante.

Option - : veillez à ce que vos fesses restent bien ancrées dans le tapis, que vos lombaires ne se creusent pas et que les omoplates et épaules soient également bien fixées au sol.

Option + : vous pouvez croiser la cheville gauche sur la cheville droite. Tenez la posture, puis sortez-en doucement et refaites l'exercice à gauche pour étirer le flanc droit.

7 conseils pour encore plus de détente et de sérénité

- Pratiquez cette séance de yin dans la pénombre, à la lumière d'une bougie.
- Offrez-vous un fond musical avec des sons de la nature pendant la pratique, pour vous aider à faire le vide et ne plus penser à la journée passée.
- Prolongez par le shavasana (p. 109) si vous avez le temps (offrez-vous 5 minutes de plus, la durée de cette posture n'est jamais trop longue !).
- Après la séance, massez-vous les pieds, le bas du dos et les mains avec une huile végétale (d'amande douce, de sésame ou d'abricot), dans laquelle vous aurez mis 2 gouttes d'huile essentielle de lavande fine ou de marjolaine à coquilles.
- Déposez 1 goutte d'huile essentielle de lavande (ou de marjolaine à coquilles) sur votre poignet, frottez vos deux poignets, inspirez en fermant les yeux.
- Buvez lentement un grand verre d'eau ou une tisane détente…
- Ne rallumez pas votre téléphone tout de suite : restez déconnectée !

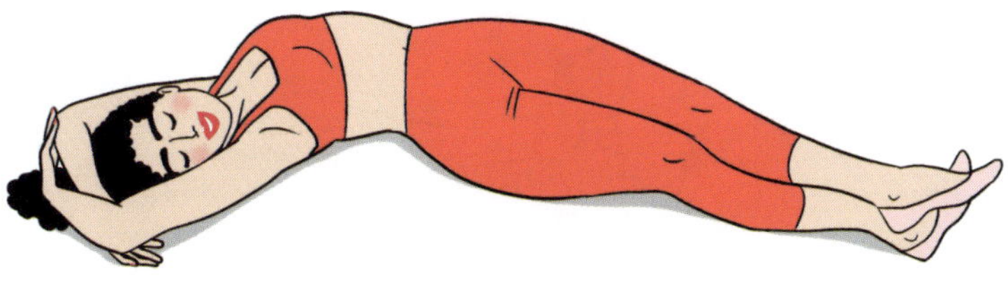

④ Bananasana

3 à 5 minutes de chaque côté, soit 6 à 10 minutes

SÉANCE 4

Yoga détente dans le bain

Imaginez, vous trempez jusqu'au cou dans un bain moussant bien chaud, seule au monde, mode décontraction activé, l'odeur d'une bougie parfumée, une goutte d'huile essentielle de lavande dans l'eau et Norah Jones en musique de fond… Invitation à la détente, au voyage et à la douceur. Parfait pour se détendre après une journée de travail. Et si, pour plus de bienfaits, on ajoutait quelques postures de yoga ? Oui, vous avez bien lu ! Des postures de yoga dans son bain ! Parfait combo ! Assouplir et étirer son corps permet de se délasser pour apporter du bien-être à son corps et à sa tête après une journée chargée.

Combien de temps ? 10 minutes.

① La pince de crabe (pour étirer l'arrière des jambes et le dos)

Asseyez-vous dans votre baignoire, dans le sens de la longueur, jambes tendues devant vous et dos bien droit. Prenez une inspiration et, à l'expiration, penchez-vous en avant, la nuque relâchée. Attrapez le dessous de chacune de vos chevilles et relaxez-vous dans cette posture en faisant quelques respirations. Revenez doucement à la posture initiale.

② Le poisson rouge (pour relâcher les tensions dans la nuque et les épaules)

Gardez la position assise et les jambes tendues devant vous, puis placez les mains à plat derrière vous, bras tendus. Redressez le buste, sortez la poitrine en avant et creusez légèrement le haut du dos. Expirez et penchez la tête en arrière. Vous

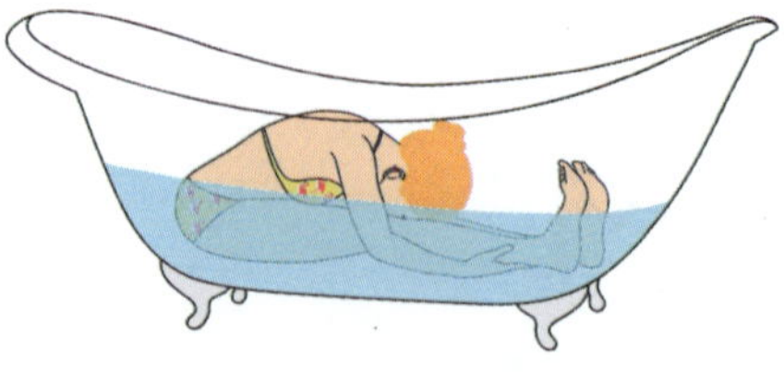

① La pince de crabe

3 respirations

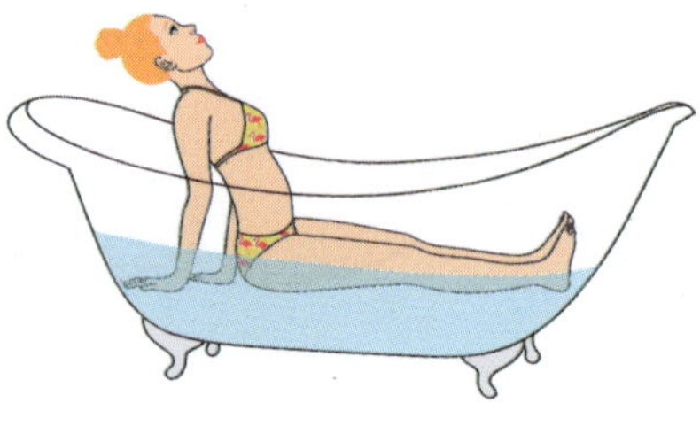

② Le poisson rouge

1 bonne et longue respiration

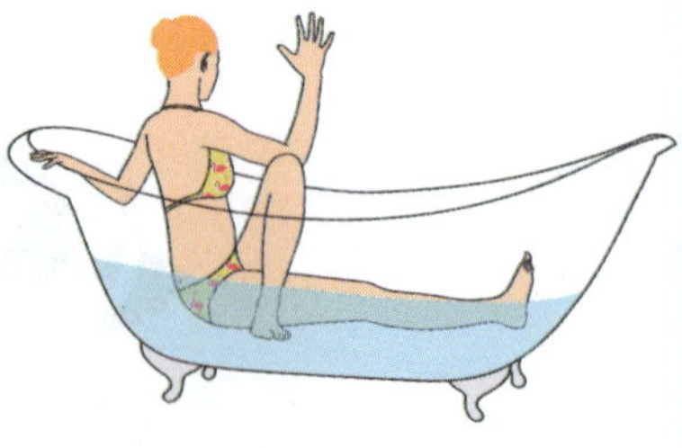

③ La sirène

3 respirations de chaque côté

devez sentir que vos épaules et votre nuque se détendent. Revenez doucement.

③ La sirène (pour assouplir le dos et la colonne vertébrale)

Restez en position assise, jambes tendues. Placez votre pied droit à gauche de votre jambe gauche. Inspirez et placez votre coude gauche à l'extérieur du genou droit. Expirez et faites une rotation vers la droite en regardant derrière vous. Tenez-vous au rebord de la baignoire avec la main droite. Respirez tranquillement et sortez doucement de votre posture avant de changer de côté.

④ La bulle de savon (pour relâcher les tensions dans le bas du dos)

Allongez-vous dans votre bain en épousant la forme de la baignoire, tête en appui. Ramenez les genoux contre la poitrine et encerclez-les avec vos bras croisés. Vous devez former une bulle ! Faites quelques respirations avant de passer à la posture suivante.

⑤ Le nœud marin (pour assouplir les hanches)

Reposez les pieds dans la baignoire et croisez vos jambes de sorte que vos genoux touchent chaque côté de la baignoire et que vos chevilles se croisent. Visualisez la forme d'un bretzel (c'est bon, vous l'avez ?). C'est une sorte de posture de lotus lâche, avec le dos allongé. Gardez la tête en appui, les bras le long du corps et relaxez-vous. Laissez-vous flotter. Fermez les yeux et prenez de longues et douces respirations.

⑥ Le bateau sur l'eau (pour étirer et assouplir les jambes)

Allongez-vous au maximum dans votre baignoire. Levez la jambe droite à la verticale au-dessus de vous et venez attraper votre cheville avec les deux mains. À chaque expiration, tirez un peu plus la jambe vers vous à l'aide de vos mains. Ne coulez pas, S.V.P. ! Revenez doucement et changez de côté.

⑦ Le touché-coulé (pour se relaxer)

Ne vous avouez pas vaincue et terminez cette petite séance de yoga en venant vous asseoir en tailleur dans le sens de la largeur de votre baignoire (le grand côté face à vous). Posez les mains sur le bord de la baignoire. Inspirez. Expirez et penchez le buste, la nuque et la tête en avant. Regardez vers le bas et posez votre front sur le bord de la baignoire. Restez dans cette posture de détente quelques instants et visualisez tout ce que vous venez de faire. Relâchez toute la pression avant de sortir de ce bain de jouvence !

④ La bulle de savon

5 longues respirations

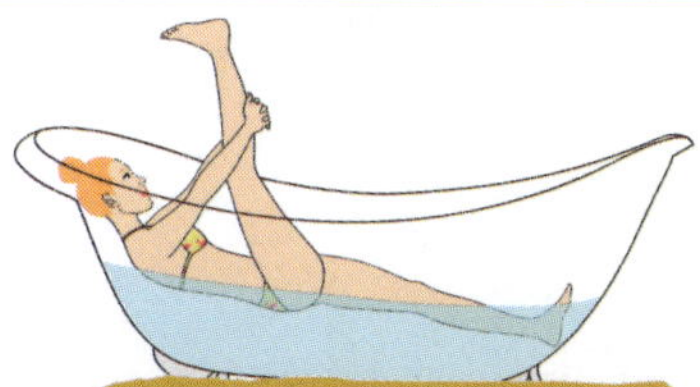

⑥ Le bateau sur l'eau

3 respirations pour chaque jambe

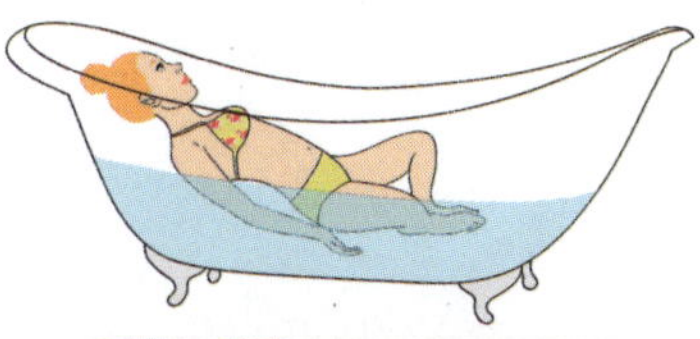

⑤ Le nœud marin

3 respirations profondes

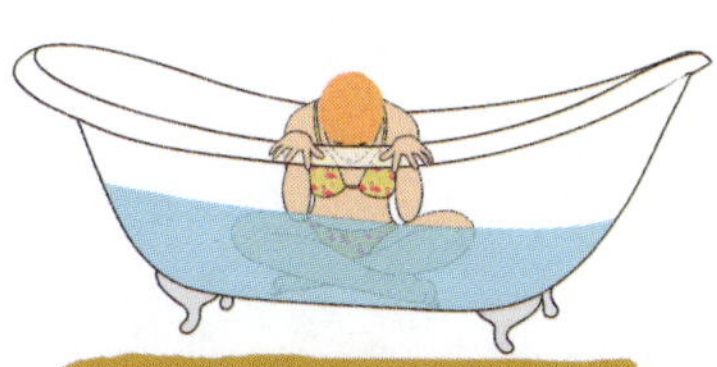

⑦ Le touché-coulé

5 respirations lentes et profondes

SÉANCE 1

Yin yoga nuit de rêve

SÉANCE 2

Pilates pour mieux dormir

SÉANCE 3

Yoga dodo friendly au lit

SÉANCE 4

Yoga méditation
pour un sommeil de qualité

SÉANCE 5

Salutation à la lune
pour s'apaiser

- Chapitre 8 -

Pour bien dormir

Bien dormir est tout aussi important pour la santé que de faire de l'exercice et de manger équilibré. C'est même indispensable pour le bon fonctionnement du corps ! Le sommeil aide l'organisme à maintenir et réguler ses fonctions vitales, notamment le système nerveux, pour une meilleure gestion du stress.

Un sommeil insuffisant peut augmenter le niveau de stress

Il est peu probable qu'une mauvaise nuit provoque des dommages durables, cependant une privation chronique de sommeil augmente bel et bien les risques de stress, de dépression, sans parler des maladies cardiovasculaires, du diabète et des risques d'obésité ! Le manque de sommeil augmente en effet la sécrétion des hormones du stress (cortisol et adrénaline) et diminue la concentration : vous pouvez donc vite vous retrouver débordée et irritable, car vous n'arrivez plus à gérer tout ce que vous avez à faire. Le sommeil met « en pause » le corps afin d'assurer le renouvellement cellulaire. Un sommeil de qualité améliore ainsi l'attention, notre humeur générale avec une meilleure gestion du stress, et notre état de santé physique et mental. Ne prenez plus votre sommeil à la légère !

Le stress peut nuire à la qualité et à la durée du sommeil

Le stress augmente l'attention et provoque la sécrétion d'hormones (cortisol et adrénaline) qui augmentent votre niveau d'énergie et entretiennent l'état d'éveil. Résultat, cela peut vous mener à un endormissement tardif voire à une insomnie ! Un vrai cercle vicieux !

Faites de l'exercice physique régulièrement !

Pratiquer 30 à 60 minutes de sport trois ou quatre fois par semaine est une méthode efficace pour lutter contre le stress et gagner en qualité de sommeil ! Non seulement il détend mais il fatigue : deux ingrédients pour un endormissement rapide et une nuit de qualité. Vous faciliterez votre endormissement et votre santé vous dira merci ! Évitez les exercices de cardio avant le coucher : ils font trop monter le rythme cardiaque et boostent l'énergie. Cessez ce genre d'activité au moins trois heures avant d'aller dormir.

SÉANCE 1

Yin yoga nuit de rêve

Profonde détente corporelle et mental apaisé : cette séance de fin de journée, lente et puissante, fait taire les ruminations, dissipe les tensions, calme le système nerveux, aide à prendre du recul… Elle permet non seulement de s'endormir comme un bébé, mais aussi de profiter d'une nuit douce et récupératrice.

Combien de temps ? 1 h à 1 h 10 en tout en fonction du temps dont vous disposez.

① Assise méditative et travail de respiration

(au choix : respiration alternée, carrée, cohérence cardiaque, voir partie 2 p. 150)

Installez-vous confortablement, assise en tailleur, jambes croisées (vous pouvez utiliser un petit coussin de méditation) ou en lotus (chaque pied posé sur la cuisse opposée) si vous vous sentez confortable, ou encore à genoux, les fesses posées sur vos talons. Laissez reposer vos mains souplement sur les genoux (paumes des mains vers les genoux ou vers le ciel, au choix). Les fessiers doivent être bien ancrés dans le sol (ou dans les talons si vous êtes à genoux). Baissez les épaules, resserrez légèrement les omoplates, basculez un peu le bassin vers l'arrière pour « sortir » le pubis, tenez-vous droite et redonnez à votre colonne sa courbure naturelle, en imaginant qu'un fil relie le haut de votre tête au plafond. Tenez-vous droite, ne vous affaissez pas : vous êtes en posture de méditation, donc d'engagement. Détendez votre corps : chevilles, mollets, cuisses, bras, abdomen, épaules, mains… Lissez votre visage. Vous pouvez basculer (très légèrement) le menton vers la poitrine.

① Assise méditative et travail de respiration

5 à 6 minutes

② Posture du papillon supporté

Assise sur le milieu du tapis, installez un bolster derrière vous dans la longueur du tapis, une des extrémités collée au bas de votre dos. Fermez les yeux et allongez-vous doucement sur le bolster. Les bras reposent de chaque côté du corps, détendus. Pliez les jambes, ouvrez les genoux vers l'extérieur et joignez les plantes des pieds, pas trop près du pubis (les jambes forment un losange). Une fois installée, basculez légèrement le menton vers la poitrine pour bien installer la nuque sur le bolster, afin que toute la colonne soit calée. Détendez tout le dos, respirez avec le ventre. Pour en sortir, relevez-vous très doucement en vous aidant des bras puis retirez le bolster. Remontez les genoux et joignez-les jambes pliées (vous pouvez faire quelques lents mouvements d'essuie-glace).

Option - : vous pouvez mettre une brique sous chaque genou ou cuisse pour qu'ils reposent plus confortablement. Si la posture vous fait mal au bas du dos, éloignez légèrement le bolster.

Option + : si vous souhaitez augmenter les sensations, vous pouvez mettre les bras derrière la tête, chacun maintenant le coude du bras opposé.

Option - : si, à l'inverse, vous trouvez les sensations trop intenses, éloignez doucement les pieds du pubis.

③ Posture de l'enfant

Asseyez-vous sur les genoux, fesses posées sur les talons et pieds serrés. Inspirez, puis, doucement, en expirant, basculez le buste vers l'avant en arrondissant le dos pour venir poser le front sur le sol. Les bras sont soit déposés le long du corps, soit tendus (sans excès) vers l'avant. Respirez doucement, dans le ventre et dans le dos, et veillez à bien garder les fesses sur les talons. Pour en sortir, relevez lentement le buste en déroulant bien la colonne, vertèbre après vertèbre, pour retrouver la posture assise sur les genoux.

Option - : vous pouvez mettre une brique sous le front si nécessaire. Si vous ne supportez pas ou n'appréciez pas la sensation de compression du ventre sur les cuisses, vous pouvez écarter les genoux (en gardant les pieds joints) pour lui offrir plus de place. Les bras seront alors placés sur le côté.

② Posture du papillon supporté

5 à 6 minutes

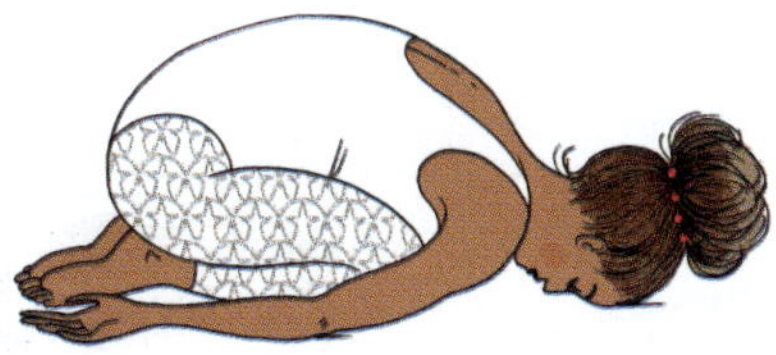

③ Posture de l'enfant

5 à 6 minutes

④ Posture du cœur

Placez-vous à quatre pattes. Inspirez, puis, en expirant doucement et en gardant les mollets et les cuisses perpendiculaires, tendez les bras vers l'avant et descendez progressivement le buste pour venir poser le front au sol, bras tendus, paumes des mains au sol. Laissez le dos se creuser naturellement, veillez simplement à ce que vos fessiers restent à l'aplomb des genoux et ne partent pas vers l'arrière ou l'avant. Pour en sortir, ramenez progressivement les mains près de la poitrine, repoussez le sol pour vous relever en déroulant la colonne vertèbre après vertèbre tout en vous asseyant sur vos talons.

Option - : selon votre morphologie, vous pouvez peut-être poser la poitrine au sol, mais ce n'est pas obligatoire, ne forcez pas. Vous pouvez intercaler un coussin ou un bolster sous celle-ci si la compression est forte ou si vos seins sont sensibles. Si garder le front au sol est inconfortable, vous pouvez tourner la tête sur le côté pour poser une joue, en pensant à changer de côté au milieu du temps de pose, ou plier les bras devant vous et poser le front sur vos mains superposées.

⑤ Posture de la biche à gauche

Assise, faites glisser votre jambe gauche sur le sol pour former un angle droit entre le tibia et la cuisse : le mollet est parallèle au bord avant du tapis, comme pour former un carré. Glissez la jambe droite vers l'arrière, pour placer le mollet parallèle à la longueur du tapis. Buste droit, inspirez doucement puis, en expirant, penchez-vous vers l'avant pour poser bras et front au sol. Gardez les fessiers alignés et le bassin droit. Pour en sortir, relevez-vous très doucement, vertèbre après vertèbre, passez à quatre pattes, puis asseyez-vous et tendez les jambes devant vous. Faites quelques mouvements doux si vous en ressentez le besoin.

Option - : si la hanche droite est douloureuse, vous pouvez faire glisser votre genou droit un peu plus vers l'avant du tapis. N'hésitez pas à glisser une couverture sous les chevilles si elles souffrent de la compression au sol, et une brique sous les fesses pour éviter que les hanches ne basculent sur le côté.

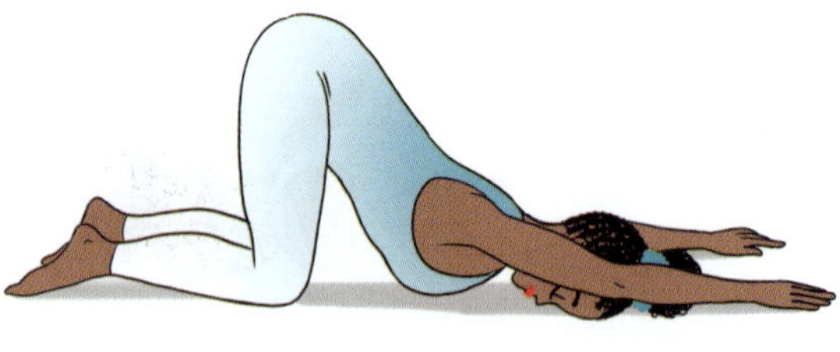

④ Posture du cœur

5 à 6 minutes

⑤ Posture de la biche à gauche

5 à 6 minutes

⑥ Posture du papillon

Assise, repliez les jambes, ouvrez les genoux vers l'extérieur et joignez les plantes des pieds devant vous. Vos pieds s'éloignent du pubis pour que les jambes forment un losange. Inspirez puis expirez doucement en penchant le buste vers l'avant et en arrondissant le dos. Posez les mains de chaque côté des pieds, de façon souple, sans crispation. Pour en sortir, ramenez doucement les mains vers vous, appuyez-vous sur celles-ci pour remonter doucement en déroulant bien la colonne vertèbre après vertèbre. Tendez les jambes et faites des petits mouvements d'essuie-glace avec celles-ci au besoin.

Option - : l'important n'est pas de descendre bas ; n'hésitez pas à intercaler un bolster, placé sur vos genoux ou même installé verticalement pour déposer le front ou le menton. Vous pouvez également glisser des briques sous vos genoux ou sous vos cuisses.

⑦ Posture de la biche à droite

Refaites la posture de la biche, mais en inversant les jambes : la droite vers l'avant et la gauche vers l'arrière. Pour en sortir, relevez-vous très doucement, passez à quatre pattes puis asseyez-vous et tendez les jambes devant vous. Faites quelques mouvements doux avec les pieds (pliés puis flexes) pour détendre pieds et chevilles qui ont été très stimulés.

⑧ Posture du happy baby

Allongée sur le dos, pliez les genoux sur le buste, écartez-les et attrapez avec chaque main le pied du même côté, en passant les bras à l'intérieur des jambes. Ancrez bien au sol toute votre colonne, votre bassin, vos épaules et votre tête. Maintenez ensuite la posture en laissant les genoux s'ouvrir et se rapprocher doucement du sol, sans tirer sur les pieds et en gardant les coudes proches des genoux. Pour en sortir, relâchez doucement les pieds, redescendez doucement les jambes pour les allonger au sol.

Option - : vous pouvez glisser une couverture pliée en quatre sous le bassin. Vous pouvez attraper les pieds par les gros orteils, par la tranche ou les talons.

⑥ Posture du papillon

5 à 6 minutes

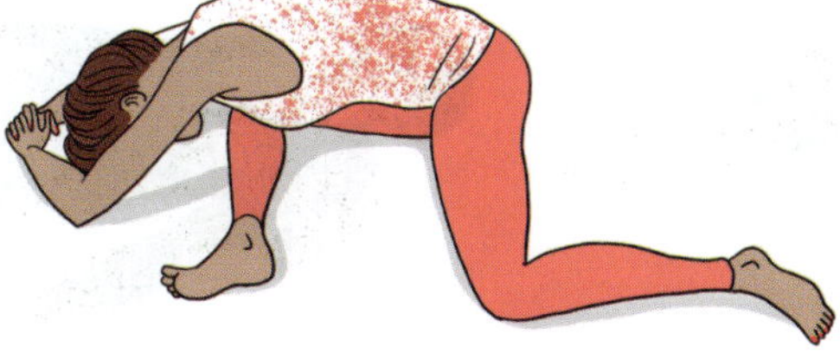

⑦ Posture de la biche à droite

5 à 6 minutes

⑧ Posture du happy baby

5 à 6 minutes

⑨ Torsions au sol

Allongée, pliez les jambes en gardant les pieds au sol, écartés de la largeur des épaules. Soulevez ensuite légèrement le bassin, et décalez-le d'une dizaine de centimètres vers la gauche. Relevez les genoux vers la poitrine, puis basculez-les lentement vers la droite. Gardez bien les deux épaules dans le tapis. Écartez les bras et tournez la tête vers la gauche pour que la torsion soit complète. Pour en sortir, replacez la tête droite, relevez doucement les genoux, pliez-les sur la poitrine en les entourant de vos bras. Puis posez les pieds au sol, soulevez le bassin vers la droite et reproduisez la posture du côté gauche.

Option - : vous pouvez poser la main droite sur les genoux pour les rapprocher un peu plus du sol, ou glisser dessous une brique ou un bolster pour les supporter. Si vos cervicales sont fragiles, gardez la tête droite.

Option + : vous pouvez remonter un peu plus les genoux vers le buste.

⑩ Shavasana

Allongez-vous, jambes écartées à la largeur du tapis (vous pouvez glisser un bolster sous vos genoux légèrement repliés afin de soulager le bas de votre dos et gagner du confort), bras légèrement écartés du corps, paumes des mains tournées vers le ciel. Vos yeux sont fermés, vous pouvez poser sur eux un petit coussin de relaxation (parfois rempli de lavande odorante très relaxante). Décontractez tout votre corps et laissez-vous aller dans la posture, flottez dans un état de détente et de sérénité, « entre deux eaux », sans plus rien faire du tout : profitez ! Pensez à vous recouvrir intégralement avec une couverture de yoga (pieds et mains compris, jusqu'au cou) : elle apporte de la chaleur qui facilite la détente corporelle.

⑨ Torsions au sol

Durant 5 à 6 minutes de chaque côté (10 à 12 minutes au total)

⑩ Shavasana

10 minutes

SÉANCE 2

Pilates pour mieux dormir

Tous les mouvements qui vont suivre vont vous aider à faire circuler l'énergie qui reste souvent bloquée au niveau des plexus (solaire, cervical, lombaire...) en cas de stress. La respiration qui les accompagne vous aidera à réguler le système nerveux central et la fréquence cardiaque pour vous préparer à l'endormissement. Non seulement vous revitaliserez votre corps mais vous dormirez comme un bébé ! N'hésitez pas à pratiquer cette routine les soirs où vous en ressentez le besoin.

Fréquence ? Trois ou quatre fois par semaine pour lutter contre le stress efficacement et gagner en qualité de sommeil !

① Roll up

En position assise, jambes tendues, bras tendus devant soi et parallèles au sol, dos droit et centre engagé (aspirez votre nombril vers la colonne). Inspirez, puis en expirant, creusez les abdominaux (aspirez le nombril) et rétroversez le bassin (pubis vers l'avant) pour dérouler la colonne sur le tapis, vertèbre après vertèbre. À la fin du mouvement, inspirez en emmenant les bras tendus vers l'arrière et, à l'expiration, ramenez les bras à hauteur de poitrine, tendus, décollez la tête, puis les vertèbres une à une pour enrouler votre colonne et revenir dans la position de départ, assise jambes tendues.

Options - : si vous sentez un blocage au niveau de vos lombaires qui vous empêche de remonter, vous pouvez placer une serviette à ce niveau. Vous pouvez aussi vous laisser tomber en position fœtale pour revenir vous asseoir au bord de votre tapis. Ou bien tentez de vous relever sans élan, en plaçant les mains sous une cuisse afin d'enrouler la colonne.

① Roll up

8 répétitions

② Rolling back

Assise sur les ischions (petits os pointus des fessiers), en autograndissement, jambes fléchies et pointes des pieds au sol. Placez les bras autour des jambes et les mains sur le côté des mollets (ou sous les cuisses). Basculez le bassin en rétroversion (pubis vers le plafond) en creusant le ventre. Formez un C avec la colonne, engagez le centre et gardez les épaules basses en allongeant la nuque. Décollez les pointes de pied du sol pour vous retrouver en équilibre sur les fessiers (légèrement derrière les ischions), connectez les pieds en V Pilates (collez vos talons l'un contre l'autre en ouvrant vos pieds vers l'extérieur) et laissez les genoux s'ouvrir. Inspirez et laissez le corps basculer vers l'arrière puis expirez en engageant la sangle abdominale pour revenir dans la position en équilibre sur les fessiers. Inspirez lorsque le corps bascule vers l'arrière et expirez en engageant la sangle abdominale pour revenir dans la position en équilibre fessiers. L'objectif est de rester dans la position d'un C durant tout le mouvement et de garder une posture stable.

③ Spine twist

Assise en autograndissement, jambes tendues devant vous. Joignez les mains et placez les pouces au niveau du sternum, les index en direction du menton. Le centre est engagé et les épaules basses. Inspirez, à l'expiration effectuez une rotation du buste vers la droite en gardant le nez, le menton et les mains dans le même alignement. Inspirez pour revenir dans la position initiale et changez de côté. Cherchez à essorer votre taille comme une serviette trempée sur chaque mouvement de rotation en aspirant le nombril.

Option - : si vous manquez de souplesse à l'arrière des jambes et que le bas de votre dos tire, vous pouvez soit vous asseoir sur un coussin (ou une brique) pour vous surélever et garder les jambes tendues, soit placer vos jambes en diamant en ramenant les plantes de pieds l'une contre l'autre et en laissant les genoux s'ouvrir sur le côté.

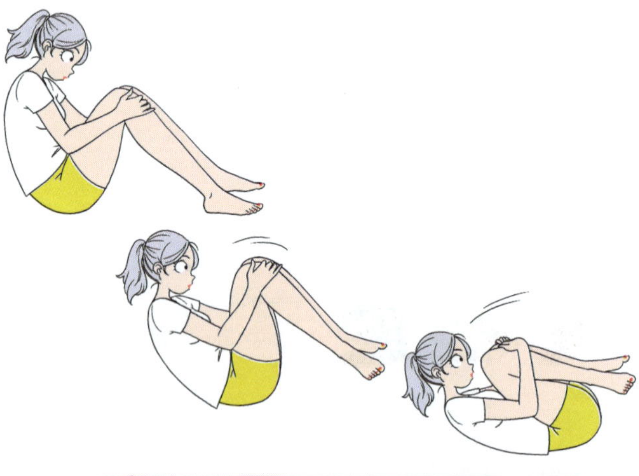

② Rolling back

8 répétitions

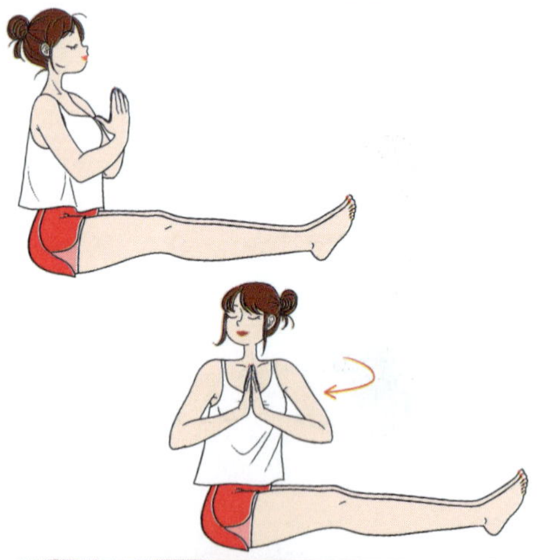

③ Spine twist

4 fois de chaque côté en alternant

④ Pince

En position assise et autograndie (dos droit, abdos engagés), les bras tendus devant vous et parallèles au sol, les épaules éloignées des oreilles. Inspirez, puis expirez en inclinant la tête et le buste vers l'avant dans le but de rapprocher votre poitrine de vos cuisses. Vous pouvez placer vos mains autour de vos pieds ou, selon votre souplesse, sur les côtés de vos cuisses. Restez une longue respiration, inspirez dans les côtes et le haut du dos, expirez en rapprochant davantage la poitrine de vos cuisses tout en absorbant le ventre. Inspirez de nouveau et expirez en déroulant votre colonne, vertèbre après vertèbre, pour vous retrouver dans la position de départ, le dos bien droit et les abdominaux engagés. Veillez à garder les épaules éloignées des oreilles durant tout le mouvement.

⑤ Happy baby

En position allongée sur le dos, ramenez les jambes en chaise renversée l'une après l'autre. Placez les bras à l'intérieur des cuisses et crochetez vos gros orteils avec vos index afin d'orienter vos talons côté plafond et vos genoux en direction du sol. Relâchez complètement la tête et les épaules dans le sol et laissez vos hanches s'ouvrir. Basculez de droite à gauche afin de masser votre colonne sur le tapis et relâcher les tensions liées au stress, souvent logées dans le bas du dos, le bassin et le bas ventre.

Option - : si vous ne parvenez pas à attraper vos orteils, tenez vos chevilles ou vos mollets et allez-y progressivement.

④ Pince

6 à 8 répétitions

⑤ Happy baby

Profitez de cette position autant de temps que vous le souhaitez

SÉANCE 3

Yoga dodo friendly au lit

Vous avez du mal à vous endormir parce que votre tête est encore bien occupée de la journée ? Du coup, vos nuits ne sont pas réparatrices ? Pas de panique ! Grâce à votre nouvelle routine yoga et quelques postures à faire dans votre lit tous les soirs, vous allez dormir comme un bébé ! Sachez qu'une mini-séance, faite en total lâcher-prise, augmente la détente du corps entier et favorise ainsi l'endormissement, le sommeil et le repos profond. Vous allez faire de beaux rêves...

Combien de temps ? 10 minutes.

① Les jambes au mur

Commencez votre séance de yoga en vous allongeant dans votre lit de façon à avoir un mur en face de vous. Levez les deux jambes et posez-les, tendues, contre le mur. Rapprochez vos fesses si nécessaire. Vos jambes doivent être à l'aplomb de votre bassin. Restez 1 min dans cette posture pour améliorer le retour veineux ou alors 7 min pour que votre sang fasse un tour complet et améliore la circulation. Respirez doucement et en conscience.

② Le happy baby

Pliez les jambes et ramenez vos genoux près de la poitrine. Attrapez l'extérieur de vos pieds et ouvrez les hanches. Levez les jambes et écartez-les, talons vers le ciel. Faites un léger mouvement de pédalage avec vos jambes à l'aide de vos bras en vous balançant d'un côté et de l'autre. Vous devez sentir vos hanches s'ouvrir et votre dos se détendre. Sortez doucement de votre posture après quelques respirations.

① Les jambes au mur

1 ou 7 minutes

② Le happy baby

5 respirations

③ Le grand angle

Mettez-vous dans le sens de votre lit et en plein milieu. Asseyez-vous, jambes tendues devant vous et dos droit. Écartez les jambes au maximum et penchez-vous en avant, les bras tendus devant vous. Respirez profondément et aidez-vous de chaque expiration pour vous assouplir de plus en plus et approchez le buste du matelas. Sortez de votre posture en rapprochant les jambes petit à petit.

④ La torsion allongée

Allongez-vous de tout votre long dans votre lit. Gardez les jambes parallèles et écartez les bras en croix. Pliez la jambe gauche et attrapez votre genou gauche avec votre main droite. Faites une torsion de la colonne vertébrale vers la droite en amenant votre genou à droite de votre corps. Tournez la tête vers la gauche et regardez le bout de vos doigts. Prenez quelques respirations profondes et contrôlées et sortez doucement de la posture en décomposant les mouvements. Replacez votre bassin de sorte à être alignée, puis faites la même chose de l'autre côté.

⑤ Shavasana

Vous êtes prête à dormir ? Alors, éteignez votre lampe de chevet et votre téléphone et mettez-vous sous la couette. Allongez-vous, les jambes et les bras légèrement écartés, paumes de mains vers le ciel. Fermez les yeux et concentrez-vous sur votre respiration. Choisissez la respiration abdominale ou la respiration complète (p. 140), puis respirez profondément avec conscience. Laissez votre relaxation profonde vous endormir paisiblement. Bonne nuit !

③ Le grand angle

3 grandes respirations

④ La torsion allongée

3 respirations profondes de chaque côté

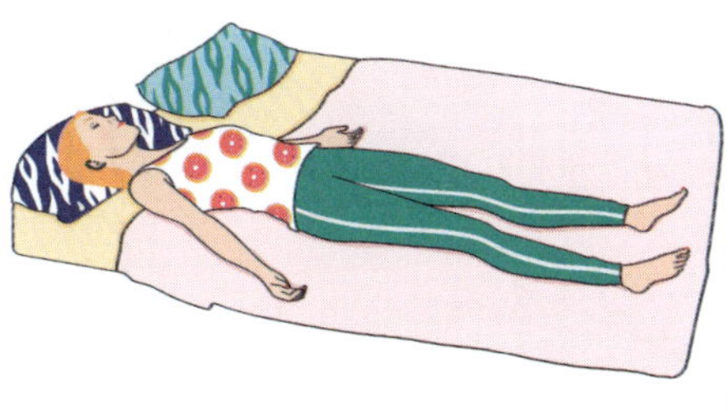

⑤ Shavasana

Jusqu'au matin : endormez-vous dans cette posture !

SÉANCE 4

Yoga méditation pour un sommeil de qualité

Après une bonne journée de travail, quelques coups de stress et des heures assise devant l'ordinateur, la routine post-travail peut être salvatrice et vous permettre, non seulement de déconnecter le temps d'une soirée, mais aussi de dormir comme un bébé !

Combien de temps ? 30 minutes.

① Relaxation et respiration

Allongez-vous sur votre tapis de yoga, en shavasana, les bras le long du corps, paumes de mains vers le ciel, les pieds relâchés vers l'extérieur. Fermez les yeux (mais sans vous endormir !) et prenez conscience de votre souffle. Gardez une respiration calme et naturelle, puis prolongez vos cycles respiratoires et faites 10 cycles de respiration complète. Allongée sur le dos, les jambes tendues et les pieds relâchés vers l'extérieur, relâchez le visage et le corps et fermez les yeux. Placez la main droite au niveau du nombril, la main gauche sur la poitrine. Inspirez lentement et laissez le ventre se soulever, sentez les côtes, le diaphragme, puis les clavicules se soulever et s'écarter. À l'expiration, le ventre se relâche d'abord, le diaphragme remonte, puis les côtes s'abaissent et se resserrent et, enfin, les clavicules redescendent. Concentrez- vous sur la vague qui se soulève sous vos mains. À l'inspiration, la main droite monte, puis la main gauche. À l'expiration, la main droite redescend d'abord,

① Relaxation et respiration

10 cycles respiratoires

puis la main gauche. À la fin du 10e cycle, reprenez une respiration naturelle, étirez- vous, bâillez, soupirez bruyamment. Puis venez vous asseoir en posture de méditation, le dos bien droit.

② Détente de la nuque et des cervicales

Assise ou debout, le dos bien droit et les épaules relâchées, inspirez, puis, sur l'expiration, amenez l'oreille droite vers l'épaule droite. Inspirez, ramenez la tête au centre. Expirez, amenez la tête vers l'arrière. Inspirez, revenez. Expirez, amenez l'oreille gauche vers l'épaule gauche. Inspirez au centre, puis expirez en amenant le menton vers la poitrine. Inspirez, revenez au centre. Puis recommencez dans l'autre sens, à gauche, vers l'arrière, à droite, puis vers l'avant. Veillez à garder les épaules détendues, surtout si vous sentez de petits nœuds dans le cou.

③ Le chat

À quatre pattes sur votre tapis, essayez de bien aligner vos épaules et vos poignets, vos hanches et vos genoux, le dos bien droit, la nuque dans le prolongement de la colonne. Inspirez, creusez le dos, amenez les ischions (les os des fesses) vers le ciel, relevez la tête et dirigez votre regard entre les sourcils. Sur l'expiration, laissez le dos s'arrondir, ramenez le sacrum vers le sol et le menton vers la poitrine. Continuez ainsi une dizaine de fois en veillant à bien coordonner votre souffle et les mouvements.

④ L'enfant

À quatre pattes, genoux écartés de la largeur des hanches, sur une expiration, ramenez les fesses vers les talons, le ventre sur les cuisses et le front au sol. Amenez vos bras vers l'arrière le long du corps pour bien relâcher les épaules. Restez 5 grandes respirations, puis ramenez les mains bien à plat sur le sol, sous les épaules, et déroulez le dos vertèbre par vertèbre sur une inspiration.

② Détente de la nuque et des cervicales

5 respirations de chaque côté

③ Le chat

10 répétitions

④ L'enfant

5 grandes respirations

⑤ Le chien tête en bas

À quatre pattes, genoux écartés de la largeur des hanches, mains bien à plat juste en dessous des épaules. Prenez une grande inspiration, puis, sur l'expiration, décollez les genoux et tendez les jambes. Allongez bien la colonne et poussez les paumes de mains sur le sol afin de bien amener le poids du corps vers l'arrière. Si vous sentez beaucoup de poids à l'avant du corps, gardez les genoux un peu pliés afin de vous aider à conserver l'allongement de la colonne vertébrale. Tenez la posture sur 5 grandes respirations, puis revenez à quatre pattes, et enfin dans la posture de l'enfant. Recommencez au moins une fois. Tenez sur 5 respirations, puis revenez dans la posture de l'enfant quelques instants.

⑥ Shavasana

Allongez-vous à nouveau en posture du cadavre, allongée sur le dos, menton légèrement vers la poitrine, bras éloignés du corps, paumes de mains tournées vers le ciel, pieds écartés au moins de la largeur des hanches et relâchés vers l'extérieur.

Je me concentre et atténue mon stress grâce à la respiration claviculaire
La respiration claviculaire réveille et oxygène le cerveau et diminue durablement les effets du stress. Abusez-en !

Comment faire ? Allongée sur le dos, les jambes tendues et les pieds relâchés vers l'extérieur, étendez les bras le long du corps, paumes vers le ciel. Mettez les doigts sur les clavicules en gardant les bras et les coudes détendus et relâchés. Inspirez lentement par le nez et laissez les clavicules se soulever. À l'expiration, laissez les clavicules s'abaisser. Sentez vos mains se soulever doucement à l'inspiration et redescendre à l'expiration, sans essayer d'exagérer le mouvement.

Combien de fois ? Faites 10 respirations claviculaires en essayant d'allonger vos inspirations et vos expirations.

⑤ Le chien tête en bas
5 respirations

⑥ Shavasana
10 cycles respiratoires

SÉANCE 5

Salutation à la lune pour s'apaiser

La salutation à la lune est un enchaînement doux, calme et sensible. Avec toutes ses ouvertures de la cage thoracique, elle libère les tensions physiques, calme l'esprit et les émotions. Elle est apaisante, car vous revenez à votre souffle à travers le mouvement. Elle est parfaite pour vous libérer des insomnies et des tensions ainsi que du stress. Pratiquez-la après le coucher du soleil pour vous sentir en parfaite harmonie avec l'univers.

① La montagne

Debout, dans la posture de la montagne, vos gros orteils joints, les doigts de pieds bien écartés sur le sol. Ressentez votre verticalité, vous êtes bien droite, votre tête alignée avec la colonne vertébrale. Les bras le long de votre corps. Prenez quelques profondes respirations. Fermez les yeux et relâchez votre corps.

② La demi-lune en arrière

Liez vos paumes de main devant le cœur. Inspirez en levant les mains jointes légèrement en arrière. Ouvrez votre cage thoracique. Le visage vers la lune.

③ La cigogne

Commencez à expirer lentement en amenant vos pouces sur votre front et en les descendant progressivement jusqu'à toucher le centre de votre cœur. Continuez votre expiration qui accompagne la descente de vos pouces jusqu'au sol. Ouvrez les paumes de vos mains vers la terre. Si vous n'êtes pas très souple, écoutez votre corps et pliez légèrement les genoux (le dos doit rester droit) !

④ Le croissant de lune

Inspirez et déposez le pied gauche sur le sol, loin en arrière en pliant naturellement le genou droit.

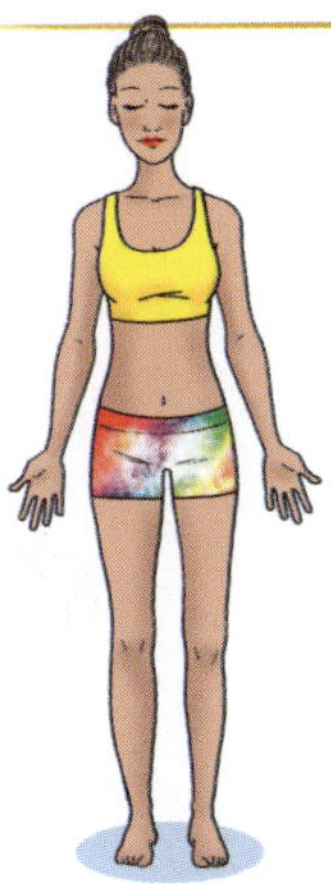

① La montagne

② La demi-lune en arrière

③ La cigogne

④ Le croissant de lune

1 à 4 répétitions de l'enchaînement selon vos besoins

Joignez vos paumes de mains en prière et étirez-les vers le ciel. Ouvrez votre cage thoracique sur chaque inspiration. Expirez lentement en abaissant vos bras. Vous pouvez de nouveau toucher le centre de votre front et le centre de votre cœur avec les pouces… Puis revenez les mains à plat sur le sol.

⑤ Le chien tête en bas

Toujours sur l'expiration, adoptez la posture du chien tête en bas. Vos deux mains sont à plat sur le sol, reculez le second pied et soulevez vos hanches en l'air. Votre corps forme une montagne.

⑥ Le chat

Sur l'inspiration, déposez vos genoux au sol, sous les hanches, pour venir dans la posture du chat, à quatre pattes, les poignets, les coudes et les épaules alignés. En expirant, faites le dos rond et rentrez légèrement votre menton, puis, sur l'inspiration, relevez la tête, poitrine vers l'avant et les épaules relevées.

⑦ L'enfant

Expirez et venez dans la posture de l'enfant : agenouillez-vous sur le sol, vos deux gros orteils se touchant, puis asseyez-vous sur vos talons (vos genoux sont légèrement plus écartés que vos hanches) et déposez votre corps entre vos cuisses, le haut du front contre le sol. Allongez votre coccyx vers l'arrière. Étirez vos bras en avant, mains à plat sur le sol. Laissez tomber vos épaules vers le sol pour étirer vos omoplates. Restez dans cette posture durant quelques respirations.

⑧ Le cobra

Étirez vos jambes vers l'arrière et déposez vos mains sur le sol, sous vos épaules. Collez vos coudes près de votre corps. Appuyez sur les cous-de-pied et les cuisses. Votre pubis reste fermement ancré dans le sol. Et, sur l'inspiration, commencez à appuyer sur vos bras pour redresser votre poitrine. Levez votre visage vers le ciel, poitrine en avant.

⑤ Le chien tête en bas | ⑥ Le chat | ⑦ L'enfant | ⑧ Le cobra

1 à 4 répétitions de l'enchaînement selon vos besoins

⑨ Le chien tête en bas

Sur l'expiration, revenez en chien tête en bas. Vos deux mains sont à plat sur le sol, les deux pieds en arrière et les hanches en l'air. Votre corps forme une montagne.

⑩ Le croissant de lune

Inspirez et déposez le pied droit sur le sol. Pliez naturellement le genou gauche et posez-le au sol pour vous ancrer dans la posture. Joignez vos paumes de mains en prière et étirez-les vers le ciel. Ouvrez votre cage thoracique sur chaque inspiration. Expirez lentement en abaissant vos bras. Vous pouvez de nouveau toucher le centre de votre front et le centre de votre cœur avec les pouces… Puis revenez les mains à plat sur le sol.

⑪ La cigogne

Ramenez le pied gauche vers l'avant, vos deux pieds côte à côte entre vos mains. Relevez vos fesses vers le ciel, le ventre contre vos cuisses. Vous pouvez légèrement plier vos genoux si nécessaire. Puis inspirez en vous redressant progressivement, vertèbre par vertèbre.

⑫ La demi-lune en arrière

Paumes de mains jointes, étirez-vous en arrière et saluez la lune au-dessus de vous.

⑬ La montagne

Expirez et abaissez vos paumes de mains pour toucher le centre de votre front, puis le centre de votre cœur. Terminez en posture de la montagne. Vous êtes de nouveau debout, pieds joints et gros orteils se touchant. Étirez la colonne vertébrale et allongez le cou. Fermez les yeux et accueillez les sensations de cette posture.

⑨ Le chien tête en bas — ⑩ Le croissant de lune — ⑪ La cigogne — ⑫ La demi-lune en arrière — ⑬ La montagne

1 à 4 répétitions de l'enchaînement selon vos besoins

Mes rituels feel good dodo friendly

Le « clean sleeping » se prépare pendant la journée, mais aussi la soirée : plus celle-ci sera paisible et tranquille, mieux elle nous conditionnera à dormir en aidant notre cerveau à vraiment débrancher. Alors, on commence dès ce soir !

J'écoute de la musique pour déconnecter

L'option « sas musical » est parfaite pour apaiser nos émotions et notre mental : s'immerger (avec un casque) 10 à 15 minutes dans une musique douce (ou des mantras chantés comme ceux de Deva Premal, très hypnotiques) peut devenir un bon rituel de fin de journée quand on rentre du travail, pour mieux déconnecter de sa journée ou en fin de soirée avant d'aller se coucher. On en profite pour fermer les yeux, détendre le corps et respirer (voir p. 150).

Je tricote pour me centrer

Les travaux d'aiguille sont redevenus ultra trendy ! Répétitifs, hypnotiques, exigeant concentration, précision et centrage sur l'instant présent, ils font baisser le cortisol associé au stress. Ils sont d'ailleurs recommandés aussi bien pour arrêter de fumer que pour réduire l'hypertension ou les douleurs chroniques et… contre l'insomnie ! Certains expliquent que le tricot est proche de la méditation et des chercheurs ont démontré que les zones cérébrales activées en tricotant sont les mêmes que quand on enchaîne des asanas (postures de yoga) ! Et si c'était le moment de débuter un plaid tricoté main, pour cocooner encore plus agréablement ?

Je lis pour m'évader

Non seulement la lecture fait travailler le cerveau et le protège du vieillissement, mais son effet apaisant est démontré : elle réduit de 68 % le stress en… 6 minutes selon une étude anglaise. Plus rapide et efficace que la marche ! Son secret ? Nous embarquer loin de nos soucis et nous évader du quotidien. En Angleterre, des « help-self books » sont même prescrits par les médecins à leurs patients selon leurs difficultés psychologiques (stress, anxiété ou déprime). En France, l'écrivain et kinésithérapeute Régine Detambel révèle que nous n'avons pas besoin d'ouvrages de développement personnel (qui parfois nous mettent la pression au lieu de la réduire), mais de romans, récits et de belle écriture qui nous emportent, nous permettent de nous évader, nous bouleversent et nous font réfléchir. Le livre est un outil de soin qui booste notre bien-être psychologique !

Mon câlin auditif et hypnotique pour m'endormir sereine : l'ASMR

Une sensation de chaleur qui s'installe au niveau du cuir chevelu, peut descendre dans les épaules et la colonne vertébrale, déclenche même parfois de légers picotements du crâne ou des frissons sur la peau, accompagnée d'une douce torpeur… Voilà ce qu'est l'ASMR, littéralement « réponse autonome des méridiens sensoriels » : pas vraiment une méthode mais plutôt des sensations physiques. Celles-ci, qui engendrent un état de relaxation avancée, sont provoquées par des « déclencheurs » sonores, les triggers). Chacune a ses déclencheurs chouchous : bruits de bouche, de mains glissant sur la peau huilée façon massage, de pages d'un livre qu'on tourne, de brossage de cheveux, de froissement de papiers, de crépitement de feu, chuchotements, tapotements… le choix est très personnel et ce qui vous fait « décoller » agacera prodigieusement votre meilleure amie (et inversement !). Réalisées non par des thérapeutes, mais par des YouTubeurs spécialisés, équipés de micros ultra sensibles et d'une voix douce et bienveillante, ces vidéos ASMR émaillées de déclencheurs ont pour mission de vous embarquer dans un voyage sonore et sensoriel.

Pour quels effets ?

Si l'objectif initial est la détente, il est prouvé que le rythme cardiaque se ralentit et que l'esprit se calme, d'autant que l'activation de certaines zones cérébrales permet la libération d'hormones (sérotonine, endorphine et ocytocine). Une étude réalisée au pays de Galles (2015) a d'ailleurs montré que 90 % des adeptes regardent des vidéos d'ASMR pour se relaxer, 70 % pour diminuer leur stress et 82 % pour… s'endormir ! En effet, les stimuli étant essentiellement sonores, il suffit de fermer les yeux et de se laisser bercer pour plonger doucement vers le sommeil.

Je fais l'expérience ASMR…

Cherchez des vidéos sur YouTube (par mots clés), et déterminez les sons déclencheurs et les situations et ambiances qui vous plaisent et vont vous détendre. Asseyez-vous confortablement ou, encore mieux, allongez-vous, installez sur vos oreilles un casque ou de bons écouteurs pour profiter pleinement des sons dits « binauraux » de ces vidéos : ces sons, dont la fréquence diffère d'une oreille à l'autre, produisent des ondes particulières qui permettent de synchroniser les deux hémisphères cérébraux, ce qui induit un état de bien-être et une baisse de l'anxiété : c'est une sorte de massage sonore, un véritable câlin auditif !

Le bon rythme à suivre

Au moins une vidéo par semaine (aucun risque à en regarder plus, surtout quand on a une tendance naturelle à rester bloquée dans le mental). Mais si vous n'y êtes pas sensible, pas de panique ! Cherchez et testez d'autres déclencheurs, et si, définitivement, vous semblez réfractaire (ça arrive), optez pour une autre méthode de relaxation.

PARTIE 2

LIFESTYLE ANTISTRESS

RITUEL 1

Respirations détente

RITUEL 2

Respirations pour bien dormir

RITUEL 3

Respiration alternée energy

RITUEL 4

Respiration ventrale contre les tensions

RITUEL 5

Respiration du feu good digestion

- Chapitre 1 -

Respirer pour s'apaiser

La respiration est le seul mécanisme vital que vous pouvez maîtriser. Et, en le faisant consciemment, vous agissez directement sur votre corps et votre détente, mais aussi sur votre mental et vos émotions !

Pour être zen et détendue

Vous vous sentez souvent préoccupée, inquiète ou angoissée, bref le stress fait partie de votre vie quotidienne ? Prendre régulièrement quelques minutes pour observer votre respiration et le flux de vos pensées va changer votre vie ! Vous allez prendre du recul sur les petits soucis du quotidien, mieux vous adapter aux changements et pouvoir faire face à n'importe quelle difficulté. Une respiration régulière par le ventre active le système nerveux parasympathique, autrement dit, elle relaxe. C'est la magie de la mécanique humaine : il suffit de respirer consciemment pour se détendre !

Pour un max de bien-être

En respirant avec des temps de pause (pendant lesquels vous retenez votre souffle), vous sécrétez des endorphines, les fameuses hormones du plaisir et de la détente. Celles-là mêmes qui s'invitent lorsque vous dégustez un carré de chocolat par exemple… La respiration, c'est une source infinie de bonheur et de moments feel good !

Pour avoir plus d'énergie

Que diriez-vous de remplacer votre café par une respiration qui redynamise tout votre organisme dès le réveil ? Plusieurs techniques de respiration permettent de cultiver la joie de vivre tout en rechargeant vos batteries. À vous les réveils plein de peps !

Pour bien dormir

Vous êtes souvent fatiguée à la fin de vos journées, mais votre niveau de stress ne vous permet pas de trouver le sommeil (vous savez, le petit vélo dans la tête qui ne s'arrête jamais…). En respirant par le ventre, vous provoquez un relâchement de tout votre corps, vous accédez à une profonde détente, une relaxation durable, physique et mentale. C'est la voie royale vers un sommeil de qualité…

RITUEL 1

Respirations détente

Votre cœur communique directement avec votre cerveau grâce à un réseau incroyable de neurotransmetteurs. La respiration est bénéfique aussi bien pour le corps que pour l'esprit, elle permet de gérer le stress et les émotions. Le cœur se régule : son rythme s'adapte le mieux possible à toute situation. Une merveilleuse manière de contrôler le stress de façon physiologique, au travers du souffle.

Routine 1 : Cohérence cardiaque

Combien de temps ? 5 minutes.

Fréquence ? Il est recommandé de pratiquer cet exercice trois fois par jour, car les bienfaits de la pratique ne perdurent que quelques heures (entre 3 et 6 heures).

Trois fois par jour, à raison de 6 respirations par minute, pendant 5 minutes (on l'appelle aussi respiration 3-6-5, facile à mémoriser !). Munissez-vous d'une montre avec une trotteuse ou de tout objet vous permettant de visualiser l'écoulement des secondes. Installez-vous dans une position assise avec le dos droit et démarrez votre chronomètre…

Inspirez par le nez durant 5 secondes et expirez par la bouche pendant les 5 secondes suivantes, comme si vous souffliez dans une paille. La respiration est abdominale, c'est-à-dire que vous sentez votre ventre se gonfler et se dégonfler au gré de vos respirations. Répétez l'opération 6 fois. Vous avez ainsi complété une minute de respiration de cohérence cardiaque.

① Cohérence cardiaque

5 minutes

Répétez ce même cycle pendant 5 minutes, pour un total de 30 respirations contrôlées. N'oubliez pas que la cohérence cardiaque nécessite un apprentissage progressif et demande de la régularité. C'est une façon formidable de vous connecter à votre respiration trois fois par jour. Car, tout comme nos 3 repas par jour, la respiration nous nourrit, nous apaise et nous déstresse !

Routine 2 : Respiration de l'abeille

Quand ? À pratiquer lorsqu'on est stressée, dès que le besoin s'en fait sentir.
Combien de temps ? Commencez par 5 à 10 minutes une fois par jour, par exemple.

Contre-indications ? Il est déconseillé de pratiquer cet exercice si vous souffrez de maux de tête ou de migraines. Cet exercice est également à éviter si vous avez une infection aux oreilles, des problèmes de tension artérielle ou d'épilepsie.

La respiration de l'abeille aide à calmer le mental. Elle apaise les tensions cérébrales grâce au son et aux vibrations produites (d'où son nom « respiration de l'abeille », car c'est ce son que vous allez émettre et qui va vous permettre d'éviter toute stimulation extérieure). En plus, elle stimule le fonctionnement des glandes pinéale et pituitaire. Boosté, votre système nerveux produit plus d'hormones de bien-être, dont celle du sommeil !

Asseyez-vous confortablement, dans une position qui permet d'avoir les bras libres et la colonne vertébrale bien droite. Placez vos mains sur votre visage et fermez délicatement vos oreilles à l'aide de vos pouces.

Déposez vos index délicatement sur vos paupières closes, vos majeurs près de votre nez, vos annulaires au-dessus de votre bouche et vos auriculaires dans le pli de votre menton. Cette position de doigts vous coupe encore d'avantage de toute source de stress ! Si c'est trop inconfortable vous pouvez uniquement boucher les oreilles.

Inspirez profondément et expirez complètement par le nez en produisant un bourdonnement avec votre gorge. Vous devez ressentir jusqu'au bout de vos doigts les vibrations provoquées par le son. Chaque fois que vous inspirez, laissez-vous absorber par la persistance de la vibration sonore que vous produisez. Plus rien d'autre ne doit compter. À chaque expiration, vous êtes complètement connectée à la sensation de ce souffle qui sort de votre corps et vous libère de vos tensions.

② Respiration de l'abeille

5 à 10 minutes

Laissez vos mains se reposer sur vos genoux afin de profiter des bienfaits de cette pratique.

Répétez l'opération entre 5 et 10 fois en essayant d'allonger de plus en plus l'expiration et de vous focaliser uniquement sur le son et les vibrations.

Routine 3 : Respiration carrée

Quand ? À n'importe quel moment de la journée.
Combien de temps ? 5 à 10 minutes.

Cette technique simple est un outil précieux pour combattre le stress et retrouver une respiration optimale. Elle peut vous aider à mieux dormir, vaincre les insomnies, mais aussi à améliorer votre concentration si votre journée s'annonce longue. Elle distrait votre mental, calme votre système nerveux et permet à tout votre corps de se détendre. Assise sur une chaise, par terre, en position allongée ou bien debout, assurez-vous d'être à votre aise. Dans cette technique, on écoute les battements de son cœur ! Une autre façon de se connecter profondément à soi-même.

Pendant quelques instants, respirez normalement. Observez les mouvements de votre ventre et de votre cage thoracique. Assurez-vous de respirer en bougeant ces deux espaces. Puis commencez à percevoir les battements de votre cœur. Expirez complètement.

La respiration au carré commence ici : inspirez sur 4 temps (ou battements du cœur) en sentant l'air qui entre doucement par vos narines.
Retenez votre respiration pendant 4 battements de cœur. Attention, la rétention du souffle doit rester confortable et agréable.
Expirez par le nez sur 4 temps. Contrôlez le débit de l'air pour tenter de tomber exactement sur le compte de 4.

Retenez de nouveau votre respiration (poumons vides) sur 4 temps à la fin de l'expiration. Cette phase peut vous paraître plus difficile. Soyez bien à l'écoute ! Si vous vous sentez trop inconfortable, ne forcez jamais la rétention.
Répétez l'opération jusqu'à ce que vous sentiez les bienfaits de cette méthode.

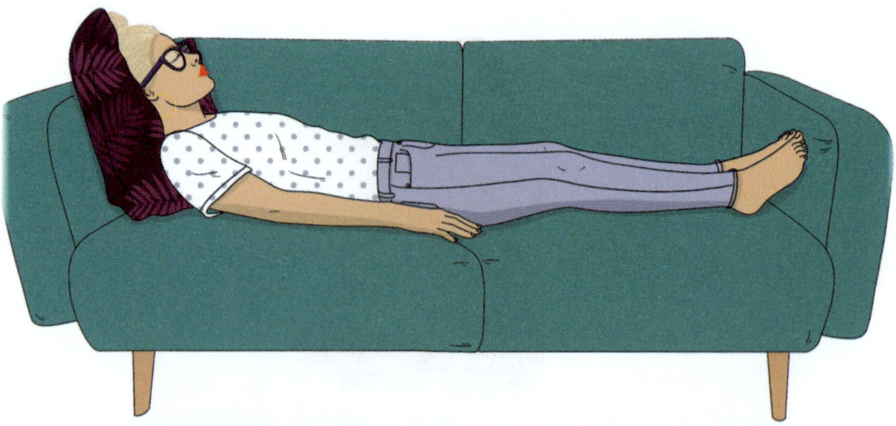

③ Respiration carrée

5 à 10 minutes

RITUEL 2

Respirations pour bien dormir

La vie quotidienne est tellement stimulante et stressante qu'il est difficile de revenir au calme au moment de l'endormissement. Good news : il existe une solution pour renouer avec des nuits apaisantes et régénératrices !

Routine 1 : Respiration de la lune

Combien de temps ? 10 minutes maximum.

Objectifs ? Stimuler le côté gauche ou droit de vos narines pendant que vous respirez. Vous donnez alors un point de concentration apaisant à votre mental. Cette technique éloigne les pensées qui encombrent votre esprit quand vous fermez les yeux. Cela paraît simple : ça l'est et c'est aussi très efficace !

Contre-indications ? Évitez de faire cet exercice le matin, car il stimule une énergie vraiment lunaire et calmante. Il est aussi déconseillé de pratiquer cet exercice juste avant ou après manger. Tout comme il est recommandé pour un bon sommeil de ne pas aller se coucher tout de suite après le dîner. Enfin, la respiration de la lune est contre-indiquée si vous vous trouvez dans un endroit froid ou si vous avez pris froid. Les personnes ayant une tension particulièrement basse doivent éviter de pratiquer cet exercice.

① Respiration de la lune

10 minutes

Le soir, ou à l'heure du coucher, installez-vous confortablement pour vous préparer à dormir. Placez le pouce droit sur votre narine droite et inspirez doucement et sans bruit par la narine gauche. Pour expirer, placez votre index droit sur la narine gauche et laissez l'air sortir par la narine droite. Vous avez complété un cycle, il s'agit à présent de répéter l'opération jusqu'à ce que vous sentiez vos muscles se détendre et le sommeil s'installer en vous.
Cet exercice ne doit pas être pratiqué plus de 10 minutes. Si la position des mains vous ennuie ou vous perturbe, vous pouvez aussi pratiquer cet exercice sans manipuler les narines avec les doigts. Concentrez-vous alors à l'inspiration sur l'air qui entre tout doucement par la narine gauche et qui sort par la narine droite lors de l'expiration.

Essayez au fur et à mesure des répétitions d'amplifier les respirations. Le débit d'air qui entre et qui sort de vos narines doit être tellement subtil que de l'extérieur, il est presque impossible de voir que vous respirez.

Grâce à l'allongement des respirations et aussi à l'activation de l'énergie lunaire, votre système parasympathique est activé. Vous vous sentez de plus en plus détendue, calme, et tombez plus facilement dans les bras de Morphée !

Routine 2 : Respiration 4-7-8

La respiration 4-7-8 peut être pratiquée partout et à tout moment. Lorsque certaines méthodes demandent beaucoup de pratique, vous pourrez sentir les effets de cette respiration relaxante dès la première fois. L'inspiration se passe toujours par le nez et sans bruit. L'expiration quant à elle s'effectue par la bouche, avec un sifflement, et est deux fois plus longue que l'inspiration.

1. Asseyez-vous dans une posture confortable ou installez-vous simplement dans un endroit calme. Placez ensuite le bout de votre langue sur votre palais (au niveau de la jonction entre les dents, les incisives et le début du palais). Gardez cette position de la langue pendant toute la durée de l'exercice.
2. Expirez profondément par la bouche. L'air sort de part et d'autre de votre langue en faisant un bruit qui rappelle celui du serpent.
3. Fermez la bouche et inspirez doucement par le nez sur le compte de 4. Aucun son n'est perceptible lors de cette inspiration.
4. Retenez votre respiration pour 7 temps.
5. Expirez complètement par la bouche sur le compte de 8. Vous avez toujours la langue au contact de votre palais.

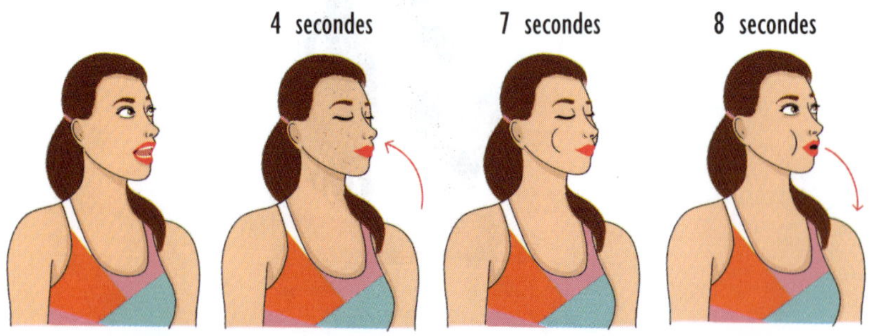

② Respiration 4-7-8

RITUEL 3

Respiration alternée energy

Vos journées sont passionnantes mais longues et bien remplies ? Vous vous sentez peut-être complètement à plat. Entre stress et fatigue, votre corps et votre mental craquent parfois ! Si la respiration facilite le sommeil, elle permet aussi de rayonner de vitalité !

Combien de temps ? Pour commencer, vous pouvez pratiquer 5 cycles complets, puis augmenter jusqu'à 10 ou même 20 en fonction des bénéfices ressentis. À force de pratiquer, vous allez gagner en dextérité et en aisance dans la manipulation des narines. Et vous vous rendrez compte petit à petit de l'intérêt de cette position de la main.

Objectifs ? La respiration alternée (ou nadi schodhana) propose de stimuler et d'équilibrer l'énergie dite lunaire – nécessaire pour apaiser le stress d'une grosse semaine de travail – avec l'énergie solaire – celle qui vous aidera à retrouver votre dynamisme légendaire. Cette technique agit sur la stimulation des deux hémisphères de notre cerveau pour un fonctionnement optimal.

Contre-indications ? Même s'il n'y en a pas vraiment, une précaution doit s'appliquer aux personnes ayant des troubles cardiaques. Enrhumée et le nez bouché, il vous sera aussi bien évidemment très difficile de réaliser cet exercice.

1. Installez-vous dans une posture stable et confortable, en vous assurant d'avoir la colonne vertébrale droite et la plus allongée possible. La cage thoracique et le ventre peuvent bouger librement.
2. Inspirez lentement et profondément par les deux narines.
3. Placez votre pouce droit (main en vishnu mudra) sur votre narine droite et expirez lentement par la narine gauche.
4. Puis inspirez par cette même narine.
5. Fermez la narine gauche avec les deux derniers doigts de la main droite (en vishnu mudra).
6. Expirez par la narine droite.
7. Inspirez par la narine droite en gardant la même position de main.
8. Fermez la narine droite avec votre pouce.
9. Expirez par la narine gauche.

Vous avez réalisé un cycle complet !

Respiration alternée energy

RITUEL 4

Respiration ventrale contre les tensions

Le stress bloque la respiration au niveau de la cage thoracique. Et moins vous parvenez à reprendre votre souffle, plus vous entretenez votre stress. Comment repérer une respiration bloquée ? À votre voix, par exemple, qui semble blanche et faible. La solution ? La respiration ventrale : de longues inspirations et expirations pour évacuer les tensions.

Combien de temps ? À répéter 3 à 5 fois.

Allongez-vous sur le dos pour maintenir votre corps détendu.

Prenez une inspiration, en respirant par le nez et en imaginant que cet air se dirige vers votre ventre. Vous sentez votre ventre se gonfler et, dans un dernier effort, vos poumons se soulever.

Bloquez votre respiration 5 s.

Expirez doucement par la bouche comme un ballon qui se dégonfle progressivement. Votre ventre se dégonfle en premier, jusqu'à ce qu'il n'y ait plus d'air. Vous avez la sensation de coller votre colonne vertébrale au sol.

Recommencez l'exercice 3 à 5 fois en trouvant une cadence lente.

Vous pouvez poser une main sur votre ventre pour sentir le déplacement de l'air.

Une fois que vous maîtrisez l'exercice, essayez de le réaliser en position debout, bien droite, pour pouvoir l'utiliser en toutes occasions.

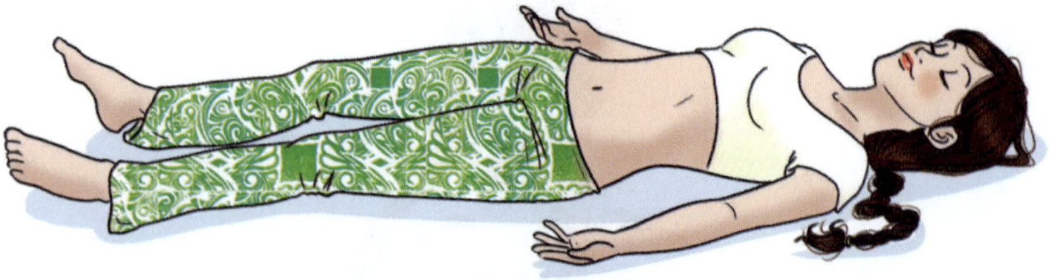

Respiration ventrale contre les tensions

RITUEL 5

Respiration du feu good digestion

Véritable alliée détox, la respiration kapalabhati permet d'activer le « feu » (comme on nomme la fonction digestive dans l'ayurvéda) à l'origine d'un bon fonctionnement digestif. Cet exercice permet aussi de diminuer nervosité, inquiétude, stress, et tristesse.

Avant de vous lancer : cette respiration doit s'effectuer de manière progressive. Avant de réaliser cet exercice, il est nécessaire que vous maîtrisiez la respiration ventrale (voir p. 158).

Combien de temps ? Essayez de commencer par 3 cycles de 30 expirations, puis augmentez à 50, 70, 90, 120 expirations. Dans cette pratique, le risque est de créer des à-coups avec le dos : surtout, ne cédez pas à cette tentation et utilisez vos abdos pour rester droite, la colonne alignée ! Entre chaque cycle, prenez le temps d'inspirer profondément et d'expirer complètement. Profitez de ces quelques respirations naturelles. C'est le moment d'observer les bénéfices immédiats de chaque cycle sur votre corps et sur votre esprit !

Contre-indications ? Cet exercice est déconseillé aux personnes souffrant de problèmes cardiaques ou de tension artérielle, ayant des hernies au niveau du ventre, aux femmes enceintes mais également en cas de fièvre.

Asseyez-vous dans une posture stable, où la colonne vertébrale est allongée (droite et étirée), la poitrine dégagée et le ventre libre de tout mouvement. Les bras sont relâchés, le visage et la mâchoire détendus. Placez une main sur le ventre.

Inspirez profondément par le nez en laissant le ventre sortir puis expirez complètement par le nez. Le ventre rentre naturellement. Puis inspirez et expirez de façon courte et rythmée par le nez. Vous produisez un son à chaque expiration, provoqué par la friction de l'air qui sort de vos narines. Le ventre fait un mouvement de pompe suivant un rythme soutenu. Faites d'abord 30 répétitions de ce mouvement de pompe, toujours sur le même rythme. Lorsque vous avez fini, inspirez et expirez profondément par le nez.

Prenez un temps de pause pour respirer naturellement avant de recommencer un autre cycle.

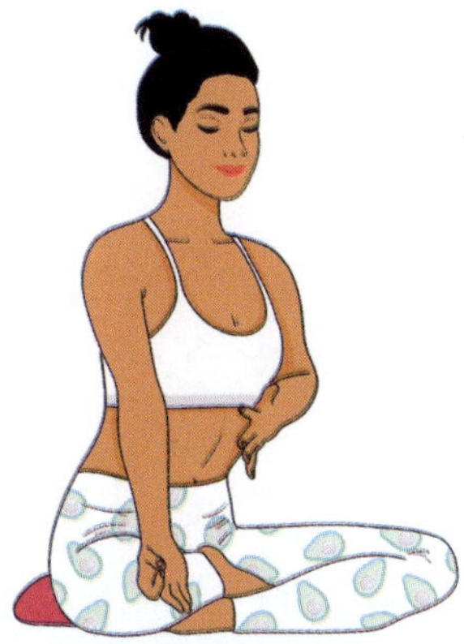

Respiration du feu good digestion

RITUEL 1

Méditations contre le stress

RITUEL 2

Méditations pour s'ancrer

RITUEL 3

Méditations green

RITUEL 4

Méditation scan corporel

- Chapitre 2 -

Méditer pour se calmer

La méditation, sous ses diverses formes, permet de prendre du recul, de décoller le nez de nos problèmes pour retrouver une vision macro, plus positive, renouvelée et enthousiasmante. Défocalisez et retrouvez une approche du quotidien plus sereine grâce cette pratique de pleine conscience.

La méditation, quésaco ?

On peut resserrer l'attention sur une sensation corporelle, sur la flamme d'une bougie ou sur la respiration, ou bien au contraire s'ouvrir à plus grand que soi, à la nature par exemple, en se concentrant sur les sons, les couleurs, la magie du présent. Dans les deux cas, la pratique de la méditation va développer notre faculté d'observation. Observer, c'est se détacher. Lorsque l'on se détache du flot des pensées, le mental se calme, et nous y voyons plus clair. Nous ne sommes plus nos pensées. Nous sommes les créatrices de ces pensées et pouvons les maîtriser, en les remettant à leur place, pour garder un mental serein et ne plus se laisser envahir.

Les bienfaits

Elle réduit le stress, l'anxiété, la douleur, ainsi que le risque de maladies cardiovasculaires et la pression artérielle, prévient la dépression, améliore la mémoire, la faculté de discernement, limite la tendance à certaines addictions, peut améliorer le sommeil et les problèmes intestinaux, augmente le bien-être et le sentiment de sérénité. Alors, vous vous y mettez ?

Les 4 règles de la méditation

1. **Je n'ai pas d'attente :** j'accueille ce qui vient au fur et à mesure, je n'attends pas de résultat.
2. **Je ne me mets pas de pression :** si ça ne marche pas aujourd'hui, que mes pensées s'emballent ou que je suis trop irritée, ce n'est pas un problème, j'observe simplement le fil de mes pensées chaotiques ou bien je réessaie le lendemain, et ainsi de suite.
3. **La régularité est mon alliée :** pour ressentir les bienfaits de la pratique, il vaut mieux pratiquer 5 minutes par jour plutôt que 30 minutes de temps en temps.
4. **Je choisis la méditation qui me convient le mieux.** Il existe une multitude de façons de méditer, assise, debout, couchée, en mouvement, en silence, en musique… Testez !

RITUEL 1

Méditations contre le stress

Les deux routines de méditation qui suivent vont apaiser votre stress en calmant votre esprit bouillonnant.

Routine 1 : Méditation silencieuse en posture assise

Quand ? Le plus régulièrement possible, le matin, le soir ou à un autre moment de la journée, quand vous savez que vous pouvez vous accorder ce moment.
Combien de temps ? Commencez par des sessions courtes, de 5 à 10 minutes, surtout si vous avez du mal à tenir la posture assise. Augmentez progressivement si c'est possible pour vous, sans pression.

Bienfaits ? Pratiquée régulièrement, elle réduit stress et anxiété, donne un sentiment de clarté d'esprit, réduit l'inflammation, les risques de cancer.

Tips : Si besoin, vous pouvez utiliser un timer pour ne pas vous soucier du temps.

C'est la plus classique. Elle est inspirée des méditations traditionnelles orientales bouddhistes et yogiques basées sur l'immobilité du corps, l'observation de la respiration, l'identification des pensées et la distanciation avec les pensées et le mental.
Asseyez-vous en tailleur ou sur une chaise, le dos le plus droit possible. Vous pouvez placer un coussin ou un bloc sous les fesses si vous en avez un, pour surélever le bassin. Posez les mains sur les cuisses et fermez les yeux.
Respirez par le nez et concentrez votre attention sur le trajet de l'air, de son entrée par les narines à l'inspiration, à sa sortie à l'expiration. L'observation de la respiration vous permet de rester dans le présent. Quand une pensée vous projette hors du présent,

① Méditation silencieuse en posture assise

tâchez de revenir à la respiration. Laissez simplement les pensées vous traverser, sans suivre leur cours. Ne vous découragez pas si cela paraît impossible, car même si vous avez l'impression de ne pas y arriver, vous êtes tout de même en train de méditer, et vous en ressentirez les bienfaits. Gardez à l'esprit que la méditation classique nécessite un apprentissage.

Routine 2 : Méditation guidée

Quand ? Dès que vous en ressentez le besoin, en fonction du thème de la méditation. Choisissez par exemple une méditation sur la confiance en soi lorsque vous en manquez, une méditation sur l'énergie créatrice pour vous remotiver, une méditation régénérante quand vous êtes au bout du rouleau…

Combien de temps ? La durée que vous pouvez y consacrer. Vous pouvez trouver des sessions très courtes de quelques minutes, ainsi que d'autres plus longues.

Bienfaits ? Si vous êtes une machine à penser, la guidance vous aidera à focaliser plus facilement votre attention. La voix, la musique ou les mantras vous donneront un objet plus concret sur lequel vous concentrer. Cette forme de méditation calme le mental, canalise l'agitation, renforce la créativité, ancre en soi le sentiment de bien-être.

Elle peut être guidée à la voix par un·e enseignant·e, avoir un thème particulier comme la gratitude ou la gestion du stress, peut être pratiquée en musique pour stimuler certaines parties du cerveau et induire un état particulier ou encore être accompagnée de mantras chantés en sanskrit ou d'affirmations sur lesquelles vous vous concentrerez.

Choisissez une application, comme Evolum ou Mind, ou suivez la méditation d'un·e enseignant·e. Les méditations guidées proposent des thèmes, à choisir en fonction de votre mood du jour. Vous pouvez pratiquer assise ou couchée sans vous endormir, avec un casque sur les oreilles si besoin.

② Méditation guidée

RITUEL 2

Méditations pour s'ancrer

Les deux méditations qui suivent vont vous aider à calmer votre stress et votre mental agité en favorisant votre concentration. Vous allez prendre pleinement conscience de votre corps et vous focaliser sur le moment présent pour éloigner le stress !

Routine 1 : Méditation de pleine conscience

Quand ? Dès que possible, en transformant chaque moment avec vous-même en méditation. Combien de temps ? Au minimum ½ heure et jusqu'à 2, 3 heures en fonction du temps dont vous disposez. Plus longue sera la méditation, plus elle vous sera profitable.

Bienfaits ? Cette forme de méditation est à la fois apaisante et énergisante, elle développe la mémoire, la concentration, la créativité.

La méditation de pleine conscience consiste à être consciemment dans le présent, c'est-à-dire pleinement dans ce qui passe ici et maintenant, sans se projeter ailleurs. Elle peut se pratiquer assise, debout, ou encore en cuisinant. L'idée est d'être totalement dans ce que vous faites et connectée à votre environnement. Toute activité, comme jardiner, écouter de la musique, faire de la poterie, vous promener, peut se transformer en exercice de méditation de pleine conscience si vous êtes là, sans écouter un podcast en même temps, sans penser à votre to do-list qui s'allonge au fur et à mesure dans votre tête.

Choisissez une activité qui vous plaît et que vous pouvez faire seule. Assurez-vous d'avoir du temps

① Méditation de pleine conscience

devant vous pour ne pas avoir à regarder votre montre. Coupez votre téléphone et plongez-vous passionnément dans votre méditation. Si vous découpez des légumes, sentez leur odeur, leur texture. Si vous vous baladez, respirez le parfum des fleurs, touchez les arbres, l'herbe, regardez la couleur du ciel. Soyez intensément présente.

Quand ? Dès que possible, en transformant chaque moment avec vous-même en méditation.
Combien de temps ? 10 minutes.

Bienfaits ? Dans un premier temps, temporiser votre état d'anxiété, puis favoriser votre concentration et vous ancrer pleinement dans l'instant présent.

Routine 2 : Méditation Trataka

On fixe un objet intensément et sans cligner des yeux, jusqu'au moment où les larmes coulent. Cet exercice est à la portée de toutes, débutantes en méditation ou plus initiées. On choisit de pratiquer Trataka sur un point à la surface externe du corps comme sur le bout du nez, ou bien sur un objet extérieur : on se concentre alors sur la flamme d'une bougie (à 50 cm de distance), sur un objet de son environnement (un arbre en face de sa fenêtre), dans une observation contemplative.

Commencez par vous détendre en fermant les yeux et en prenant de longues respirations. Sentez l'air frais qui pénètre vos narines durant l'inspiration et l'air tiède qui en ressort lorsque vous expirez. Lorsque vous êtes suffisamment détendue, concentrez-vous sur le bout de votre nez, la flamme d'une bougie ou un autre objet choisi, sans cligner des yeux, aussi longtemps que vous le pouvez. Vous devez essayer de laisser vos yeux ouverts jusqu'à ce que vos larmes coulent (si cela est trop pénible, vous pouvez cligner des yeux !). Ensuite, fermez les yeux et essayez de visualiser mentalement la bougie et sa flamme ou l'objet. Lorsque l'image mentale disparaît de votre esprit, vous pouvez rouvrir les yeux et recommencer l'exercice. Continuez le processus pendant au moins 10 minutes.

Avant cette séance, diffusez des huiles essentielles relaxantes comme le lavandin (Lavandula x burnatii clone super), l'ylang-ylang (Cananga odorata) ou l'orange douce (Citrus sinensis) : déposez 10 gouttes d'une de ces HE dans le diffuseur 10 minutes avant de commencer votre méditation contemplative.

② Méditation Trataka

RITUEL 3

Méditations green

Ces trois méditations green vont vous aider à travailler votre ancrage pour vous offrir sérénité et apaisement !

Quand ? Dès que vous le pouvez, quand la forêt est à votre portée, quand le printemps arrive, quand vous partez en week-end à la campagne. Combien de temps ? Prévoyez 20 minutes au minimum.

Bienfaits ? Ces méditations permettent de prendre conscience du corps, de soi, des sensations, de développer notre connexion à la nature, à notre environnement, de se ressourcer, de ralentir le rythme mental, d'apaiser les angoisses.

Routine 1 : Méditation sur l'arbre

Dans le shinrin yoku (ou bain de forêt), le trait d'union entre la nature et vous, ce sont vos sens : vous regardez, vous écoutez, vous touchez, vous sentez, peut-être même que vous goûtez. Totalement focalisée sur vos sensations, vous êtes pleinement dans l'instant, présente à votre corps. Ainsi, vous parvenez à l'état méditatif, vous apaisez votre esprit ! Faites l'expérience avec la méditation de l'arbre. Elle permet de s'ancrer avec force et tranquillité, de rester centrée sur son corps et sur l'instant présent en toutes circonstances, tel un grand chêne !

1. Installez-vous : trouvez un endroit au calme dans la forêt où vous pourrez vous asseoir confortablement. Asseyez-vous, le dos droit et étiré, les genoux pliés, les deux pieds posés à plat au sol. Essayez de trouver la bonne assise qui vous permettra de rester immobile pendant 10 minutes, le temps de compléter la méditation. Fermez les yeux et recentrez-vous sur le moment présent en prenant conscience de votre corps : le poids de vos jambes, de vos fesses, de vos pieds sur la terre, et vos mains dans l'herbe.

① Méditation sur l'arbre

2. Entrez dans votre bain de forêt : portez votre attention sur votre respiration, sur votre ventre qui se soulève au rythme de l'air qui circule en vous. Prenez quelques instants pour allonger votre souffle, qu'il gagne en profondeur et devienne régulier. Au début, il est normal d'être envahie par un tourbillon de pensées et d'avoir du mal à fixer son attention. Ce n'est pas grave ! Si vous vous êtes laissée embarquer par vos pensées, aidez-vous de la respiration pour vous recentrer, en ramenant votre attention à votre souffle.

3. Méditez sur l'arbre : à présent, sentez vos deux pieds bien posés dans le sol et en contact avec la terre. Ensuite, visualisez mentalement l'arbre devant vous. C'est bon, vous l'avez ? Imaginez maintenant que vos pieds deviennent des racines qui s'enfoncent profondément sous terre. Sentez ces racines qui grossissent et s'enfoncent… Laissez grandir ce réseau de racines jusqu'au cœur de la Terre, là où se trouve la source d'énergie. Vos racines vont se remplir de cette énergie, essayez de visualiser en ajoutant de la couleur, ça aide beaucoup. De l'énergie orange qui remonte sur les racines, par exemple, qui grimpe jusqu'à la surface, et enrobe vos pieds. L'énergie de la Terre vient alors nourrir vos pieds, vos chevilles, vos jambes et se diffuse dans chacune des cellules de votre corps. Laissez cette couleur orange circuler en vous et souriez : la méditation est terminée.

4. Terminez la séance : tout doucement, reprenez contact avec le monde extérieur. Gardez les yeux fermés et commencez à réveiller votre corps, de haut en bas, à remuer votre tête, votre cou, vos bras, vos mains, puis vos jambes, vos chevilles, et vos pieds… Prenez encore trois belles respirations conscientes, étirez-vous longuement, ouvrez les yeux, et dites-vous : MERCI !

Routine 2 : Méditation du chêne

Cette méditation est une méditation d'ancrage, entre respiration et visualisation. L'ancrage, c'est la capacité à vivre ici et maintenant. C'est une technique qui développe la force intérieure car elle permet de cesser ou de limiter les ruminations, les pensées limitantes et négatives. Travailler cet ancrage est primordial pour avancer plus sereinement, mieux gérer ses émotions et réduire son stress.

Dans un endroit confortable, installez-vous debout, le dos bien droit et fermez les yeux. Prenez de profondes respirations en focalisant votre attention sur l'air frais qui passe par vos narines à l'inspiration et l'air chaud qui en sort à l'expiration.

Puis portez votre conscience au niveau de votre sacrum : visualisez- le, soyez attentive à vos sensations. Puis descendez lentement jusqu'à vos pieds et focalisez votre attention dessus. Que ressentez-vous

② Méditation du chêne

au niveau de la plante de vos pieds ? Êtes-vous en parfait équilibre ou sentez-vous de légers mouvements d'avant en arrière ou de droite à gauche ? Visualisez ensuite des racines qui partent de vos pieds pour aller s'ancrer profondément dans la terre et en aspirer une sève nourricière. Donnez une couleur à cette énergie vitale qui vient irriguer votre cœur en passant par la colonne vertébrale. Prenez le temps de ressentir les bienfaits de cette énergie qui remplit tout votre corps.

Routine 3 : Marche méditative

Marche afghane ou marche lente inspirée des moines bouddhistes, la marche méditative a plusieurs variantes. Elle se pratique debout, en mouvement, dehors, dans la nature, pieds nus selon les possibilités. Le principe de cette méditation est de caler ses pas sur le rythme de la respiration pour ralentir la cadence du mental en ralentissant autant les pas que le souffle. Chaque pas est posé consciemment sur le sol, en ressentant chaque étape de la marche. Vous pouvez même marcher à plusieurs, du moment que vous vous concentrez sur vous, sans parler avec les personnes qui vous accompagnent, le temps de la marche. Avec cette marche méditative, vous n'irez pas très loin, et pas très vite non plus, et il faudra revenir sur vos pas ensuite. Ne choisissez pas un trajet trop long au début, au risque d'accélérer vos pas par manque de temps.

Choisissez un terrain facile, non accidenté, agréable. Repérez votre trajet avant de commencer, l'idéal étant de faire une boucle. Enlevez vos chaussures s'il ne fait pas trop froid, et marchez, au rythme de votre respiration, un pas sur une inspiration, un 2e sur une expiration, le plus lentement possible. En marchant à un rythme plus lent, vous serez plus à même d'observer la texture du sol, votre déhanché, le paysage et ses détails, votre souffle. Trouvez l'équilibre entre l'observation de votre respiration pour garder le rythme et l'observation de ce qu'il se passe autour de vous.

Quick tip si je manque de temps…

Si je n'ai pas le temps ni le contexte pour méditer mais que je ressens le besoin de lâcher prise, je fais une micro-relaxation ou une micro-sieste de 5 minutes.

Comment faire ? En position allongée ou assise sur une chaise, fermez les yeux, puis en partant du sommet du crâne, relâchez chaque partie du corps, les traits du visage, les épaules, le ventre, le bassin… imaginez que toute votre peau et vos muscles « dégoulinent ». Cela vous permettra, en quelques secondes, de calmer le mental, de vous détendre et de récupérer de l'énergie.

③ Marche méditative

MES RITUELS FEEL GOOD GREEN

Profitez d'une balade en forêt pour marcher pieds nus. Ça s'appelle l'*earthing* et ça fait des miracles sur le bien-être global ! N'hésitez pas à associez les bienfaits de l'*earthing* à ceux de la marche lente méditative (voir p. 168) pour un retour à la sérénité garanti !

Les bienfaits antistress de l'*earthing*

Comment ça marche ?

Les semelles de nos chaussures nous coupent du contact direct avec la terre et empêchent l'échange électrique essentiel au rééquilibrage énergétique de notre corps. Marcher pieds nus permet de décharger l'excès électrique que nous accumulons avec le stress et la fatigue, pour se reconnecter à la Terre. Cette pratique a des vertus anti-inflammatoires et anti-stress, et permet également une meilleure récupération physique. Le sol de la forêt n'est pas le seul à procurer ces bienfaits. L'herbe et le sable agissent de la même façon.

Quand ?

Profitez de vos vacances, week-ends à la campagne ou à la plage pour vous déchausser et reconnecter vos plantes de pieds. En plus d'être très agréable, marcher pieds nus équivaut à une séance de réflexologie. En massant la voûte plantaire, départ de nombreux méridiens, on améliore la circulation des fluides dans tout le corps.

L'humus, mélange de végétaux en décomposition qui forment le sol de la forêt, est un concentré de bactéries capables de nourrir notre microbiote cutané ! Comme notre intestin, la surface de notre peau est peuplée de bactéries ayant un rôle de défense et de régulation du système immunitaire. Microbiote intestinal et cutané sont en lien, et quand l'un se dérègle, l'autre est aussi impacté, il est donc important d'entretenir les deux !

RITUEL 4

Méditation scan corporel

Pour lutter contre le stress et lâcher prise au quotidien, il existe une méditation facile et très efficace : le scan corporel ! Aussi appelée « balayage corporel », elle consiste à parcourir par l'esprit toutes les parties du corps afin de ressentir chacune d'entre elles, en « respirant » au travers d'elles. C'est en la pratiquant régulièrement que vous en tirerez le plus de bienfaits.

1. Je réunis toutes les conditions pour réussir ma méditation : installez-vous confortablement, assise ou allongée. Prévoyez une petite couverture si la pièce est fraîche et mettez votre téléphone en mode silencieux pour ne pas être dérangée. Ajustez votre posture, dos droit, épaules basses et fermez les yeux. Portez votre attention sur votre respiration et observez si elle est calme ou agitée.

2. Je « respire » dans chaque partie de mon corps : commencez par porter votre attention sur le haut de votre tête. Amenez-y, en pensée, votre respiration : en inspirant, imaginez que votre souffle parcourt votre corps jusqu'à votre cerveau, puis, en expirant, imaginez que votre souffle évacue toutes les tensions qui s'y trouvent. Répétez plusieurs fois cette respiration, puis passez à la mâchoire, où vous allez également « respirer » en conscience. Scannez progressivement l'ensemble de votre corps en portant votre attention sur votre cou, vos épaules, un bras, puis l'autre, la poitrine, le ventre, une jambe puis l'autre, un pied, puis l'autre. Chaque fois qu'une sensation ou une pensée émerge, observez-la, puis laissez-la passer comme passe un nuage dans le ciel et revenez à votre exercice.

3. Je ramène progressivement du mouvement dans mon corps : à la fin, réalisez plusieurs respirations en les comparant à celles du début – elles sont probablement plus calmes ! Ouvrez les yeux quand vous vous sentez prête. Remuez doucement vos doigts, vos pieds, vos bras et vos jambes.

Méditation scan corporel

Mes rituels feel good
Plaisir des sens

Je m'entoure des couleurs qui me font du bien !

La vue est sans doute le sens que nous utilisons le plus, notre sens directeur. Si voir nous permet de nous diriger dans l'espace et de garder notre équilibre, cela nous permet aussi de percevoir la beauté, ô combien importante dans l'expérience humaine. L'humain a la chance, contrairement à la plupart des animaux, de voir une grande diversité de couleurs, jusqu'à 10 millions ! Et ces couleurs ont un pouvoir sur notre humeur, notre moral ! De nombreuses recherches ont montré que les couleurs perçues par notre cerveau ont un effet sur nous et provoquent des émotions. Elles peuvent être stimulantes ou au contraire apaisantes.

Vive les couleurs avec le Feng shui !

En Feng shui, les couleurs ont une énergie et une signification, et sont enclines à favoriser certains états. On distingue 2 catégories de couleurs : les couleurs yin, froides, comme les pastels, les bleus, verts, violets… elles sont apaisantes et relaxantes, elles vont nous orienter vers des activités yin telles que le repos, l'écoute, la contemplation. On trouve aussi les couleurs yang, vives, chaudes, comme le rouge, le jaune, l'orange qui sont dynamisantes et stimuleront plutôt la vie sociale, le travail, le mouvement. Accorder ces couleurs aux pièces de la maison selon leurs fonctions vous apportera plus de sérénité au quotidien.

Pour vous harmoniser et vous apaiser, choisissez des couleurs yin

Le vert, couleur de la nature par excellence, est symbole d'équilibre et d'abondance. Le bleu favorise l'introspection, la tranquillité et la plénitude. Un mélange de vert et de bleu va symboliser l'espoir et l'harmonie avec la vie, la nature et vous-même. Deux belles couleurs à associer dans une chambre, un boudoir, ou dans votre coin de méditation.

Pour combattre le stress, favoriser l'ouverture du cœur et la bienveillance, y compris envers vous-même, portez du rose pâle, la couleur de l'amour de soi et des autres.

Pour stimuler votre énergie, choisissez des couleurs yang

Le jaune est tonique, stimulant, il symbolise la joie de vivre, facilite la communication, inspire la convivialité et la confiance en soi. Faites entrer plus de jaune dans votre salon ou votre séjour.

La couleur orange, joyeuse et positive également, induit le mouvement, le changement, la transformation, intéressant dans une cuisine par exemple, ou une pièce à vivre.

Le rouge est dynamique et vibrant, il stimule la passion et possède une grande force d'action et un pouvoir de matérialisation. Cependant, usez-en avec parcimonie, il peut être trop excitant en grande quantité.

RITUEL 1

Acupression antistress

RITUEL 2

Automassages pour bien dormir

RITUEL 3

Automassage antistress
du plexus solaire

RITUEL 4

Automassage détox du ventre

RITUEL 5

Réflexologie plantaire
antistress

- Chapitre 3 -

Se masser et se détendre

Good news : avec les massages - comme avec d'autres méthodes douces -, vous avez le pouvoir d'atténuer le stress et ne plus en subir les mauvais effets au quotidien. Sortez doucement du cercle vicieux du stress : accordez-vous un break, reprenez peu à peu le contrôle de votre corps et dites adieu aux tensions.

Une thérapie du toucher

Les études le disent : les effets du massage relèvent, entre autres, de mécanismes biochimiques, avec la libération de trois hormones (l'endorphine, l'ocytocine et la dopamine) qui diminuent l'impact délétère du stress. Ces hormones sont sécrétées au bout d'une vingtaine de minutes, grâce à l'effet apaisant et aux sensations feel good du massage. Et quand le taux d'ocytocine augmente, mécaniquement, le taux de cortisol (l'hormone du stress) diminue. Fini, tensions et douleurs diffuses dans le corps, sommeil perturbé, anxiété, fatigue, problèmes de concentration, sautes d'humeur, troubles alimentaires qui font grossir… Ça vaut le coup d'essayer, non ?

Quelques bienfaits du massage

Relaxation et énergie

Les tensions favorisent les zones de blocage : l'énergie stagne et génère des douleurs, particulièrement au niveau de la colonne vertébrale, qui soutient tout votre corps. Avec les massages, l'harmonie est de retour dans votre corps et l'énergie circule à nouveau librement. Vous êtes au top de la relaxation et votre vitalité est décuplée !

Fini les insomnies !

Les massages favorisent le sommeil en éliminant les tensions de la journée, qui peuvent devenir les cauchemars de vos nuits. Ils préparent le corps à l'endormissement. On vous prévient : vous allez être dans un état de décontraction totale. Après vos massages en fin de soirée, au lit !

Un ventre soulagé

Troubles du transit, digestion difficile, émotions lourdes (peurs, chagrin…), mais aussi douleurs prémenstruelles, ballonnements… Le ventre est le siège de tensions qui peuvent être apaisées en douceur avec des massages ciblés.

RITUEL 1

Acupression antistress

La stimulation de ces points est sans risque et très simple. Le stress disparaît comme par magie, tout doucement, une sensation d'apaisement irradie dans toutes les zones de votre corps. Totale relaxation ! Vous allez renforcer vos défenses immunitaires et améliorer votre circulation sanguine. Vous pouvez choisir de vous limiter à un point pour agir efficacement ou d'en enchaîner deux ou trois, en fonction de votre niveau de stress.

Quand ? En urgence : dans une période de stress intense, comme un réflexe pour vous soulager et faire tomber les tensions rapidement. À faire lors d'un moment de stress et à répéter jusqu'à un soulagement notable.
En traitement de fond de l'anxiété chronique : 2 ou 3 fois par jour, à différents moments de la journée, idéalement pendant les pauses.

① Le point n° 1 : au creux du poignet droit

Il se situe dans le prolongement de l'auriculaire. Un creux palpable entre l'os et le tendon, immanquable !
Avec votre pouce, appuyez doucement en effectuant de petits mouvements circulaires quasi imperceptibles pendant quelques secondes. Relâchez, puis recommencez jusqu'à sentir un soulagement. Ce point est le plus facile d'accès en cas de crise, et permet de diminuer les tensions rapidement.

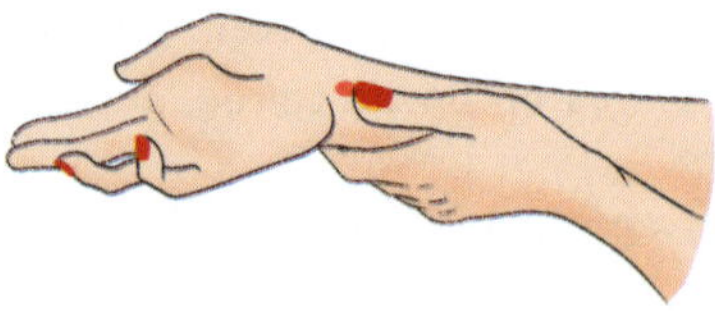

① Au creux du poignet droit

Jusqu'à soulagement

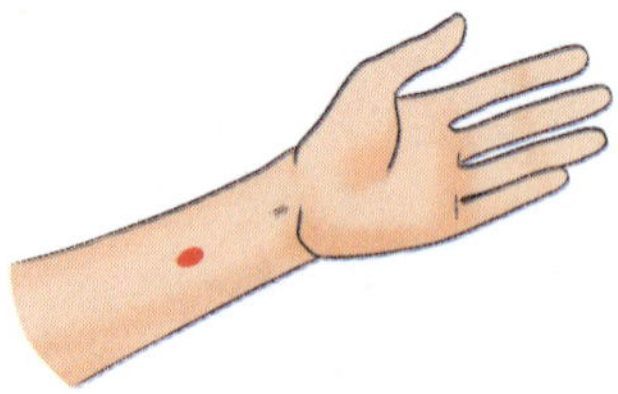

② Sur l'avant-bras gauche

Jusqu'à soulagement

② Le point n° 2 : sur l'avant-bras gauche

Tournez votre avant-bras paume vers le ciel. À 10 cm du poignet (3 doigts environ), au centre, vous pourrez le sentir pour le solliciter. Il complète efficacement le précédent point en période de stress aigu. N'hésitez pas à répéter 2 à 3 fois la stimulation des deux points en alternance.

③ Le point n° 3 : entre le pouce et l'index, au niveau du creux

Vous pouvez le stimuler en appliquant le pouce et l'index de la main opposée, pour former une pince. Restez 3 min à cet endroit en maintenant bien le contact. Vous vous sentez un peu nerveuse ? La stimulation de ce point est un bon réflexe pour agir en prévention d'une crise de stress plus intense (le premier point est davantage à activer en cas d'urgence).

④ Le point n° 4 : au milieu de la paume de main

En médecine chinoise, il représente notre cœur. Massez-le 1 min avec le pouce en vous servant des autres doigts pour soutenir la paume massée. Un point qui favorise également le sommeil. Idéal pour le traitement de fond de l'anxiété, le soir avant d'aller dormir.

⑤ Les points n° 5 et 6 : au niveau des cervicales

Là où les contractures et le stress s'accumulent ! Ces deux points vont vous aider à apaiser des sensations de blocage.

Pour éviter de créer des tensions supplémentaires, asseyez-vous et accoudez-vous à une table. Enserrez votre cou avec vos deux paumes de mains et stabilisez-les de façon à placer vos doigts au niveau de l'occiput, la partie inférieure du crâne. Sentez ces deux points et appuyez en massant légèrement avec l'aide de vos majeurs. Parfait dans un moment de pause, en traitement de fond. Cela peut être un préambule à une séance de massage ou au contraire la terminer en complément.

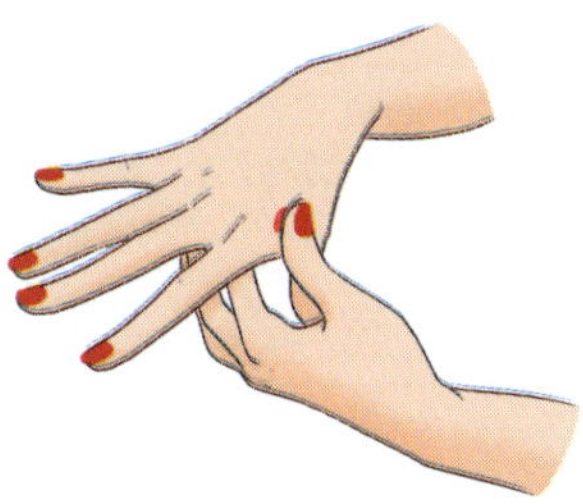

③ Entre le pouce et l'index, au niveau du creux

3 minutes

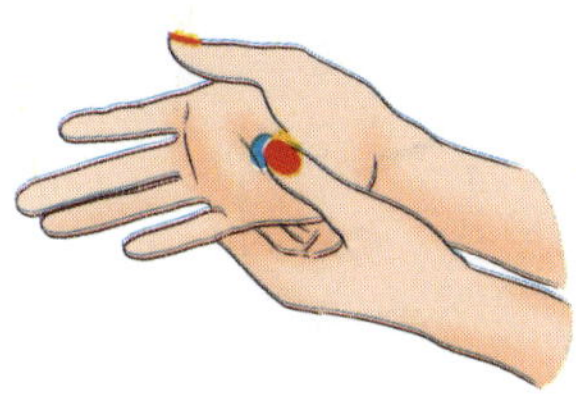

④ Au milieu de la paume de main

1 minute

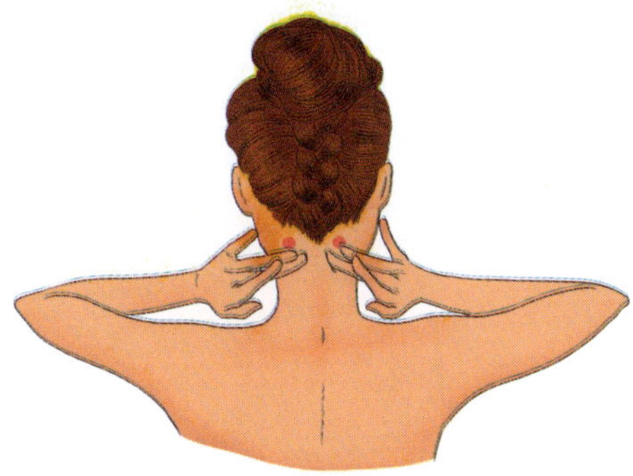

⑤ Au niveau des cervicales

Jusqu'à soulagement

RITUEL 2

Automassages pour bien dormir

Bien connu de la médecine chinoise, le massage crânien est prescrit pour relâcher les tensions, venir à bout d'une migraine, combattre le stress et les insomnies. Il y a trois zones principales où se concentrent les points énergétiques qui ont besoin d'être stimulés ou massés pour une relaxation complète de la tête. Automasser ces trois zones vous procurera un soulagement immédiat.

Routine 1 : Massage crânien

Combien de temps ? 5 minutes.

① Step 1

Massez-vous du bout des doigts le sommet du crâne dans le sens des aiguilles d'une montre. C'est là que se situe le chakra couronne. C'est le point central et le point de rencontre de tous les méridiens du corps.

La technique du glaçon

Placer un glaçon sur le point feng fu aurait des actions très bénéfiques sur la santé générale et la guérison. Ce procédé libérerait un maximum d'endorphine, un antidouleur naturel du corps très efficace.

Routine 1

① Step 1

Jusqu'à soulagement

Massage bonus pour détendre le cou et les épaules

Les maux de tête peuvent venir d'une mauvaise posture au niveau du haut du dos ou des tensions liées au stress qui nous font souvent hausser les épaules. La crispation de celles-ci tire sur les muscles du cou et peut générer des douleurs cervicales, qui elles-mêmes génèrent des maux de tête. Remédiez-y et libérez les tensions au niveau du cou et des épaules avec ces quelques exercices !

Placez-vous en posture facile (ou tailleur) pour commencer la séance.

Baissez la tête en avant en enroulant la nuque (votre menton doit toucher votre poitrine). Puis revenez et amenez la tête en arrière. Répétez 5 fois cet enchaînement.

En position initiale, relâchez les épaules et penchez la tête à droite en essayant de venir coller votre oreille à votre épaule. Revenez doucement et faites la même chose du côté gauche. Répétez l'enchaînement 5 fois.

À présent, penchez la tête en avant, à droite, en arrière, puis à gauche en revenant en position initiale à chaque fois. Renouvelez 5 fois et faites la même chose dans l'autre sens. Ne tournez pas la tête, décomposez bien vos mouvements pour ne pas vous faire mal.

Pour finir, revenez en posture de base, tenez-vous droite et relâchez les épaules. Soulevez l'épaule droite et baissez-la. Faites 5 répétitions avec l'épaule droite, et 5 avec l'épaule gauche. Soulevez les deux épaules et relâchez le plus possible. Sentez les tensions qui se libèrent.

② Step 2

Massez votre feng fu ! C'est le point situé dans le creux à l'arrière de la tête, entre le bas du crâne et le début de la nuque. Ce point agit sur le système nerveux tout entier. Faites de petites pressions avec votre pouce et restez appuyée quelques secondes avant de relâcher.

③ Step 3

Massez-vous les tempes pour libérer les tensions du crâne. Placez deux doigts sur vos tempes et massez en faisant une rotation. Mettez-y plus ou moins de pression selon votre ressenti.

② Step 2

Jusqu'à soulagement

③ Step 3

Jusqu'à soulagement

Routine 2 : Automassage relaxant de la nuque et du visage

Offrez-vous un automassage de la nuque et du visage pour chasser vos tensions et être prête à vous endormir paisiblement.

Commencez par tapoter la peau du crâne avec le bout de vos doigts ou de vos ongles pendant 1 minute pour relancer la circulation et décrisper le cuir chevelu sensible aux tensions.

Puis lissez le front avec les doigts, de l'intérieur vers l'extérieur, 4 fois.

Pincez ensuite 4 fois les sourcils avec pouces et index, en commençant par le côté interne et en étirant vers l'extrémité externe des sourcils.

Faites ensuite un « v » avec index et majeur de chaque main, posez le bout des majeurs sur les articulations des mâchoires, le bout des index derrière les oreilles et étirez vers le haut avant de recommencer 3 fois.

Pour terminer, avec une main, pétrissez la nuque et le trapèze du côté opposé pendant 30 secondes, puis changez de main et de côté.

Pendant tout l'automassage, vous êtes la personne qui donne le soin et celle qui le reçoit. Soyez à la fois bienveillante dans vos gestes et réceptive à cette bienveillance.

Routine 3 : Je me détends de la tête au visage

En vous massant le visage, non seulement vous serez plus détendue, mais votre teint vous dira merci.

Commencez par vous masser la tête, en déplaçant votre cuir chevelu à l'aide de vos doigts écartés pendant 1 minute.

Frottez vos mains avec l'huile de massage, puis posez-les sur vos yeux en appuyant légèrement sur les pommettes.

Déplacez vos mains vers l'extérieur de votre visage en tirant légèrement sur les muscles, et gardez cette position (qui lifte le visage) pendant quelques secondes.

Faites des mouvements doux et relaxants, puis effleurez votre visage avec le bout de vos doigts autant de fois que nécessaire pour atteindre le nirvana.

Je prépare mon huile de massage maison

Utilisez les huiles essentielles suivantes :

- 2 cuillerées à café d'huile essentielle de lavande vraie
- 2 cuillerées à café d'huile essentielle de ravintsara
- 2 cuillerées à café d'huile essentielle de camomille romaine

Mélangez toutes les huiles avec 2 cuillerées à soupe d'huile d'amande douce.

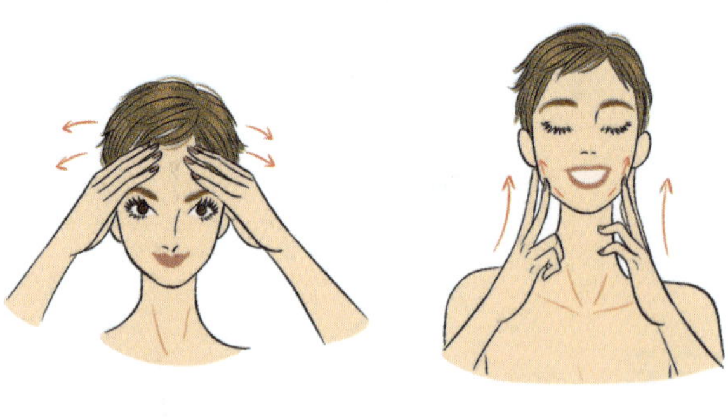

② Automassage de la nuque et du visage

③ Automassage du visage

Routine 4 : Automassage parfumé goodnight

Le matériel

- 1 flacon-pompe de 60 ml
- 50 ml d'huile végétale bio type amande douce, noyau d'abricot, jojoba
- 20 gouttes d'HE de lavande vraie
- 10 gouttes d'HE d'orange douce
- 10 gouttes d'HE de mandarine verte
- 10 gouttes d'HE de néroli

La préparation de l'huile de massage aromatique

Versez dans le flacon tout d'abord l'huile végétale, puis toutes les huiles essentielles. Remuez bien, et utilisez ensuite pour un massage corporel. Si vous ne disposez pas de toutes les huiles essentielles, mettez juste plus de gouttes de celles que vous possédez, pour obtenir 50 gouttes au total (par exemple : 25 gouttes de lavande et 25 gouttes de mandarine verte). Vous pouvez aussi n'utiliser qu'une seule huile essentielle (comme la lavande, la plus simple à trouver).

1. Délicatement parfumée, cette huile va illico vous apaiser et vous faire planer jusqu'à votre lit ! Après votre douche ou bain, versez une bonne rasade d'huile avec la pompe dans le creux de votre main, et laissez-la tiédir sur votre paume. Frottez ensuite légèrement vos deux mains, et déposez l'huile sur vos épaules (chaque main sur l'épaule opposée), en effectuant des pressions glissées enveloppantes.

2. Empoignez ensuite vos trapèzes assez fermement et pétrissez-les pour supprimer les tensions qui s'y sont accumulées, puis remontez doucement sur la nuque. Descendez ensuite sur chaque bras, jusqu'au poignet, puis massez chaque main (en utilisant le pouce de l'autre main), en insistant sur les paumes puis en enveloppant chaque doigt jusqu'à l'ongle.

3. Reprenez de l'huile, répartissez dans les mains, huilez les fessiers, puis, à l'aide de vos poings serrés, massez-les simultanément (ils sont souvent très tendus, surtout si vous travailler assise). Insistez, puis ouvrez les mains et remontez délicatement sur vos flancs. Reprenez de l'huile, massez le ventre (dans le sens des aiguilles d'une montre) pour le dénouer, remontez sur la poitrine en contournant les seins et effectuez des pressions glissées sur le thorax, en partant du milieu de la poitrine vers l'extérieur, et en remontant jusqu'aux clavicules.
Il vous reste 5 min ? Reprenez de l'huile, et massez doucement avec les deux mains, en glissant, de la cheville jusqu'au haut de chaque cuisse. Terminez par un pied puis l'autre ainsi que la cheville, en utilisant la pulpe du pouce et les autres doigts repliés sur toute la plante du pied.

④ Automassage bonne nuit

MES RITUELS FEEL GOOD SLEEP WELL

Apaisantes, relaxantes, antistress : certaines plantes sont de véritables bénédictions pour embellir nos nuits ! Leurs vertus thérapeutiques démontrées (nombreuses sont celles utilisées en phyto thérapie ou qui intègrent des compléments alimentaires) peuvent nous aider au quotidien à améliorer notre sommeil...

Mes huiles essentielles relaxantes

Ces concentrés naturels de plantes sont efficaces pour parachever la détente. On les inspire délicatement au flacon, on crée son parfum doudou ou son huile de massage… et on profite de leurs senteurs de quiétude et de tout l'apaisement qu'elles procurent !

> Les huiles essentielles sont très puissantes. Elles sont contre-indiquées aux femmes enceintes ou allaitantes et aux enfants de moins de 12 ans. Demandez conseil à votre pharmacien.

La lavande vraie, ou lavande fine (Lavandula angustifolia)

La paix et la douceur incarnées ! Joliment fleurie, elle nous emmène en Provence, en plus d'être apaisante, réconfortante, calmante. C'est une huile essentielle de choix contre le stress et pour le sommeil : elle facilite l'endormissement ainsi qu'un sommeil profond et réparateur.

L'orange douce (Citrus sinensis)

Rééquilibrante, relaxante et calmante, réconfortante avec sa senteur gourmande, elle est recommandée aux stressées et aux nerveuses, et à celles dont le coeur a tendance à s'emballer par anxiété.

La marjolaine à coquilles (Origanum majorana)

Autrefois réputée pour porter chance, cette plante fleurie odorante et délicate calme le système nerveux sympathique et régule le rythme cardiaque. En prime, elle améliore l'humeur en cas d'irritabilité.

Le petit-grain bigarade (Citrus aurantium)

Issue des jeunes rameaux du bigaradier (qui donne l'orange amère), cette huile essentielle à la douce senteur d'agrume est particulièrement apaisante et antistress. Elle aide également à éloigner les cauchemars et mauvais rêves.

Le néroli (Citrus aurantium)

L'huile essentielle est extraite du bigaradier (comme le petit-grain bigarade), mais cette fois, de ses délicates fleurs blanches. Son parfum fleuri, capiteux et presque sucré, apaise les tensions nerveuses des personnes surmenées.

La mandarine verte (Citrus reticulata blanco)

Légèrement fruitée et acidulée, elle est parfaite pour apporter du calme aux anxieuses et angoissées. Elle aide à détendre le corps et l'esprit, et ses vertus hypnotiques favorisent le sommeil.

Mon rituel aromatique pour me tranquilliser : ma brume d'oreiller doudou

Vaporisé sur votre oreiller, ce parfum d'ambiance va naturellement faciliter la détente et vous aider à glisser sans résistance dans les bras de Morphée.

Le matériel

- 1 flacon vaporisateur de 50 ml
- 1 tout petit entonnoir
- 30 ml de base neutre de parfum (chez Aroma Zone, par exemple), ou à défaut d'alcool végétal
- 15 ml d'hydrolat de fleur d'oranger
- 25 gouttes d'HE de petit-grain bigarade
- 25 gouttes d'HE de lavande vraie
- 15 gouttes d'HE de marjolaine à coquilles

La préparation de la brume aromatique

À l'aide de l'entonnoir, versez dans le vaporisateur la base neutre ou l'alcool végétal, puis les gouttes d'huiles essentielles et enfin l'hydrolat. Mélangez bien. Secouez doucement avant chaque utilisation et faites 2 pulvérisations sur votre oreiller avant de vous coucher. Si vous préférez, vous pouvez aussi verser cette préparation dans un diffuseur en verre à tiges capillaires en rotin (on peut en acheter vides, et ils sont rechargeables) : les tiges vont s'imprégner lentement de ce parfum. Vous retournerez les tiges une fois par semaine, pour parfumer délicatement votre chambre pendant 6 à 8 semaines.

RITUEL 3

Automassage antistress du plexus solaire

Le plexus solaire se trouve juste entre la pointe du sternum (entre les côtes hautes) et le nombril, à hauteur des côtes basses. C'est un centre énergétique important puisqu'il est un carrefour de nerfs, reliés notamment aux organes du système digestif. Lorsque vous ressentez une tension comme une sensation d'être nouée au niveau du plexus solaire, c'est tout simplement un signal de stress intense ou de surmenage. Cette contraction anormale du plexus solaire entraîne des désagréments sur l'organisme : respiration bloquée, cœur oppressé, sensation d'étouffement, ballonnements, nœuds à l'estomac et digestion difficile. Dès que vous ressentez ces sensations, prenez quelques minutes pour vous automasser.

Allongée sur le dos, les jambes pliées à 45°, pieds au sol. Commencez par masser votre diaphragme du bout des doigts des deux mains. Pour cela, placez le bout de vos doigts en dessous des côtes au départ du sternum, qui scinde en deux symétriquement vos côtes, et faites des va-et-vient du sternum jusqu'aux dernières côtes, d'un côté d'abord. Le mouvement du massage consiste à rentrer les doigts sous vos côtes afin de stimuler la cavité tendino-musculaire de votre diaphragme. Restez le temps dont vous avez besoin puis changez de côté. Ressentez les tensions puis, au fur et à mesure du massage, leur relâchement. Puis passez au plexus solaire et massez-le à l'aide des deux mains en appuyant légèrement avec le bout de vos doigts tout en effectuant des mouvements circulaires dans le sens des aiguilles d'une montre. Massez autant de temps que vous en avez besoin.

① Automassage du plexus solaire

Jusqu'à soulagement

RITUEL 4

Automassage détox du ventre

Le massage du ventre, dit « chi nei tsang » ou encore « qi nei zang » (qui peut se traduire par « travailler l'énergie des organes internes »), fait partie d'une ancienne tradition taoïste chinoise. C'est un massage ancestral qui libère les énergies négatives, dynamise nos organes vitaux, désintoxique et harmonise nos émotions. C'est une technique fondée sur les cinq systèmes majeurs du corps : vasculaire, lymphatique, nerveux, musculaire et énergétique. Ils sont reliés au centre abdominal où le stress et les émotions viennent entraver la circulation de l'énergie (le chi). Avec ce massage, on élimine les tensions pour rétablir le flux. Objectif vitalité !

Routine 1 : J'ouvre les portes des Vents !

Découvrez la carte des points autour de votre nombril, stimulez-les par acupression pour agir sur les organes et chasser les toxines qui viennent troubler et ralentir la circulation de l'énergie.

Suivez l'ordre indiqué sur l'illustration : de 1 à 8. Chaque point correspond à un organe et le temps de pression permet à l'énergie de se concentrer dans la zone et de la stimuler.

Avec votre pouce, exercez une pression soutenue pendant 10 s sur le 1er point, avant de relâcher doucement et de passer au 2e point.

Maintenez ensuite la pression entre 10 et 15 s sur chaque point jusqu'au 8e.

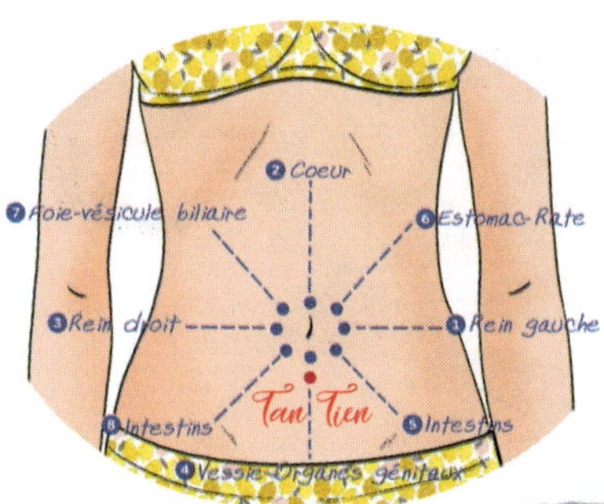

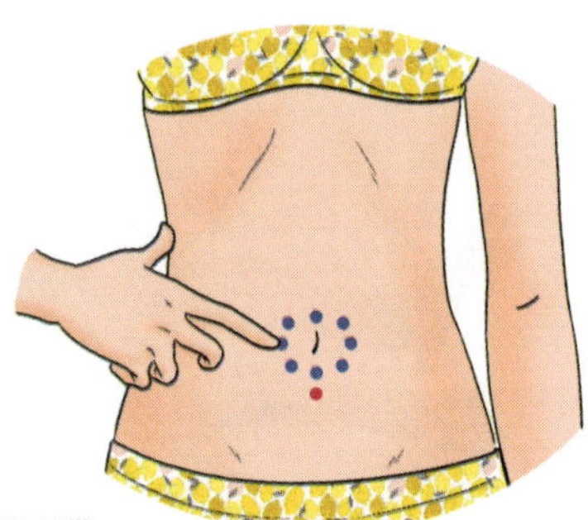

② Automassage du ventre

Durant 10 secondes minimum sur chaque point

Il ne vous reste plus qu'à stimuler la porte « de la Mère des Vents » (Tan Tien), qui se trouve à quelques centimètres au-dessous du nombril, pour déverrouiller l'énergie.

Respirez doucement en prolongeant vos inspirations et expirations, puis relâchez vos muscles pour profiter de la sensation feel good qui vous envahit.

Routine 2 : Je masse mon foie

En médecine traditionnelle chinoise, le foie est l'organe des émotions et il est associé au printemps, la saison de la détox. Cet organe assure la circulation de l'énergie vitale, le chi. En chef d'orchestre, il organise toutes les fonctions du corps. Quand un déséquilibre apparaît, le flux de chi est bloqué et l'énergie stagne dans le foie, ce qui provoque des tensions et de l'anxiété. Parfois, le chi recommence à circuler par à-coups et le foie, un peu comme une cocotte-minute sous pression, laisse échapper une brusque quantité d'énergie : ce sont la colère et les perturbations émotionnelles. Le chi nei tsang n'oublie pas cet organe capital, massez-le aussi !

Il vous faudra un peu de technique, de pratique et mettre vos appréhensions de côté, car la sensation peut être surprenante et les émotions qui surgissent parfois intenses…
Le foie est l'organe le plus volumineux du corps. Vous ne pouvez pas le louper ! Il se situe sur le côté droit, bien protégé par la cage thoracique. Vous pouvez toutefois l'atteindre du bout des doigts.

Allongez-vous sur le dos et inspirez profondément en aspirant votre ventre.
Placez votre main droite sous la dernière côte et, avec l'énergie localisée au niveau de la paume de votre main, effectuez une pression, puis, dans un mouvement de vague sur l'abdomen, déplacez lentement votre paume, toujours fortement appuyée sur votre foie.

La sensation peut vous paraître bizarre, et provoquer, pour certaines personnes, une espèce de mal au cœur express. À vous de varier l'intensité du mouvement pour vous habituer. Vous pouvez immobiliser votre geste un moment, tout en laissant votre main posée sur votre foie.

Reprenez à votre rythme et maintenez le mouvement pendant 5 min.

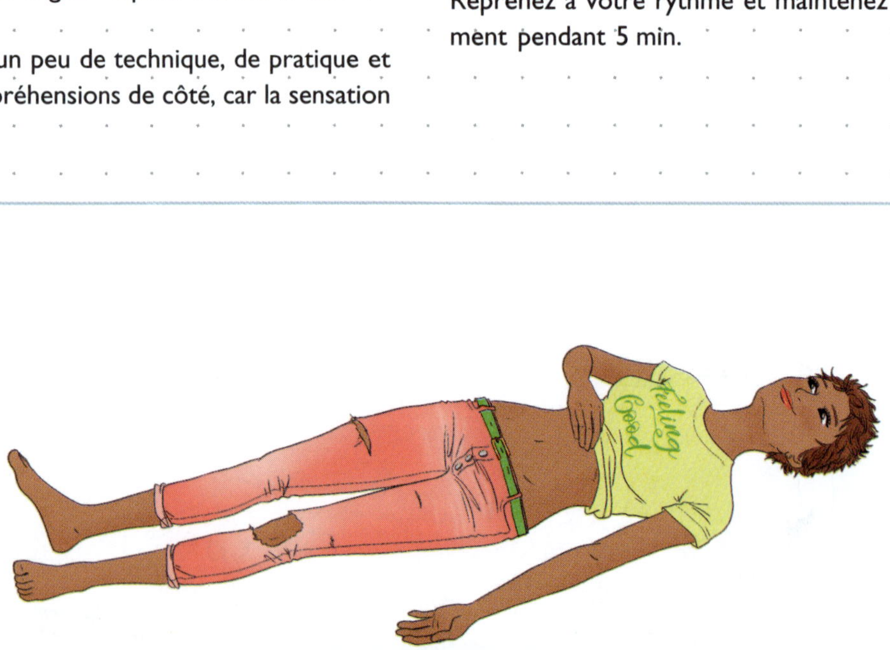

③ Automassage du foie

5 minutes

MES RITUELS FEEL GOOD HAPPY BELLY

Vous connaissez cette «boule au ventre» qui évoque le stress? Tout vient du ventre! Il exprime vos émotions et concentre les symptômes. Les dernières études le disent : il existe un lien très fort entre le cerveau et l'abdomen. On a même découvert que notre ventre possédait un système nerveux autonome, relié au cerveau! C'est pourquoi on l'appelle maintenant notre deuxième cerveau... et qu'il est important de le chouchouter pour se sentir sereine au quotidien. Suivez ces tips pour continuer le travail commencé par votre automassage du ventre dans l'élimination des toxines et l'apaisement de vos stress.

Le coup de pouce pour évacuer les toxines

Un combo d'huiles essentielles

Une synergie d'HE pour évacuer les toxines ? Dans 10 ml d'huile d'amande douce, mélangez 1 goutte d'HE de romarin à verbénone (Rosmarinus officinalis ct. verbenone) + 1 goutte d'HE de lédon du Groenland (Ledum groenlandicum) + 1 goutte d'HE d'estragon (Artemisia dracunculus).
Pour faire pénétrer votre mélange et disperser les points de tension, massez 2 fois par jour la région du foie dans le sens inverse des aiguilles d'une montre. Vous pouvez effectuer ce mouvement après la première phase de votre massage du foie.

La bouillotte magique

Vous pouvez aussi appliquer une petite bouillotte d'eau chaude sur la zone, un bon réflexe qui donne un vrai coup de pouce au foie. La chaleur va stimuler l'organe et l'aider à évacuer plus rapidement les toxines qui le ralentissent, en activant le métabolisme.
Pendant 20 min, appliquez la bouillotte sur le foie, en prenant soin de ne pas la poser à même la peau. Vous pouvez le faire tous les jours, de préférence le soir, pour profiter des bienfaits réparateurs de la nuit.

RITUEL 5

Réflexologie plantaire antistress

Votre voûte plantaire est une carte miniature de vos organes ! Le pied possède plus de 7 000 terminaisons nerveuses reliées à toutes les régions du corps. En stimulant des points précis des pieds par des massages, la réflexologie rééquilibre l'ensemble. La carte des pieds se répartit en zones énergiques qui procurent un effet relaxant, activent la circulation sanguine et améliorent le sommeil.

Combien de temps ? Vous stimulez les points d'acupression avec votre pouce ou votre index : vous pressez fortement entre 5 à 10 s avant de relâcher. Des points à stimuler en traitement de fond et le soir, avant d'aller se coucher. Au programme : une vraie détente et un sommeil réparateur !

① Le point n° 1 : en haut de chaque orteil

Stimulez les zones réflexes correspondant à la tête et au cerveau pour faire tomber vos idées noires et favoriser les pensées positives.

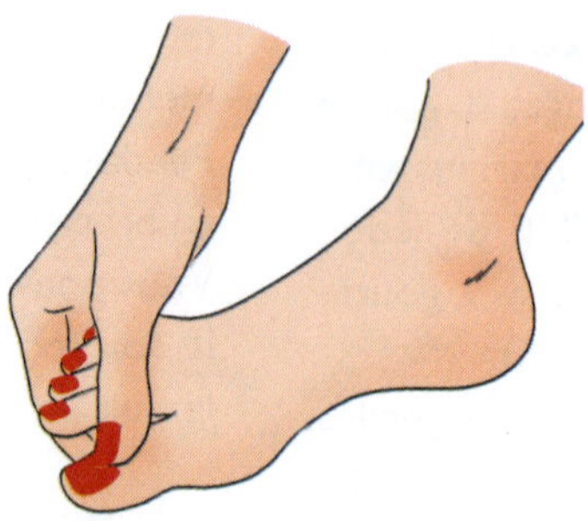

① En haut de chaque orteil

Jusqu'à soulagement

② Le point n° 2 : le côté extérieur du gros orteil

Stimulez la glande pinéale, qui permet de sécréter la mélatonine, une hormone qui intervient dans le cycle et la régulation du sommeil.

③ Le point n° 3 : la base du gros orteil

Stimulez la thyroïde, qui contribue à équilibrer le métabolisme, notamment au niveau hormonal.

④ Le point n° 4 : la crête des orteils (leur base)

Stimulez les zones correspondant au cou et aux épaules pour y apaiser les tensions.

⑤ Le point n° 5 : sous la plante du pied, au centre

Stimulez le plexus solaire, ce centre nerveux, sur l'abdomen, entre le sternum et le nombril, qui régule la digestion et le diaphragme pour une profonde sensation de détente.

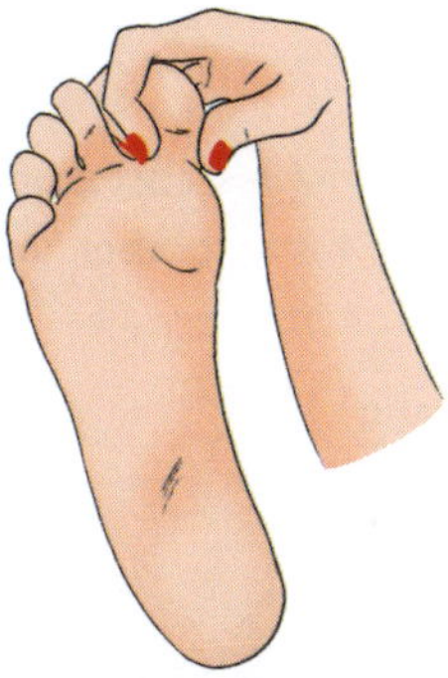

② Le côté extérieur du gros orteil

Jusqu'à soulagement

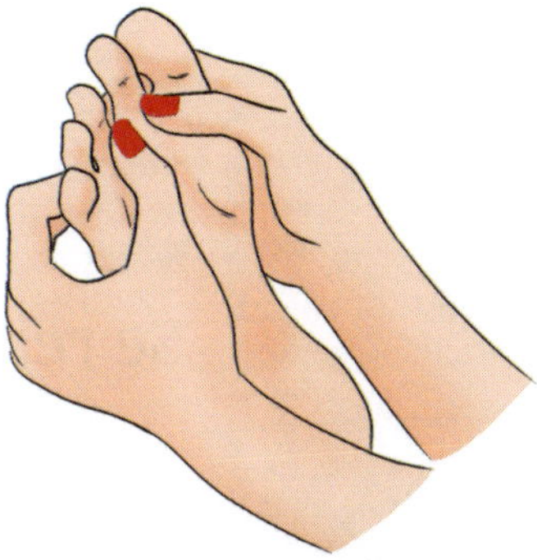

④ La crête des orteils (leur base)

Jusqu'à soulagement

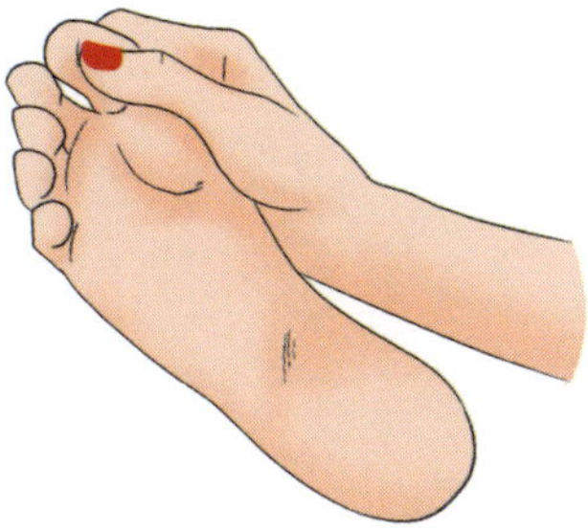

③ La base du gros orteil

Jusqu'à soulagement

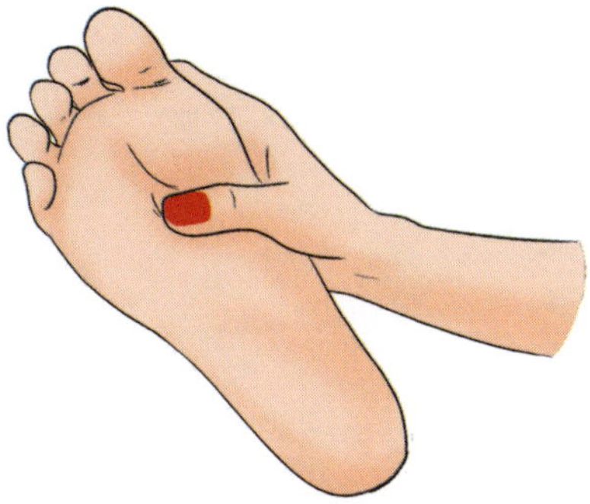

⑤ Sous la plante du pied, au centre

Jusqu'à soulagement

RITUEL 1

Se détendre au bureau

RITUEL 2

Se relaxer dans les transports

RITUEL 3

Retrouver le calme partout

- Chapitre 4 -

Se relaxer au quotidien

Si les morning et evening routines sont indispensables pour instituer une ambiance calme et feel good dans votre journée, il y a parfois des situations d'urgence où vous avez besoin d'une solution rapide et efficace pour déstresser !

Stress au bureau

Le bureau, ça peut être une vraie épreuve de survie ! Avec la pression des délais et de la productivité, on est en tension permanente. Des crispations se forment dans le corps, aggravées par les mauvaises postures. Pas de problème, la sophro va vous aider à faire retomber la pression et à arrêter d'angoisser. Commencez par respirer pour évacuer les premiers effets du stress, optez pour l'optimisme, et surtout profitez de vos pauses pour relaxer votre corps. Ça va aller, promis !

Stress dans les transports

Dans le métro, il n'est pas rare que l'on sente des montées de stress dues aux odeurs, au bruit, à la chaleur, à la proximité, au stress et à la précipitation des autres… Ce sont en effet des agressions qui nous mettent en état d'alerte ou en état de résistance et demandent de l'attention et de l'énergie qui stressent et épuisent l'organisme. Il est bon d'apprendre à faire circuler ces mauvais énergies immédiatement pour éviter qu'elles ne s'accumulent avec la répétition…

S'ancrer dans le moment présent

L'ancrage permet de programmer et graver en soi un état émotionnel positif afin d'y faire appel et le retrouver lorsque c'est nécessaire. Il peut prendre la forme d'un geste codifié/signal, d'une odeur apaisante, d'un son relaxant, d'une respiration zen, etc.

RITUEL 1

Se détendre au bureau

Au bureau, prendre des courtes pauses régulièrement pour se recentrer est essentiel. Si vous pouvez faire un tour et marcher un peu dehors pour vous aérer l'esprit, c'est parfait. Mais parfois, nous ne prenons même pas ce temps-là... Sans quitter votre bureau, en quelques minutes, cette méditation va vous faire l'effet d'un bol d'air. Nous allons observer l'air ambiant et les vibrations environnantes. On y lie la respiration et le son, dans un mouvement de l'extérieur vers l'intérieur qui permet de se recentrer et de s'apaiser. Relax !

1. Assise sur votre chaise de bureau, posez vos pieds bien à plat sur le sol. Ancrez vos pieds à la terre (prenez conscience du contact de vos pieds au sol) et prenez une grande inspiration.

2. Pour cette étape, aidez-vous au besoin d'une huile essentielle pour assainir l'air, comme l'huile essentielle de ravintsara, particulièrement recommandée l'hiver pour lutter contre les virus et pour développer ses défenses immunitaires, ou l'huile essentielle d'orange douce qui vient réveiller, donner du peps et de l'énergie. Concentrez-vous sur l'air que vous inspirez :
   - Sa température : est-ce qu'il est chaud ? est-ce qu'il est froid ?
   - Sa consistance : est-ce qu'il est léger ? est-ce qu'il est chargé ?
   - Ses odeurs : est-ce que vous pouvez sentir des odeurs ?

3. Puis ouvrez votre perception aux sons environnants :
   - Les collègues qui parlent ;
   - Le bruit de la machine à café ;
   - Le bruit des voitures dans la rue...

4. Ramenez ensuite votre attention sur l'écoute intérieure du son de votre souffle, l'air qui entre et qui sort de vos narines. En posant votre attention sur la pointe de votre nez, branchez la piste sonore de votre propre souffle et écoutez comment votre propre vibration se mêle aux vibrations de votre environnement. Votre souffle devient un élément à part entière de ce paysage sonore.

5. Poursuivez si vous le souhaitez avec un petit mantra positif perso à répéter intérieurement : par exemple « Je suis en sécurité ».

RITUEL 2

Se relaxer dans les transports

Nous allons ensemble créer un ancrage positif de relaxation utilisé par la méthode de la programmation neurolinguistique (PNL). L'ancrage proposé ici est hypercomplet : il fait appel aux 5 sens pour bien ancrer l'état de paix en vous. Vous pourrez utiliser cet ancrage à tout moment, dans les transports ou quand vous subissez une agression sensorielle, émotionnelle ou psychique.

1. J'ancre mes deux pieds à la terre, je pose mon attention sur le contact de mes plantes de pieds sur le sol, la sensation de la chaussette sur ma peau, mon pied dans la chaussure.

2. Je sors mon huile essentielle antistress préférée (mandarine douce, menthe poivrée, vétiver par exemple), je respire et je me laisse imprégner par les fragrances douces que j'ai choisies...

3. Je joins mon pouce et mon index en chin mudra (ce yoga des mains est un geste d'harmonie de la conscience). Vous pouvez choisir un autre mudra ou un autre geste qui vous parle plus.

4. Je prends une grande inspiration, une grande expiration. Si je peux, j'autorise un son à sortir à l'expiration, c'est encore plus puissant.

5. Je me souviens d'un moment de ma vie où je me suis sentie apaisée, sereine, calme, tranquille. Je laisse venir à moi les images et les sensations de ce moment. Par exemple, une sensation de décontraction intense que vous avez vécue pendant vos dernières vacances au bord de la plage. Rappelez-vous de tous les détails : l'apaisement dans votre ventre qui s'est détendu complètement, votre cerveau qui s'est mis à se relâcher comme un petit nuage qui se gonfle d'air, votre poitrine qui s'est ouverte, laissant votre respiration se faire amplement et complètement.

Maintenant, je peux utiliser mon ancrage anytime, anywhere !

Dorénavant, lorsque vous sentirez cette huile essentielle, que vous joindrez votre pouce et votre index, que vous répéterez votre sankalpa magique ou que vous écouterez cette playlist spécifique, vous ressentirez immédiatement les mêmes effets de relaxation que vous aviez vécus dans ce moment de vie heureux convoqué pendant l'ancrage. Ainsi lors de votre prochain voyage en métro, mettez en application cette méthode : dégainez sans attendre votre huile essentielle, votre mudra ou votre casque audio avec cette playlist ou musique spécifique, vous en ressentirez directement les effets relaxants !

6. Je crée un sankalpa (petit mantra positif perso) que je me répète intérieurement : par exemple « Mes pieds touchent le sol, je suis en sécurité, je sens l'air qui remplit mes poumons et je me sens légère ».

7. Et pendant tout cette pratique j'écoute une playlist ou une musique qui me plaît et je respire... Vous imprimez en vous la relaxation et l'associez à cette musique, qui est en train de devenir votre hymne du bonheur !

RITUEL 3

Retrouver le calme partout

Ces techniques sont utilisées pour aider à calmer les angoisses, le stress mais aussi la colère. Vous pouvez utiliser ces méthodes au bureau, dans les transports, en bref partout !

Routine 1 : Technique pour calmer le stress

Quand ? À n'importe quel moment de la journée. Il est recommandé de s'entraîner au calme auparavant. Intégrer la technique en amont permet de s'assurer de son efficacité au moment de l'utiliser, lors de situations stressantes ou de crises de nerf…
Combien de temps ? 10 à 15 minutes.

Chaque point de cette technique permet d'allonger et d'amplifier la respiration afin de revenir au calme.

1. En tenant fermement le pouce d'une de vos mains avec votre autre main, prenez le temps de reconnaître les signes de stress. Rappelez-vous qu'il n'y a rien de dramatique. Vous avez tous les outils nécessaires en vous pour vous sortir de cet état désagréable.

2. Passez à votre index. Détendez vos épaules en soupirant profondément, en laissant aller ce qui vous angoisse, ce qui vous met en colère ou provoque cet état de panique.

3. En prenant votre majeur, prenez une grande et douce inspiration par le nez.

4. Lorsque vous arrivez à l'annuaire, expirez doucement par la bouche. Essayez d'expirer plus longtemps que vous n'avez inspiré.

Routine 1

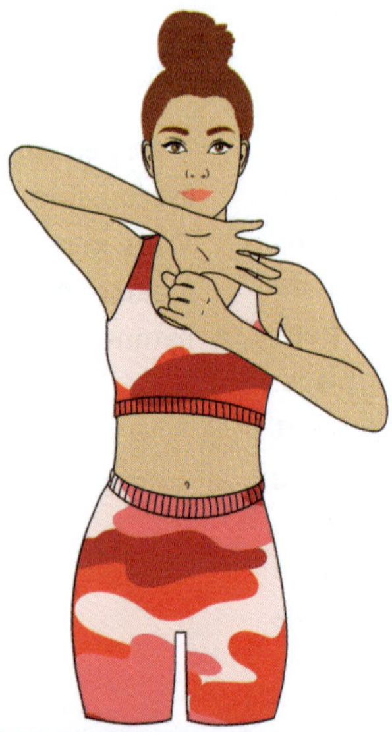

① Technique pour calmer le stress

5. Avec le petit doigt, relâchez votre main. Prenez le temps de l'étirer et de la détendre complètement et à plusieurs reprises.

Il vous faudra peut-être répéter plusieurs fois ces différentes étapes pour bien les assimiler et retrouver votre calme.

Routine 2 : Mon geste signal SOS

Quand ? À n'importe quel moment de la journée, lors de situations stressantes ou de crises de nerf…
Combien de temps ? Le geste est à ancrer pendant 21 jours minimum.

Le « geste signal » ou « geste d'ancrage » fait appel à une technique toute simple que vous utilisez peut-être déjà sans le savoir ! Il s'agit d'un geste personnel que vous choisissez et que vous associez à une sensation rassurante grâce à la technique de l'ancrage. Le but ? Déclencher une sensation rassurante, positive, et ainsi vous permettre de retrouver le calme en toutes circonstances. C'est une technique clé de la sophrologie, très rapide à apprendre et facile à utiliser chaque fois que vous avez besoin de déstresser !

Je crée mon geste

La première étape est d'inventer votre geste. Il doit être naturel, léger et discret. Vous pouvez par exemple fermer votre main gauche, frotter doucement deux doigts ou poser une main sur votre ventre… Ce geste doit toujours être le même ! Il est ensuite essentiel d'associer votre geste signal à des sensations de bien-être plusieurs fois par jour pour l'ancrer : pour commencer, utilisez votre geste signal uniquement durant un moment où vous vous sentez parfaitement détendue. Ancrez votre geste pendant 21 jours successifs au minimum. Vous pouvez aussi associer votre geste à une image, une couleur, la visualisation d'un lieu… À force d'entraînement, votre cerveau associera la sensation de bien-être à votre geste. Vous pourrez ensuite le reproduire en situation d'urgence, il activera les circuits neuronaux du bien-être. C'est l'ancrage. Vous n'avez plus qu'à mettre en place votre geste signal dans votre vie !

Routine 2

② Geste signal SOS

RITUEL 1

Créer pour faire une pause

RITUEL 2

Imaginer pour être zen

RITUEL 3

Être zen avec la psychologie positive

RITUEL 4

En mode « pensée zen »

RITUEL 5

Lâcher prise sereinement

- Chapitre 5 -

Tips pour se détendre

Même s'il parait compliqué de changer sa nature et sa personnalité, il est tout à fait possible de mieux gérer son stress à travers un certain nombre d'outils.

Créer pour se relaxer

Prendre du temps pour soi, s'épanouir, se détendre, se faire plaisir en créant : voilà un programme séduisant ! Nous sommes tous porteurs d'un savoir-faire, qui, bien orienté, peut faire des miracles ! Dessiner ou colorier un mandala ou même écrire ses propres haïkus… Toutes ces activités ont un effet positif sur le stress, tout simplement parce qu'elles vous aident à faire une pause, à vous recentrer, à préserver des moments de calme et de solitude. C'est dans ces espaces-là que vous enrichirez la liste de vos stratégies zen. Et vous l'avez compris : c'est en trouvant son propre antidote au stress que les choses compliquées de la vie deviennent plus faciles à porter.

Un rêve éveillé : la visualisation pour être zen

Les images sont une façon de donner forme à nos pensées. Ces mêmes images peuvent avoir un impact sur notre comportement et notre bien-être. Vous est-il déjà arrivé en période de stress de vous imaginer en vacances, dans un cadre agréable, entourée de personnes aimantes ? Si c'est le cas, vous pratiquez déjà intentionnellement la visualisation. Le pouvoir de l'imagination est sans aucun doute formidable ! Il peut être un incroyable outil de relaxation.

Une pensée plus zen

À présent, engagez-vous vers un mode de pensée zen. Pour cela, vous apprendrez à mieux gérer votre stress cognitif et émotionnel au quotidien. Vous affranchir de votre stress sera l'opportunité de profiter de la vie ! Ce que nous pensons affecte fortement notre état de stress. On se raconte des choses, beaucoup trop de choses. Et cela influe directement sur nos émotions et nos comportements. Dans une certaine mesure, nous sommes responsables de notre stress car nous accordons trop d'importance à nos pensées et à notre bavardage interne. C'est dur de réaliser cela, n'est-ce pas ? Mais une fois cette première étape franchie, vous allez très certainement vous sentir plus forte !

RITUEL 1

Créer pour faire une pause

Lorsque vous créez, vous êtes pleinement concentrée sur le moment présent, vous êtes au calme et le stress recule ! Voici quelques rituels qui vont vous permettre d'exercer votre fibre créative et vous détendre !

Dessine-moi un mandala !

Le mot mandala vient du sanskrit et veut dire « cercle » ou « centre ». C'est un dessin composé d'un cercle et d'éléments qu'il circonscrit et qui partent tous de son centre. Les mandalas sont souvent utilisés par les bouddhistes pour entrer en méditation, car ils représentent la connexion entre l'humain et le monde.

Il n'est pas rare, lorsqu'on est un peu stressé, voire déprimé, de dessiner des cercles… Serait-ce là une volonté de trouver une solution à un problème ? De focaliser son attention pour s'apaiser ? Ce que l'on constate c'est que les mandalas sont partout : observez les fleurs, les fruits (ouvrez un kiwi en deux et vous verrez un mandala). Si vous vous sentez stressée, tendue ou en colère, dessinez un mandala. Observez ce qui se passe pendant que vous le dessinez. Une idée nouvelle surgit ? Une inspiration ? De la détente ?

Comment je fais ?

Prenez une feuille de papier, un crayon de papier et des crayons de couleurs.

Dessinez dans un premier temps le cœur du mandala, c'est-à-dire le cercle.

À partir de son centre, dessinez les éléments de manière qu'ils irradient comme des pétales, par exemple.

Prenez le temps de colorier votre mandala avec soin.

Astuce

Si votre souhait est de vous concentrer, coloriez d'abord l'extérieur, puis rapprochez-vous du centre ; si à l'inverse vous avez besoin de créativité, d'idées nouvelles, coloriez le centre puis allez vers la périphérie.

Les haïkus, ces trésors de petits poèmes

Les haïkus sont des petits poèmes japonais qui décrivent en quelques mots l'instant présent, comme la photographie instantanée d'un moment vécu par le poète. Ils sont courts et simples, et nous font voyager en un clin d'œil car ils utilisent un langage sensoriel pour capter une émotion ou une image. Ils sont le plus souvent inspirés par un élément de la nature, un moment de grande beauté ou une expérience simple et émouvante.

La simplicité des haïkus est une excellente compagne des moments de méditation, pour vous connecter à l'instant présent, même dans le bruit.

Comment je fais ?

Lisez d'abord à haute voix, lentement, en ressentant chacun des mots, le haïku suivant : « Un calme parfait sur un oreiller d'herbe loin de ma cabane. » (Ryôkan[1])

Visualisez les yeux fermés… Y a-t-il des arbres autour ? Des fleurs ? Comment est la cabane ?

1. *Les 99 haiku de Ryokan*, Verdier, 1990

Voyez-vous des papillons ? Des oiseaux ? Des libellules ?

Écoutez, sentez, touchez.

- Écoutez les sons : à quoi ressemble ce calme parfait ? Y a-t-il des bruits d'insectes, d'abeilles ou de feuilles qui bougent avec la brise ?
- Ressentez-vous l'herbe sous votre visage ? Son odeur ? La terre est-elle ferme ? L'oreiller d'herbe est-il épais ?
- Sentez les parfums du paysage : les fleurs odorantes, l'herbe coupée…

Le doodle challenge

Vous sentez que le dessin est un outil apaisant pour vous ? Pourquoi ne pas l'investir et y consacrer plusieurs pages dans votre bullet agenda ? Pour celles qui ont envie d'explorer leur créativité, je vous propose un doodle challenge. Un doodle, c'est un petit dessin simple presque griffonné, et le doodle challenge est simplement un challenge consistant à réaliser un petit doodle par jour.

Les thématiques de doodle challenge

La mer, avec par exemple les vagues, une baleine, un dauphin, une étoile de mer, une plage, une bouée, un parasol, un château de sable… Les saisons, avec des feuilles rouges et orange, des châtaignes, des arbres sans feuilles, et des champignons pour l'automne. Des fleurs, un soleil caché par un nuage, des pollens qui s'envolent pour le printemps…

J'écris pour me délester

84 % des femmes aiment écrire, quel que soit leur âge… et nous devrions le faire plus souvent, régulièrement, voire quotidiennement ! En effet, déposer sur le papier, noir sur blanc, nos émotions, angoisses, vulnérabilités ou irritations soulage, délivre et aide à prendre du recul, donc à se sentir mieux et à s'alléger. Écrire sur soi et pour soi devient une bonne façon de garder l'équilibre, de nous décharger de nos poids affectifs et émotionnels (même les plus inavouables, gênants, honteux), en étant franche avec nous-même sans avoir peur d'être incomprise ou jugée. Cette libération aide à gagner en optimisme, fait baisser la pression et améliore le moral en période de stress ou de difficultés. À l'inverse, raconter ses petites joies permet d'en profiter encore plus, et de faire preuve de gratitude. Idéal pour s'endormir ensuite le cœur léger, soulagé, et nourri.

Comment je fais ?

Choisissez un cahier dédié, qui peut fermer à clé si nécessaire. Trouvez un moment et un endroit où vous ne serez pas dérangée, au calme. Fermez les yeux, respirez tranquillement pendant 1 à 2 min. Ouvrez votre cahier, inscrivez la date du jour… Laissez-vous aller ! Événements agréables ou inquiétudes, plaisirs ou frustrations, moments de joie ou de colère, espoirs ou rancœurs : laissez-vous aller au fil de vos émotions, sans aucun filtre, ni volonté d'organiser votre texte, d'avoir du « style », et sans chercher non plus à atténuer la puissance de vos émotions. On se moque des fautes ou des répétitions, ce cahier sert avant tout à mettre noir sur blanc ce que vous ressentez !

Vous avez fini ? Ne vous relisez pas, ne vous corrigez pas, ne cherchez pas à « mieux » écrire : ce cahier est un instantané qui doit avant tout vous aider à vous libérer. Rangez-le soigneusement… et passez à autre chose !

Le vision board

Vous pouvez projeter tout ce que vous voulez dans votre subconscient à l'aide d'images mentales ou de concepts visuels soigneusement choisis. Utilisées de façon correcte, ces visualisations créatives transformeront votre vie et vous permettront de dépasser ce qui vous stresse, vous tétanise ou vous bloque. Pour cela, vous pouvez créer votre tableau de visualisation ou « vision board ».
Il s'agit d'un tableau sur lequel vous allez coller tout ce à quoi vous aspirez pour l'année à venir, y compris des projets qui peuvent vous angoisser, mais que vous rêvez de faire. Il représente une véritable ligne directrice et vous permet de vous lancer enfin tout en conservant votre motivation pour tenir vos objectifs tout au long de l'année. Créer ce tableau et le voir tous les jours dans votre environnement va permettre de conditionner votre cerveau. En effet, il existe dans notre cerveau une zone qui s'appelle le système d'activation réticulaire (SAR). Le SAR fonctionne comme un missile guidé. Les scientifiques ont en effet découvert qu'il contrôle également notre système de croyances et ne reconnaît que les infos conformes à ces croyances. Ainsi, en ayant vos objectifs sous les yeux, le SAR s'active et vous allez instinctivement vous rapprocher des actions quotidiennes nécessaires à la réalisation de vos objectifs et permettre à votre organisme de mieux réguler votre stress. Vous l'aurez compris il ne s'agit pas seulement de faire un joli tableau que vous observerez toute l'année, mais de poser des actions concrètes qui vous permettront d'avancer un peu plus chaque jour vers la réalisation de vos rêves, tout en cultivant votre confiance en vous.

Comment je fais ?

Le choix du support est libre, format A4 ou affiche, ainsi que la matière : papier, carton, plexi…
Posez vos objectifs ou intentions de l'année, que souhaitez-vous réaliser qui induit du stress chez vous aujourd'hui ? Par exemple : piloter tel projet, trouver une nouvelle formation, changer de job, partir en voyage ?
La phase de récolte : vous allez rechercher dans des magazines, des livres ou bien sur Internet tout ce qui vous inspire et vous donne de la force pour réaliser vos objectifs de l'année.
La phase de sélection : regroupez vos photos ou images, de l'objectif le plus important au moins important. Le centre de votre support représente les objectifs essentiels. Placez les éléments sur votre support et dès que l'agencement vous plaît, commencez à coller ou accrocher.
Utilisez un carnet et répertoriez-y vos objectifs et envies afin de déterminer les actions à mettre en place pour leur réalisation. Plus vous effectuez ce travail, plus vous sortez de vos réactions habituelles dues au stress et à la peur latente de l'échec.

RITUEL 2

Imaginer pour être zen

La visualisation guidée est une façon délibérée d'utiliser le mental pour influencer votre comportement, changer la façon dont vous vous sentez et même votre état physiologique. Vous pouvez autant que vous le souhaitez créer des visualisations ou des impressions mentales qui agiront comme une barrière antistress. Ces exercices de visualisation sont des techniques puissantes car elles favorisent un état d'esprit plus calme en peu de temps.

Visualisation positive : la plage

Installez-vous confortablement en appuyant votre tête sur une surface agréable ; faites-en sorte de ne pas être dérangée. Votre environnement doit être calme, sans distraction. Commencez par faire 3 respirations profondes, puis lâchez peu à peu prise, en prenant conscience de votre corps. Fermez les yeux...

Astuce

- Lorsque vous commencez une visualisation, tentez de la pratiquer en étant calme pour y adhérer plus facilement : fermez les yeux et imaginez-vous dans un scénario agréable et apaisant.
- La visualisation est en soi relaxante, mais n'hésitez pas à commencer en faisant lentement, par le ventre, au moins 3 respirations lentes et profondes.
- Après cette mise en situation, vous serez capable d'imaginer des images plus nettes et précises, dont l'impact sera plus profond.

Comment je fais ?

Imaginez que vous marchez dans le sable, sur une plage magnifique. Vous enlevez vos chaussures et sentez le contact du sable chaud et doux sous vos pieds... Sentez les petits grains fins se glisser entre vos orteils. À chaque pas, le sable masse et caresse vos pieds et laisse une impression agréable. À mesure que vous approchez de l'océan, vous regardez l'eau et l'horizon. Vous observez les différentes tonalités de bleus... parfois turquoise, parfois bleu marine... Le ciel est limpide...

Vous écoutez le bruit des vagues... L'odeur de la mer pénètre dans vos narines. Vous humez, en vous laissant bercer doucement par le bruit de la houle. Vous sentez l'air frais de l'océan dans vos poumons. Votre respiration se cale sur le rythme des vagues qui vont et viennent...
Une odeur de noix de coco plane dans l'air, et vous sentez la chaleur douce et agréable du soleil qui effleure votre visage et vos épaules. Vous savourez ce moment de repos et de paix sur cette plage... Invitez votre corps et votre esprit à savourer cette sensation de détente qui se diffuse dans tout votre corps, des pieds jusqu'à la tête et de la tête aux pieds...

Les idées de visualisation

Après plusieurs séances de visualisation, vous pourrez élargir votre éventail de thèmes. En voici quelques-uns.
Inspirez-vous de...

- une forêt
- un lac
- une montagne
- un jardin fleuri
- un endroit imaginaire
- un lieu visité qui vous a laissé de bons souvenirs
- un lieu que vous aimeriez visiter.

Mind cleansing reset

Installez-vous confortablement dans un endroit calme. Inspirez 3 secondes par le nez et expirez trois secondes par la bouche. À présent, vous allez pratiquer une technique de visualisation très efficace pour vous relaxer rapidement. Pendant que vous respirez calmement, imaginez que vous êtes une petite mare dans laquelle l'eau est troublée. Les particules s'agitent en tous sens, et c'est toute la mare qui s'en trouve polluée. Dans l'ordre naturel des choses, le mouvement et l'agitation polluent l'eau. Plus vous respirez calmement, plus le tumulte passe. Les particules qui obscurcissaient la surface se déposent naturellement au fond, pour créer un limon fertilisant. L'eau de la mare retrouve une limpidité absolue et vous, un calme profond et régénérateur !

Ma visualisation sophro smile

Quand vous souriez, vous vous sentez bien et vous êtes moins stressée. Un sourire peut même prolonger la durée de votre vie, c'est prouvé ! Quand votre cerveau reçoit l'information d'un sourire, il libère des endorphines, les hormones du bien-être. Cette endorphine est sécrétée dans tous vos états positifs. Et quand vous riez ? Vous libérez l'énergie négative du corps grâce à la dopamine (hormone du plaisir) ! Vous souriez déjà ? Super ! En plus, quand le cerveau sécrète des hormones du bonheur, il coupe la sécrétion d'hormones du stress. Double bonus !

Comment je fais ?

Installez-vous confortablement dans votre position assise chouchou. Fermez les yeux et relâchez votre corps à l'aide de quelques expirations, souffles, soupirs... Observez et ressentez tout votre corps détendu et portez plus particulièrement attention à votre visage. Observez votre visage, sa forme, ses traits, ses rides d'expression, ressentez et imaginez les rides de votre front, au coin de vos yeux, de votre bouche. Relâchez toutes les tensions dans votre visage et sentez-le totalement détendu. Une fois votre visage complètement lisse, visualisez une personne aimée qui vous sourit. Laissez son sourire se diffuser dans votre cœur et rendez-lui son sourire. Sentez tout votre visage se détendre encore plus profondément. Restez un moment à contempler votre visage, votre sourire et tous les sentiments positifs que cela procure. Quand vous voulez, ouvrez les yeux et souriez à la vie !

Mon petit smile challenge

Souriez le matin au réveil pour booster votre bonne humeur, souriez dans la rue ou au travail pour envoyer de belles énergies à vos collègues... En plus de vous rendre belle et rayonnante, sourire réduit votre stress, et vous constaterez très vite les résultats positifs sur votre humeur. Essayez et, au pire, ça marchera ! Le challenge ? 10 sourires par jour !

RITUEL 3

Être zen avec la psychologie positive

La psychologie positive est un courant né à la fin des années 1990 sous l'impulsion de Martin Seligman. Alors que traditionnellement la psychologie a été la science qui s'est occupée de guérir la souffrance, ce nouveau courant se voulait plus optimiste en mettant l'accent sur le développement des forces et des potentialités de chacun. Cette branche de la psychologie se propose ainsi de décrire comment apprendre à être plus heureux et à faire appel à nos talents pour aller encore mieux.

Mes moments de plaisir

Je recense le plaisir de ma journée

Chaque soir, avant de vous coucher, repensez à votre journée et notez sur un carnet (que vous garderez pour cet exercice quotidien) trois choses qui vous ont rendue heureuse ou qui vous ont fait du bien. Pensez à ces moments simples et agréables de la journée qui vous ont fait plaisir. Par exemple : le café savouré au chaud, la remarque gentille de votre collègue, votre musique préférée à la radio… Savourez un instant cette émotion de plaisir ou de gratitude.

J'introduis volontairement des moments de plaisir dans ma semaine

Stressée ou pas, prévoyez chaque semaine un moment de plaisir, seule ou à plusieurs. Faites de ce moment une opportunité pour recharger vos batteries et reprendre « de l'oxygène ».

Comment la psychologie positive peut-elle vous aider à devenir plus zen ?

Seligman, au cours de ses recherches, a mis en relief les ingrédients qui permettent à chacun d'entre nous de progresser vers une vie plus riche et plus intéressante. Pour lui, il s'agit de se créer une vie :

- de plaisir : qui correspond au fait de vivre des émotions positives le plus fréquemment possible ;
- d'engagement : qui consiste à identifier nos forces et nos talents pour les mettre au service d'une activité qui les valorise et nous absorbe totalement ;
- de relations positives : qui consiste à entretenir des relations positives avec autrui (amis, famille, voisins…) et qui participe à notre bien-être ;
- de sens : qui correspond à la quête de quelque chose de signifiant, de plus grand que nous, qui nous dépasse et à quoi on se rattache pour trouver une direction dans la vie ;
- de réalisations : quand nous atteignons des objectifs importants à nos yeux, favorisant notre plénitude.

Si 40 % de notre bonheur dépend de notre héritage génétique, tâchons de travailler sur les 60 % qui découlent de nos actions au quotidien !

Je fais une visite de gratitude

Les expériences de Seligman ont montré qu'exprimer sa gratitude est une démarche qui fait du bien, non seulement pour celui qui l'écoute, mais également pour celui qui l'exprime.

Comment je fais ?

Choisissez quelqu'un de très important pour vous. Écrivez comment cette personne a influencé votre vie, ce qu'elle a fait pour vous et pourquoi vous l'estimez.
Faites-lui la surprise de lui lire la lettre de visu.
Parlez avec elle de cette lettre (les émotions provoquées).
Savourez ce moment de satisfaction !
Prenez autant de temps que nécessaire pour écrire cette lettre (cela peut demander plusieurs semaines à certaines personnes).

Je donne du sens à ma vie et je mesure mes réalisations

Réfléchir à ce qui donne du sens à sa vie est utile en période de stress ou de difficultés.

Comment je fais ?

- Qu'est-ce qui donne du sens à votre existence ? (par exemple : j'aimerais pouvoir aider les gens que j'aime, leur montrer à quel point ils sont importants…)
- Qu'ai-je déjà accompli dans ce sens ? Quel(s) sentiment(s) positif(s) j'en retire ?
- Qu'est-ce que j'aimerais laisser derrière moi ?

RITUEL 4

En mode « pensée zen »

À partir de ce moment exact, oubliez le mot inquiétude. Nous traiterons plutôt de « pensées automatiques » pour parler des pensées stressantes. Le problème avec les pensées automatiques c'est que : elles sont souvent négatives, elles arrivent sans crier gare, de façon incontrôlée, elles nous influencent sans que nous nous en rendions compte. La plupart du temps, ces pensées sont « déformées » par notre façon très personnelle (et négative) de voir la vie et le monde.

L'inférence arbitraire

Cela correspond à tirer des conclusions sans preuves. Ces inférences sont souvent des prédictions négatives comme « ça va mal de passer », ce que l'on appelle « l'effet boule de cristal ». Cela correspond aussi aux certitudes sur ce que pensent les autres de nous-mêmes et de nos comportements, tels que « ils me prennent tous pour une incapable », par exemple. Seriez-vous télépathe, par hasard ?

Comment je fais ?

Lorsqu'une situation vous stresse, posez-vous les questions suivantes : Quels sont les éléments qui me prouvent ce que je me dis ? Existent-ils des éléments contre mon hypothèse ? Est-ce que je ne suis pas en train de lire dans ma boule de cristal ? Est-ce que je ne suis pas un peu trop télépathe ?

La minimisation et la maximisation

Cela correspond à des erreurs d'évaluation sur soi ou les autres. En cas de grand stress, il est fréquent de minimiser ses succès et de maximiser ses échecs. Par exemple : « Si j'ai réussi cet examen c'est que j'ai eu de la chance ou que c'était trop facile. » Pour la maximisation : « Si je ne l'ai pas réussi, c'est bien la preuve que je suis vraiment nulle… ».

Comment je fais ?

J'inverse les propositions et je les transforme de façon réaliste. Par exemple : « J'ai réussi mon examen, j'ai beaucoup travaillé, je suis satisfaite ! » N'avez-vous pas toujours tendance à relever ce qui ne va pas et à ignorer vos réussites ?

Les échecs

Réussir est très agréable mais cela enseigne peu. L'apprentissage et le succès se construisent sur la base de tentatives, d'erreurs… Échouer est donc une étape indispensable sur la route vers le succès !

La surgénéralisation

Cela consiste à tirer des conclusions générales à partir d'un fait particulier. Par exemple : « Si un chien m'a mordu, cela veut dire que tous les chiens sont méchants. »

Comment je fais ?

Lorsque vous stressez, posez-vous les questions suivantes : Quel est le problème ? Quelles sont précisément les conséquences ? Est-ce que ce que je me dis est une impression ou un fait ?

La personnalisation

C'est tout prendre pour soi et se sentir responsable de tout. Par exemple : « Si mon enfant ramène une mauvaise note, cela veut dire que je suis une mauvaise mère. »

Comment je fais ?

Je réattribue les responsabilités et les devoirs à chacun de manière réaliste. Pour cela, posez-vous les questions suivantes lorsque vous êtes en situation de stress : Suis-je l'unique responsable de cette situation ? Ai-je souvent tendance à prendre trop de choses à ma charge ? Est-ce réellement utile pour les autres que je fasse les choses à leur place ?

Le tout ou rien

Le tout ou rien est la tendance à catégoriser les situations à l'extrême : bon/mauvais, blanc/noir, sans aucune nuance. Ce mode de pensée extrémiste est à la base du perfectionnisme et peut amener les personnes à craindre toute erreur, ce qui peut les mener à avoir une mauvaise estime de soi, voire parfois à tomber dans ce que l'on appelle « la procrastination » : la tendance à repousser ce que l'on a à faire. Car dans la tête d'un perfectionniste, pourquoi faire quelque chose s'il n'a pas la certitude de le faire parfaitement ?

Comment je fais ?

Avec un peu d'entraînement, il est possible de comprendre pourquoi ce type de raisonnement provoque du stress. Posez-vous la question du coût d'un tel comportement dans votre vie et soyez plus souple, plus indulgente envers vous-même.

Je rumine volontairement

Les études montrent que 85 % de nos pensées ne sont pas intentionnelles. Ce sont des mots qui vont et viennent, voilà tout... Difficile à croire, mais si vous regardez de plus près, combien de fois vous êtes-vous baladée de pensée en pensée, sans réelle intention et en étant incapable d'arrêter ce flot incessant ? Combien de fois vous êtes-vous sentie mal après cela ? Au départ, vous pensiez à vos prochaines vacances et vous avez fini par imaginer l'accident qui pourrait survenir...

Comment je fais ?

Pendant environ deux semaines, je vous propose, à heure fixe, de ruminer volontairement. Eh oui ! Puisque ne pas vouloir ruminer provoque de la souffrance et encore plus de pensées intrusives, alors essayez de faire l'inverse. Soyez curieuse ! Essayez soit en ruminant vos pensées, soit en écrivant tous les jours un peu de vos peurs, vos soucis, vos ruminations. Lorsqu'on laisse aller et venir les pensées, sans les juger, sans les retenir, elles ne restent pas ! Elles se diluent tranquillement.
Vos pensées sont comme des nuages. Ce n'est pas parce qu'il fait mauvais temps que vous ne sortez pas de chez vous. N'acceptez pas que vos pensées vous empêchent d'être sereine.

La désensibilisation au stress

La meilleure façon de dépasser son stress et ses peurs c'est de les affronter. Comme disait Eleanore Roosvelt : « Vous gagnez en force, courage et confiance chaque fois que vous prenez le temps

de regarder la peur dans les yeux. Faites ce que vous pensez ne pas pouvoir faire. »
La désensibilisation vous permet, tout comme cela est le cas dans le traitement des allergies, de vous exposer à des situations stressantes, dans le calme et dans de bonnes conditions (l'allergène étant la situation stressante).
Vous pouvez pratiquer la désensibilisation de deux façons : soit en imagination, soit en réalité.

Astuce n° 1 : Avant de vous exposer, pensez à faire une séance de relaxation et à bien respirer pour être suffisamment calme.
Astuce n° 2 : N'hésitez pas à vous faire aider et soutenir par quelqu'un en qui vous avez confiance pour aller de l'avant.

Une fois que la relaxation et la respiration feront partie de votre quotidien, vous pourrez vous concocter un programme d'exposition aux situations stressantes sur mesure.
Pour cela, vous avez besoin dans un premier temps de créer une liste de problèmes déclencheurs de stress. Vous les affronterez pas à pas, pour vous rapprocher progressivement de la situation la plus redoutée. Je vous propose de hiérarchiser votre peur en 8 étapes minimum. Parfois, il est difficile d'aller d'une étape à une autre. Si c'est le cas, alors vous pouvez créer une étape intermédiaire qui servira de pont vers la suivante.
L'art de la désensibilisation consiste à affronter des situations stressantes en étant calme et en utilisant l'énergie de la peur pour être dans l'action.

La désensibilisation en imagination

Dans ce cas, le principe est le même, mais plutôt que d'affronter la situation en réalité, vous fermez les yeux et imaginez, sous relaxation, les différentes étapes en commençant par la plus facile. Vous ne passerez à la suivante que si votre état de calme perdure.

Stop aux inquiétudes !

Qu'est-ce que l'anticipation anxieuse ? Vous avez très probablement remarqué que lorsqu'on est stressé c'est bien souvent à cause d'une anticipation anxieuse ou encore à cause de ruminations du passé. Soit je cherche à me préparer au pire (« et si l'ascenseur restait bloqué ? »), soit je repense à des situations du passé qui m'ont marquée au fer rouge et dont j'ai du mal à me défaire ? J'ai l'impression qu'elles vont fatalement se reproduire (« l'entretien de l'année dernière a été catastrophique… j'ai si peur pour celui de cette année… »). Ce sont ces deux habitudes qui ont tendance à nous maintenir dans un stress continu.

Astuce : Vous reconnaîtrez une anticipation anxieuse lorsque « Et si… » débute votre pensée.

Comment je fais ?

Imaginez que vous avez peur de prendre l'ascenseur. Voici comment vous désensibiliser progressivement.

1. Regardez des ascenseurs monter et descendre (en vidéo).
2. Restez à côté d'un ascenseur avec une personne de confiance à vos côtés.
3. Restez à côté d'un ascenseur avec une personne de confiance, puis seule.
4. Montez un étage avec une personne de confiance.
5. Montez un étage seule, avec une personne de confiance qui vous attend à la sortie de l'ascenseur.
6. Montez deux ou trois étages avec une personne de confiance.
7. Montez deux ou trois étages seule, avec une personne de confiance qui vous attend à la sortie de l'ascenseur.
8. Augmentez le nombre d'étages, dans un premier temps avec une personne de confiance, puis seule.
9. Prenez l'ascenseur seule, sans la présence d'une personne de confiance à vos côtés.

RITUEL 5

Lâcher prise sereinement

Nous avons tous vécu des situations pénibles. De temps en temps, en visitant ces souvenirs douloureux, nous revivons ces mêmes émotions, qui nous suivent comme une seconde ombre et vampirisent toute notre énergie. Nous avons finalement assez peu de contrôle sur les choses qui nous entourent. En revanche, nous pouvons agir sur nous-mêmes et adopter une attitude plus souple et flexible. Certes, dans un premier temps, cela ne fera pas évoluer la situation, mais cela va changer notre regard sur elle. Nous allons nous décrisper, déstresser. Par la suite, avec le recul et le détachement gagnés, nous allons savoir agir avec discernement.

L'autocompassion : mon rempart antistress

L'autocompassion est la volonté de regarder ses erreurs et fautes avec indulgence et compréhension. C'est accepter que l'erreur soit humaine. L'autocompassion, loin de prôner la passivité, pousse à agir pour améliorer la situation, en évitant la couche de reproches qui suivent en général nos échecs et nos erreurs. Elle nous détourne du stress car elle nous éloigne de ce désir irréaliste de perfection qui génère tant de frustrations et de souffrances. Notre société étant très compétitive, il est difficile de laisser un peu de marge à cette compassion qui pourrait, pourtant, nous épargner tant de stress !

Comment je fais ?

Pensez à un ami imaginaire, inconditionnellement aimant, doux, tendre, compatissant et tolérant. Il peut lire en vous comme dans un livre ouvert, il voit toutes vos forces et toutes vos faiblesses. Dans sa grande sagesse, cet ami comprend votre histoire et les millions de choses qui se sont passées dans votre vie pour créer l'être que vous êtes aujourd'hui. Il reconnaît les limites de la nature humaine, et est tendre vis-à-vis de vous.

1. Réfléchissez à ce que cet ami peut ressentir pour vous, et à quel point vous êtes acceptée et aimée pour ce que vous êtes, telle que vous êtes, avec toutes vos petites imperfections d'être humain.
2. À présent, écrivez-vous une lettre en vous mettant dans la peau de cet ami, en vous centrant sur votre intransigeance envers vous-même. Que dirait cet ami de vous, avec sa capacité illimitée à ressentir de la compassion ? Que penserait-il du traitement que vous vous infligez parfois ?

Les 7 étapes du lâcher-prise

1 J'analyse ma résistance

Posez-vous la question suivante : « Sur quoi ou vis-à-vis de qui j'aimerais lâcher prise dans ma vie ? » Ce lâcher-prise concerne quel type d'émotions : la frustration ? le chagrin ? la peur ? la honte ? la colère ?

2 Je ne juge pas

Décrivez la situation douloureuse en tentant de suspendre votre jugement. Ne dites pas « c'est horrible », « c'est nul », « je n'y arriverai jamais », mais plutôt « la situation qui me blesse » (« qui me stresse », « que je n'accepte pas »...).

③ Je décide de lâcher prise

À présent, assurez-vous de consciemment vouloir lâcher prise sur cette situation. C'est la manière la plus authentique de passer à autre chose.

④ Je mets les choses en perspective

Écrivez maintenant ce que vous ne voulez plus revivre dans le futur, en lien avec cette situation qui a été douloureuse pour vous. Est-ce que cette situation vous a changée ? Cela a-t-il été bénéfique ? Voudriez-vous que cela se reproduise ?

⑤ Je comprends les bénéfices du lâcher-prise

Répondez à ces questions : Qu'est-ce que cela m'apportera de lâcher prise par rapport à cette situation ? Quelle personne vais-je devenir en lâchant prise ? De quoi serai-je capable si je lâche prise, si je laisse aller ?

⑥ Je m'autorise à laisser aller…

Lorsque vous aurez terminé, prenez une autre feuille et écrivez quelques phrases marquantes des étapes 1, 2 et 4.

⑦ Je lâche prise

Pour finir, déchirez cette feuille en mille morceaux et jetez-les, brûlez-les… Cette étape symbolique mettra en action votre lâcher-prise.

> Rappelez-vous : accepter est une démarche bien plus active qu'il n'y paraît, et lâcher les choses du passé vous permettra d'avancer vers un futur plus zen.

Je m'entraîne à gérer l'incertitude

① J'examine les coûts et les bénéfices à accepter mon incertitude

Si vous sentez que vous êtes un peu préoccupée par une situation dont vous ne connaissez pas l'issue, réfléchissez aux coûts et aux bénéfices liés à l'acceptation de ne pas tout contrôler.

Comment je calcule le bénéfice de lâcher prise ?

Imaginons que vous avez peur de l'avion. Lâcher prise, accepter l'incertitude, va vous permettre de prendre l'avion pour voyager et ainsi profiter de moments agréables… Vous n'avez aucune action à accomplir. Vous serez bien plus sereine et abandonnerez l'idée de vouloir contrôler quelque chose sur lequel vous n'avez absolument aucun contrôle (rassurez-vous, le pilote tient à sa vie, lui aussi !).

Comment je calcule le coût de ne pas lâcher prise ?

Le coût de votre incertitude est votre stress. Dans l'exemple de l'avion : penser que quelque chose arrivera si vous baissez la garde. Si à la question : « Quelle action puis-je accomplir véritablement pour baisser mon niveau d'incertitude (par exemple, vous désensibiliser) ? » il n'y a pas d'autre moyen possible que lâcher prise, alors faites-le !

② Je plonge au cœur de l'incertitude

L'incertitude fait partie de la vie. Nous ne savons pas de quoi sera fait demain ou après-demain. S'entraîner à accepter de ne pas tout contrôler c'est aussi accepter que « je ne sais pas » ou « je ne suis pas sûre ».

Comment je fais ?

1. Listez tous vos comportements typiques d'incertitude : Cherchez-vous à être rassurée ? Avez-vous tendance à vérifier et revérifier ? À éviter ?
2. Pratiquez la tolérance à l'incertitude : choisissez un comportement que vous aimeriez réduire et commencez par le faire, petit à petit (par exemple, cesser de vérifier 10 fois le courriel que vous devez envoyer).
3. Félicitez-vous ! Accepter de ne pas tout contrôler est une stratégie très payante que vous connaissez déjà : ne pas savoir, ne pas tout contrôler ne vous a jamais empêchée de vivre. Vous le faites tous les jours !

PARTIE 3

FOOD ANTISTRESS

MENU 1

Healthy et gourmand

MENU 2

Good mood

MENU 3

Réconfort

MENU 4

Doudou et healthy

- Chapitre 1 -

Food comfort

Qui dit que plaisir et healthy food sont incompatibles ? Que la healthy food doit forcément être frustrante et terne ? Non seulement manger sain peut être très gourmand, mais cela n'interdit pas quelques écarts. C'est même recommandé dans le cadre d'une alimentation quotidienne équilibrée !

En mode comfort food

La comfort food désigne les plats conviviaux, souvent gras ou sucrés, que l'on associe aux bons moments de la vie, comme les fondues, les raclettes, les brunchs… Ils réchauffent le coeur surtout parce qu'ils sont associés au plaisir et à de bons souvenirs. Réconfortez-vous aussi en mode healthy : préparez des plats gourmands mais sains… et partagez-les entre amis ou en famille !

La food antistress, celle qui ne prend pas la tête

Quoi, vous ne suivez pas la dernière tendance superfood, vegan ou détox ? Bien se nourrir peut devenir une vraie injonction, qui vous frustre et vous stresse. Bien sûr, il est indispensable de prendre soin de votre corps avec une alimentation saine. Mais no stress ! Vous êtes tout à fait capable d'allier plaisir et santé. Il vous suffit de varier les aliments, les couleurs… Et de ne pas tomber dans l'excès ! La seule règle : oublier définitivement les régimes restrictifs !

Mon slunch contre le blues du dimanche soir

Stressée le week-end à l'idée de reprendre le travail la semaine prochaine ? Voici une idée pour lutter contre le blues du dimanche soir : sluncher ! À mi-chemin entre le goûter et le dîner, le slunch permet de se faire plaisir plaisir le dimanche avec des recettes rapides, faciles et réconfortantes. Histoire de clôturer le week-end sur une note positive. Au menu : des crêpes, un plateau apéro-dînatoire… De la comfort food !

MENU 1

Healthy et gourmand

Des recettes qui vous permettront d'allier gourmandise et nutrition, lorsque vous avez besoin de vous faire plaisir pour une fois et que vous avez besoin d'une alimentation « doudou » sans faire une croix sur les nutriments !

Petit déjeuner

MENU

- Mug cake au chocolat

Mug cake au chocolat (pour 1 portion)

INGRÉDIENTS : *2 c. à s. de farine de blé T80 • 2 c. à s. de sucre de coco • 1 c. à s. de poudre de cacao maigre • 1 c. à c. de purée de noisette (ou d'huile d'olive) • 1 c. à s. de pépites de chocolat • 3 c. à s. de lait végétal (amande, avoine) • ¼ de c. à c. de levure chimique • 1 pincée de sel de mer*

- Dans une tasse assez haute, mélangez 2 c. à s. de farine de blé T80, ¼ de c. à c. de levure chimique, 2 c. à s. de sucre de coco, 1 c. à s. de poudre de cacao maigre et 1 pincée de sel de mer.
- Puis ajoutez 1 c. à c. de purée de noisette (ou d'huile d'olive), 3 c. à s. de lait végétal (amande, avoine) et 1 c. à s. de pépites de chocolat (pour les plus gourmandes !), mélangez le tout, faites chauffer 1 minute au micro-ondes à 800-900 watts et dégustez !
- Ajustez le temps de cuisson à la puissance de votre micro-ondes, fiez-vous à la texture, le gâteau doit être légèrement humide.

Déjeuner

MENU

- Tofu grillé et sa sauce à l'amande
- **Riz basmati blanc ou semi-complet**

Tofu grillé et sa sauce à l'amande (pour 2-3 personnes)

INGRÉDIENTS : *200 g de tofu • 400 g de tomate fraîche • 1 oignon • 1 grosse gousse d'ail • 30 g de poudre d'amande • 100 ml de crème de coco • 2 c. à c. d'épices masala (ou curry) • 1 c. à c. de cumin • 1 c. à c. de sucre de coco • 1 filet d'huile d'olive • 1 cm de gingembre frais (ou 1 c. à c. en poudre) • 1 pincée de bicarbonate de soude • sel • poivre*

- Commencez par émincer 1 oignon et presser 1 grosse gousse d'ail pour les faire revenir 2 minutes dans une poêle avec 1 filet d'huile d'olive et 1 cm de gingembre frais râpé (ou 1 c. à c. en poudre) en remuant 1 minute.
- Ajoutez 400 g de dés de tomate fraîche, 2 c. à c. d'épices masala (ou curry), 1 c. à c. de cumin, salez, poivrez, mélangez et laissez mijoter 10 minutes. En parallèle, faites griller à sec 200 g de tofu dans une poêle antiadhésive en remuant régulièrement pendant 10 minutes.

Déjeuner (suite)

MENU

- ▸ Tofu grillé et sa sauce à l'amande
- ▸ Riz basmati blanc ou semi-complet

- Dans la préparation de tomates, après 10 minutes, versez 100 ml de crème de coco, 30 g de poudre d'amande, 1 c. à c. de sucre de coco et 1 pincée de bicarbonate de soude. Mélangez et coupez le feu.
- Transvasez dans un blender résistant à la chaleur (ou passez au bon vieux mixeur !) et mixez durant 1 à 3 minutes pour obtenir une sauce lisse.
- Versez la sauce dans un wok avec le tofu grillé et remuez un instant. Dégustez ce plat avec une portion de riz basmati blanc ou semi-complet.

Goûter

MENU

- ▸ Compote de pommes facile

Compote de pommes facile (pour 4-6 portions)

INGRÉDIENTS : *1 kg de pommes bio • 1 gousse de vanille • 1 à 2 c. à s. de cannelle • 30 ml d'eau • jus de citron*

- Épluchez et évidez 1 kg de pommes bio, coupez-les en petits morceaux et, au fur et à mesure, disposez les morceaux dans une casserole en les arrosant régulièrement de jus de citron pour éviter l'oxydation.
- Fendez une gousse de vanille en deux dans sa longueur puis, à l'aide d'un couteau long, grattez l'intérieur pour récupérer les grains. Déposez l'extrait de vanille dans la casserole.
- Saupoudrez de cannelle (1 à 2 c. à s.), versez 30 ml d'eau et faites cuire à feu doux pendant 20 minutes en remuant régulièrement. Lorsque les pommes sont bien cuites et fondantes, la compote est prête !

Dîner

MENU

- ▸ Gaspacho de courgettes

Gaspacho de courgettes (2-3 portions)

INGRÉDIENTS : *3 courgettes • 1 tranche de pain complet • 1 gousse d'ail • 1 poignée de basilic • 3 c. à s. d'huile d'olive • 1 c. à c. de vinaigre de Xérès • sel • poivre*

- Découpez en rondelles 3 courgettes lavées mais non épluchées et faites-les cuire à feu doux, à l'étouffée avec 1 gousse d'ail pressée et 1 c. à s. d'huile d'olive. Les courgettes sont prêtes lorsqu'elles sont fondantes.
- Dans un saladier, versez les courgettes, 2 c. à s. d'huile d'olive, 1 c. à c. de vinaigre de Xérès, 1 tranche de pain complet coupé grossièrement et 1 poignée de basilic fraîchement ciselé, mélangez le tout et laissez refroidir au moins 1 heure.
- Versez enfin le tout dans un blender, salez, poivrez et mixez jusqu'à l'obtention d'une texture lisse. Si la texture est encore trop épaisse à votre goût, ajoutez un peu d'eau, mixez de nouveau et c'est prêt !

MENU 2

Good mood

Des recettes healthy et gourmandes pour vous mettre de bonne humeur et éloigner le stress !

Petit déjeuner

MENU

- Bowl vitaminé

Bowl vitaminé

INGRÉDIENTS : *pour le bowl : 1 banane • 1 c. à c. de poudre d'açaï • 1 c. à c. d'huile d'avocat, de lin ou de colza*

Pour la décoration : kiwi, fraises, myrtilles, pomme, poire, abricot, mangue • coupeaux de noix de coco râpée

Le plein de fruits frais, zéro sucre ajouté, des bons gras et l'énergie, et l'action antistress de la banane : parfait pour faire le plein.

- Mixez une banane avec un yaourt au lait de coco ou de soja, 1 c. à c. de poudre d'açaï + 1 c. à c. d'huile d'avocat, de lin ou de colza.
- Versez dans un bol, et décorez de tranches de fruits de saison (kiwi, fraises, myrtilles, pomme, poire, abricot, mangue). Saupoudrez ensuite de copeaux de noix de coco râpée et régalez-vous !

Déjeuner

MENU

▸ Risotto de coquillettes

Risotto de coquillettes

INGRÉDIENTS : *pour le risotto : 100 g de coquillettes • 1 courgette • ½ oignon • 2 poignées de champignons de Paris • 1 bouillon de légumes (fait maison ou bouillon-cube bio) • 1 c. à s. de crème • 1 c. à s. d'huile d'olive*

Pour la décoration : parmesan râpé • vert d'oignon

La cuisine régressive version veggie, sans jambon ni lardon, c'est mieux pour vos intestins et votre silhouette. Un vrai plat doudou pour les jours froids et gris !

- Dans une poêle, faites revenir ½ oignon dans 1 c. à s. d'huile d'olive.
- Quand il commence à fondre, ajoutez 100 g de coquillettes crues, remuez bien et ajoutez 1 louche de bouillon de légumes (maison ou fait avec un bouillon-cube bio), remuez à feu moyen. Dès que le bouillon est absorbé, rajoutez-en jusqu'à ce que les pâtes soient juste al dente.
- Pendant cette cuisson, à part, faites revenir 2 poignées de champignons de Paris émincés et une courgette râpée dans 1 c à s. d'huile d'olive.
- Ajoutez les légumes aux pâtes, remuez bien, ajoutez éventuellement 1 c. à s. de crème et parsemez de parmesan râpé et de vert d'oignon ciselé.

Dessert

MENU

▸ Clafoutis ultrafondant

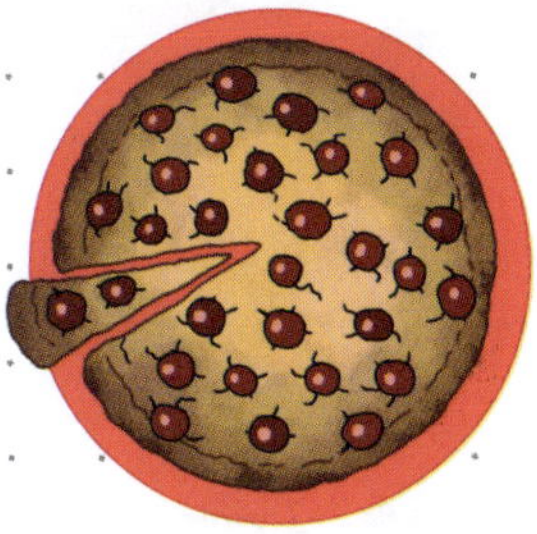

Clafoutis ultrafondant

INGRÉDIENTS : *4 poires • 4 œufs • 75 g de farine (ou Maïzena) • 100 g de sucre roux • 25 cl de lait (peut être végétal) • 10 cl de crème fraîche liquide (ou de crème de cajou) • 1 c. à c. d'extrait de vanille*

Un classique, crémeux et doux, qu'on décline toute l'année… Léger et garanti zéro culpabilité !

- Pelez et coupez en morceaux 4 poires, déposez-les dans 6 petits ramequins très légèrement beurrés.
- Battez 4 œufs avec 75 g de farine (ou de Maïzena) et 100 g de sucre roux, ajoutez 25 cl de lait (qui peut être végétal), 10 cl de crème fraîche liquide (ou de crème de cajou) et 1 c. à c d'extrait de vanille.
- Versez sur les fruits, faites cuire au four 30 mn à 180 °C, servez tiède. En été, vous pouvez remplacer par des pêches ou des framboises (ou des mangues en plein hiver).

MENU 3

Réconfort

Des recettes healthy qui agissent sur votre bien-être et vous réconfortent quand vous êtes malmenée par le stress.

Petit déjeuner

MENU

- Bowl lacté
- 1 tranche de pain d'épices

Bowl lacté paradisiaque

INGRÉDIENTS : *125 à 150 g de yaourt de brebis ou de chèvre • 3 à 4 c. à s. de graines de grenade • 2 c. à s. de noisettes et pistaches • 1 c. à c. de germe de blé • 1 c. à s. de pollen en pelote • 1 goutte d'huile essentielle de citron (Citrus limon) ou d'orange douce (Citrus sinensis) • 1 tranche de pain d'épices*

Du tryptophane (pour le bien-être) grâce au yaourt, associé au bon gras des oléagineux et à l'orange douce apaisante, pour un cerveau au top et de l'acidulé qui réveille !

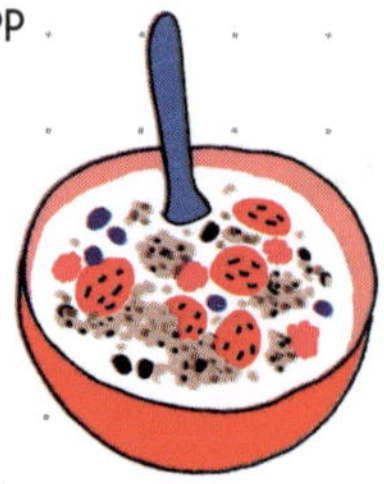

- Dans un bol, versez 125 à 150 g de yaourt de brebis ou de chèvre. Vous pouvez y mélanger 1 goutte d'huile essentielle de citron (Citrus limon) ou d'orange douce (Citrus sinensis).
- Parsemez 2 c. à s. de noisettes et pistaches concassées et 3 à 4 c. à s. de graines de grenade. Ajoutez un filet de miel, 1 c. à c. de germe de blé et 1 c. à s. de pollen en pelote.
- Dégustez avec une tranche de pain d'épices.

Déjeuner

MENU

- Riz indian style

Riz indian style

INGRÉDIENTS : *pour le riz : 80 g de riz basmati • 2 clous de girofle • 2 graines de cardamome • 2 c. à s. de raisins secs • 1 bâton de cannelle • 1 c. à s. de noix de coco • 1 c. à s. d'huile de coco*

Pour la décoration : quelques feuilles de coriandre fraîche

Classique de la cuisine ayurvédique, ce riz tout doux est une évasion à lui tout seul. Digeste, parfumé, il nourrit le corps et le cœur après une longue Séance de sport.

- Dans une casserole, faites chauffer 1 c. à s. d'huile de coco, ajoutez 1 c. à s. de noix de coco râpée et 80 g de riz basmati et faites très légèrement dorer. Ajoutez 25 cl d'eau, 2 clous de girofle, 2 graines de cardamome (légèrement écrasées) et 1 bâton de cannelle.
- Couvrez et laissez mijoter à feu doux.
- Quand le riz est cuit (10 minutes environ), ajoutez 2 c. à s. de raisins secs. Coupez le feu, couvrez à nouveau et attendez 5 minutes.
- Puis mélangez bien et décorez de feuilles de coriandre fraîche.

Dessert

MENU

- Oranges à la cannelle
- Yaourt grec, faisselle de campagne ou boule de glace au yaourt

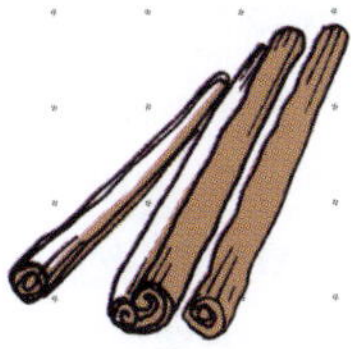

Oranges à la cannelle

INGRÉDIENTS : *pour les oranges : 2 oranges • 1 c. à s. de pignons grillés et de menthe ciselée • 4 c. à s. d'eau de fleur d'oranger*

Pour accompagner : yaourt grec, faisselle de campagne ou boule de glace au yaourt

Idéal en fin de repas, ce dessert marocain frais et fleuri, plein de vitamine C, est aussi calmant grâce à la fleur d'oranger et digeste grâce à la menthe.

- Épluchez à cru 2 oranges, taillez-les en rondelles fines dans une assiette (en récupérant le jus), arrosez de 4 c. à s. d'eau de fleur d'oranger, du jus, saupoudrez généreusement de cannelle en poudre (1 c. à s.), de pignons grillés et de menthe ciselée.
- Servez frais, tel quel ou avec un yaourt grec, une faisselle de campagne... ou une boule de glace au yaourt.

MENU 4

Doudou et healthy

Pause ! Durant 2 jours, chouchoutez votre corps et faites-vous plaisir avec des recettes 100 % comfort food… healthy ! Rien que des recettes gourmandes, réconfortantes mais équilibrées, élaborées à base d'aliments sains. La seule chose à faire ? Éteindre son ordinateur, son téléphone, respirer profondément et déguster, lentement, dans le silence. Cette pause équilibrée et gourmande est un moment cocooning qui fait du bien au corps et à l'esprit !

Petit déjeuner

MENU

- Pudding de chia à la framboise
- Thé

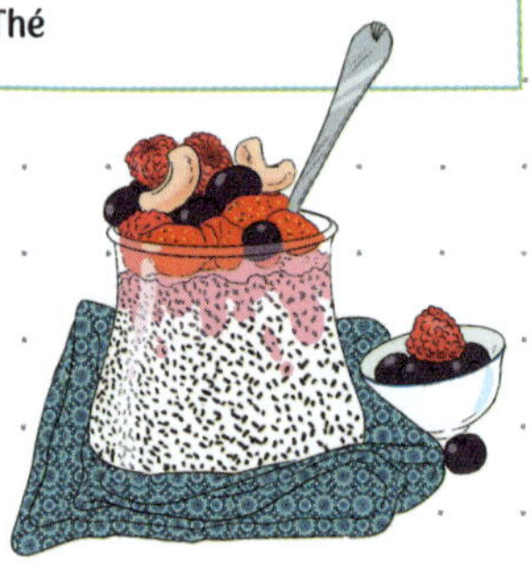

Pudding de chia à la framboise

INGRÉDIENTS : *pour le coulis de framboises : 1 grosse poignée de framboises fraîches ou congelées. Pour le pudding de chia rose : 15 cl de lait végétal (coco, riz, avoine, amande, soja…) • 1 c. à s. de sirop d'agave • 1 poignée de framboises fraîches ou congelées • 25 g de graines de chia. Pour le pudding de chia blanc : 15 cl de lait végétal (coco, riz, avoine, amande, soja…) • 1 c. à s. de sirop d'agave • 25 g de graines de chia*

- Préparez le coulis : mixez les framboises et réservez.
- Pour le pudding de chia rose : mixez les framboises avec le lait végétal et le sirop d'agave. Versez le mélange sur les graines de chia, mélangez, puis laissez reposer.
- Préparez de la même manière le pudding de chia blanc. Attendez 10 min pour les deux préparations et mélangez de nouveau.
- Montez votre pudding : versez du coulis de framboises dans le fond d'un bol (ou d'un verre, d'une verrine…). Versez du pudding de chia rose. Versez ensuite du pudding de chia blanc. Mettez au frais toute la nuit.
- Au moment de déguster, vous pouvez décorer de framboises entières, de graines,

Déjeuner

MENU

- Buddha bowl vegan
- 1 fruit de saison
- 1 tisane digestive (tilleul, anis, verveine, gingembre, fenouil, artichaut…)

Buddha bowl vegan

INGRÉDIENTS : *½ tasse de quinoa rincé • ¾ de tasse de pois chiches cuits • ½ poivron rouge • le jus d'½ citron • ½ avocat • 1 petite poignée de jeunes pousses de saison • huile d'olive • vinaigre balsamique • 1 pincée de sel • 1 pincée de curcuma • 1 pincée d'origan • herbes fraîches au choix*

- Faites cuire le quinoa dans une casserole avec 1 tasse d'eau. Portez à ébullition et laissez cuire à feu doux jusqu'à évaporation de l'eau.
- Dans un bol, mélangez les pois chiches avec 1 c. à s. d'huile d'olive, le sel, le curcuma et l'origan. Faites cuire 15 à 20 min à 180 °C – th. 6 (remuez si nécessaire !) jusqu'à la cuisson désirée et laissez refroidir.
- Retirez les graines du demi-poivron rouge. Mixez le poivron avec 2 c. à s. d'huile d'olive, le jus de citron, des herbes ciselées et du vinaigre balsamique. Mettez le tout à cuire à feu doux jusqu'à consistance souhaitée. Goûtez et ajustez les assaisonnements selon vos préférences.
- Enfin, assemblez votre buddha bowl dans un bol ou une assiette creuse. Disposez le quinoa au fond. Découpez et disposez l'avocat, les pois chiches ainsi que les jeunes pousses de salade. Arrosez le quinoa de sauce au poivron rouge et décorez votre bowl de graines (sésame, courge, gomasio…) !

Dîner

MENU

- Riz sacré et patate douce au four
- 1 fruit de saison
- 1 carré de chocolat noir (pour le plaisir)

Riz sacré et patate douce au four

INGRÉDIENTS : *1 petite patate douce • ½ tasse de riz basmati (préférez le semi-complet) • 3 clous de girofle • 1 bâton de cannelle • 4 filaments de safran • 3 gousses de cardamome concassées • ½ c. à s. de pistaches • 2 c. à s. de sucre en poudre • ½ c. à s. d'amandes effilées • ½ c. à s. de raisins secs • huile d'olive • jus de citron • 1½ c. à s. de ghee (beurre clarifié) • sel*

- Préchauffez votre four à 180 °C (th. 6).
- Brossez la patate douce sous l'eau et coupez-la en deux dans la longueur. Déposez les deux moitiés dans un plat allant au four. Dans un bol, mélangez de l'huile d'olive et un peu de jus de citron. Versez la préparation sur la patate douce et enfournez pour 45 min.
- Préparez le riz sacré : faites cuire le riz à feu doux et ajoutez dans l'eau de cuisson les clous de girofle, la cannelle et du sel.
- Dans une poêle à feu doux, faites infuser le safran dans 1 c. à s. d'eau et ajoutez ensuite les graines de cardamome concassées, les pistaches et le sucre. Quand le sucre est dissous, ajoutez le ghee, les raisins et les amandes et remuez jusqu'à caramélisation des amandes. Versez le tout sur le riz cuit et mélangez.
- Dans l'assiette, dressez le riz et la patate !

Brunch

MENU

- Pancakes vegan à la banane
- Granola maison
- Banana boat
- Verrine de betterave
- Tartines à l'avocat
- Houmous
- Oignons confits

Pancakes vegan à la banane (pour 5 pancakes)

INGRÉDIENTS : *1 banane bien mûre • 16 cl de lait végétal • 130 g de farine (petit épeautre, épeautre, coco, riz ou blé) • 1 c. à s. de sucre (coco, rapadura, brun) • huile végétale*

- Écrasez la banane à la fourchette, ajoutez le lait végétal et mélangez. S'il reste des grumeaux, ce n'est pas grave. C'est meilleur !
- À part, mélangez la farine et le sucre, puis amalgamez au mélange banane-lait.
- Faites cuire chaque pancake à feu doux dans une petite poêle huilée jusqu'à ce qu'il se décolle légèrement et retournez-le à l'aide d'une spatule.
- Servez nature ou avec du sirop d'érable, d'agave, du miel ou des fruits !

Granola maison

INGRÉDIENTS : *300 g de flocons d'avoine • 120 g de fruits à coque • noix et graines (noix, amandes, courge, lin, noisettes, pécan…) • 1 c. à s. de cannelle moulue • 1 c. à s. de purée d'oléagineux • 100 g de sucre liquide (miel, agave, érable…) • 100 g de compote de pommes sans sucre ajouté • 1 c. à s. d'huile végétale*

- Préchauffez votre four à 180 °C (th. 6).
- Mélangez les flocons d'avoine, les fruits à coque, les graines et la cannelle. Dans une casserole à feu doux, mélangez le sucre liquide, la compote de pommes et l'huile jusqu'à ce que le mélange devienne liquide. Versez celui-ci sur le mélange de flocons d'avoine et mélangez bien le tout.
- Étalez la préparation sur une plaque de cuisson et enfournez pour 20 min environ. Mélangez plusieurs fois la préparation pendant la cuisson pour que ça dore uniformément (et pour éviter que ça brûle) !
- Dès que votre granola est doré, il est prêt ! Attendez juste qu'il refroidisse avant de le transférer dans un bocal en verre et le déposer sur votre table dominicale.

Brunch (suite)

MENU

- Pancakes vegan à la banane
- Granola maison
- Banana boat
- Verrine de betterave
- Tartines à l'avocat
- Houmous
- Oignons confits

Banana boat (pour 2 tartines)

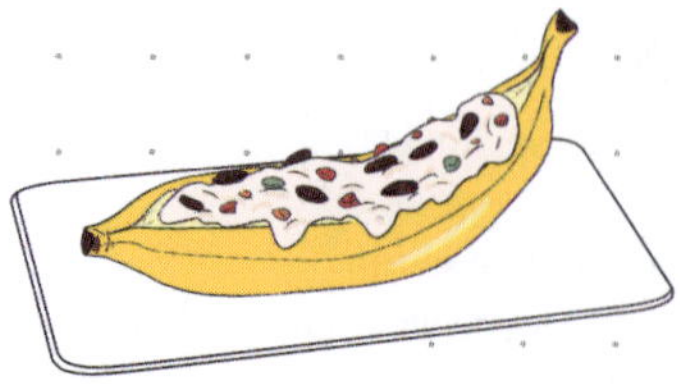

INGRÉDIENTS : *1 banane • 1 c. à s. de beurre de cacahuètes ou de yaourt nature végétal • fruits secs et noix au choix (amandes, noisettes, cajou…)*

- Épluchez la banane et coupez-la en deux dans la longueur.
- Étalez un peu de beurre de cacahuètes ou du yaourt nature directement sur la face interne et parsemez de quelques fruits secs et noix concassées.
- Pour les gourmandes, que diriez-vous de quelques pépites de chocolat ?

Verrine de betterave colorée, vegan et gluten free (pour 6 verrines)

INGRÉDIENTS : *240 g de tofu soyeux • 160 g de betterave cuite • ½ gousse d'ail • 1 petit bouquet de ciboulette • quelques noix concassées, jeunes pousses pour la déco*

- Mixez tous les ingrédients et versez la préparation dans des verrines. Mettez au frais.
- Au moment de servir, parsemez de quelques noix concassées, de jeunes pousses ou de ciboulette.
- En plus d'être bonne, cette recette est hyper légère, enjoy !

Tartines à l'avocat (pour 2 tartines)

INGRÉDIENTS : *1 avocat bien mûr • quelques gouttes de citron • 2 tranches de pain aux céréales*

- Pelez et mixez l'avocat et ajoutez quelques gouttes de citron. Goûtez au fur et à mesure pour doser le citron selon votre goût.
- Grillez le pain aux céréales et tartinez d'avocat.
- Vous pouvez concasser quelques noix de cajou et les déposer sur vos tartines. Effet garanti !

Houmous

INGRÉDIENTS : *1 boîte de pois chiches déjà cuits (240 g) • 2 gousses d'ail • 2 c. à s. de tahin • le jus d'½ citron • huile d'olive • épices : cumin • paprika… • 1 poignée de persil*

- Mixez tous les ingrédients et ajoutez l'huile d'olive et les épices au fur et à mesure à votre convenance. C'est déjà prêt ! Servez sur des tartines avec de l'oignon confit et des graines de sésame par-dessus.

Oignons confits (pour 1 pot)

INGRÉDIENTS : *6 gros oignons • 100 g de sucre en poudre • 4 c. à s. de vinaigre balsamique • 1 c. à s. d'huile d'olive*

- Épluchez les oignons et émincez-les finement. Faites-les revenir à feu doux dans l'huile d'olive jusqu'à ce qu'ils deviennent translucides.
- Versez le sucre et le vinaigre. Laissez cuire à feu doux et mélangez jusqu'à l'évaporation du vinaigre, environ 20 min.
- Servez en tartines sur du houmous.

Dîner

MENU

- Rolls so veggie
- Un fruit de saison

Rolls so veggie

INGRÉDIENTS : *pour la sauce cacahuètes-coco : 1 gousse d'ail • 1 c. à s. de gingembre frais râpé ou en poudre • 1 c. à s. d'huile de sésame • 2 c. à s. de lait de coco • 2 c. à s. de tamari • 1 c. à c. sirop d'agave • ¼ de tasse de beurre de cacahuètes • 3 c. à s. de jus de citron (vert de préférence !)*

Pour les rolls veggie (à voir selon votre faim !) : feuilles de riz (1 feuille = 1 rouleau de printemps) • vermicelles de riz • 1 carotte • 1 avocat • salade de saison • 1 poignée de cacahuètes à concasser • Must : menthe • concombre • chou rouge • betterave râpée • fleurs comestibles • laissez-vous tenter par vos envies !

- Pelez et pressez l'ail. Mélangez le tout dans un bol avec un fouet jusqu'à obtenir une sauce crémeuse. Ajoutez un peu d'eau pour diluer si besoin. Pour la déco, vous pouvez parsemer votre sauce de quelques graines de sésame.
- Faites cuire les vermicelles dans une casserole d'eau bouillante. Rincez-les (ce n'est pas grave s'ils collent). Réservez-les.
- Lavez et rincez les légumes, râpez-les assez épais pour garder le croquant. Coupez l'avocat en lamelles.
- Remplissez une assiette creuse d'eau tiède pour ramollir les feuilles de riz : passez-les une par une dans l'eau. Manipulez les feuilles de riz avec délicatesse (elles se déchirent facilement !).
- Sur 1 feuille de riz à plat, déposez au centre un peu de salade, des vermicelles de riz, puis des carottes râpées, 1 lamelle d'avocat et quelques cacahuètes concassées avant de refermer : repliez les côtés sur votre garniture, puis roulez serré.
- Vous n'avez plus qu'à répéter l'opération pour les autres rouleaux !

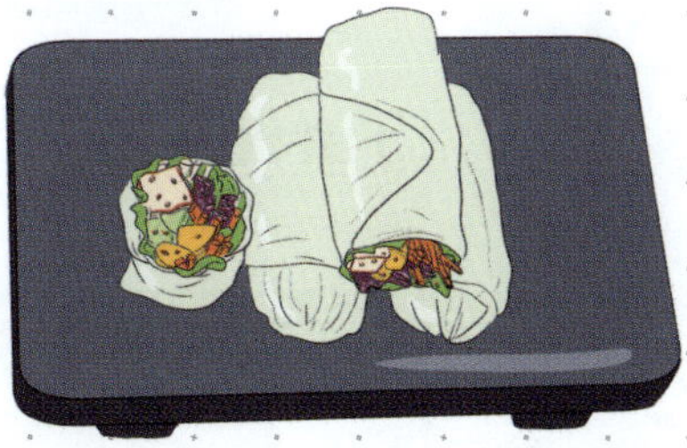

MENU 1

Anti-fringale

MENU 2

J'arrête de grignoter !

- Chapitre 2 -

Food anti-grignotage

On grignote pour calmer un stress ou une angoisse, combler un manque, tromper l'ennui, se faire plaisir, s'occuper... Comment corriger ces mauvaises habitudes ? En programmant des repas sains et gourmands, qui vous rassasieront pour la journée et vous feront passer l'envie de grignoter !

Alimentation équilibrée versus grignotage

Il y a la grignoteuse compulsive qui perd le contrôle et ne peut plus s'arrêter de manger une fois le paquet de chips entamé, ou qui est incapable de résister à l'appel du placard à biscuit après 16 heures ; il y a la grignoteuse machinale, qui engloutit la tablette de chocolat devant une série sans s'en apercevoir, grignote le pain au sortir de la boulangerie ou goûte les plats qu'elle cuisine ; sans oublier la grignoteuse gourmande, de celles qui ne peuvent pas s'empêcher de goûter à tout. Le grignotage concerne généralement des aliments riches en graisses et/ou en sucres. Ces calories viennent s'ajouter à celles des repas comme un « malus » et déséquilibrent la nutrition. Mais le grignotage peut aussi répondre à une vraie faim ! On préférera alors un en-cas sain (une boisson chaude ou fraîche, un fruit frais de saison et éventuellement 4 ou 5 amandes) en s'assurant que ses repas principaux sont bien structurés (glucides à IG bas) et rassasient suffisamment !

Alimentation équilibrée versus gourmandise !

La gourmandise, c'est la vie ! Manger, c'est se faire plaisir, mais aussi partager un bon repas, découvrir de nouvelles saveurs (tout goûter !)... Le problème est qu'elle mène à manger plus que nécessaire, et des aliments peu recommandés. Mais healthy food minceur et gourmandise sont loin d'être incompatibles ! On peut se faire plaisir sans abuser en quantité afin de mieux maîtriser ses apports énergétiques et cuisiner léger !

Stop au grignotage !

Notre système digestif a besoin de phases de repos, et il n'aime pas être sollicité non-stop ! Entre les principaux repas, on préfère donc boire de l'eau ou une tisane (plutôt chaude ou tiède). On évite également de manger avant la pratique du yoga par exemple, car cela peut gêner pendant les postures de flexion vers l'avant en comprimant le ventre.

MENU 1

Anti-fringale

Des recettes qui vous couperont l'envie de grignoter en cas de stress et qui vous aideront à réguler votre glycémie toute la journée. Recettes IG bas et riches en fibres, garanti sans effet coup de pompe !

Petit déjeuner

MENU

- Overnight porridge

Overnight porridge (pour 1 portion)

INGRÉDIENTS : *pour le porridge : 4 c. à s. de flocons d'avoine (bio de préférence) • 10 c. à s. de lait d'amande • 1 c. à s. de graines de chia • 1 c. à c. de sirop d'agave • 1 c. à c. de purée d'amande*

Pour la décoration : morceaux de fruits de saison • cannelle en poudre

- La veille au soir, dans une grosse verrine (ou un verre), versez 10 c. à s. de lait d'amande, 4 c. à s. de flocons d'avoine (bio de préférence), 1 c. à s. de graines de chia, 1 c. à c. de sirop d'agave.
- Laissez reposer dans le réfrigérateur toute la nuit et dégustez le lendemain matin en ajoutant des morceaux de fruits de saison et un peu de cannelle en poudre. Les plus gourmandes peuvent ajouter 1 c. à c. de purée d'amande.

Déjeuner

MENU

- Couscous d'épeautre aux abricots secs
- Escalope de poulet (ou l'équivalent de tofu fumé pour les veggie et végans)

Couscous d'épeautre aux abricots secs (pour 4 personnes)

INGRÉDIENTS : *125 g de semoule d'épeautre complète • 4 ou 5 abricots secs • 1 grande escalope de poulet (ou l'équivalent de tofu fumé pour les veggie et végans) • 1 gousse d'ail • 10 feuilles de basilic frais • 1 sachet de thé à la menthe • 1 c. à s. d'huile de noix • huile d'olive • sel*

- Dans une casserole, faire infuser 10 minutes un sachet de thé à la menthe dans 20 cl d'eau portée à ébullition.
- Pendant ce temps, dans un saladier, versez 125 g de semoule d'épeautre complète, 1 c. à s. d'huile de noix, mélangez puis versez l'eau chaude infusée à la menthe dans le saladier, couvrez et laissez gonfler 15 minutes.
- Pendant ce temps, pressez une gousse d'ail et coupez une grande escalope de poulet (ou l'équivalent de tofu fumé pour les veggie et les végans) en petits morceaux. Faire revenir le tout à la poêle avec un filet d'huile d'olive.
- Coupez 4 ou 5 abricots secs en petits morceaux et émincez 10 feuilles de basilic frais.
- Une fois la semoule d'épeautre cuite, salez légèrement puis ajoutez tous les autres ingrédients, mélangez et dégustez !

Goûter

MENU

▸ Poignée d'amandes avec portion de fruits à IG Bas

1 poignée d'amandes + 1 portion de fruit à IG bas de saison (ex. : 2 clémentines, 2 abricots, 125 g de fruits rouges, 1 pomme...).

Dîner

MENU

▸ Salade de haricots verts

Salade de haricots verts (pour 2 personnes)

INGRÉDIENTS : *400 g de haricots verts • 1 oignon rouge • 10 olives de Kalamata dénoyautées • 1 citron jaune bio • 1 c. à s. de moutarde • 2 c. à s. d'huile d'olive (bio et pressée à froid de préférence) • sel*

- Équeutez 400 g de haricots verts et faites-les cuire une dizaine de minutes à la vapeur.
- Pendant ce temps, coupez en rondelles 10 olives de Kalamata dénoyautées et émincez l'oignon rouge.
- Pour la sauce, mélangez le jus d'un citron jaune bio, 2 c. à s. d'huile d'olive (bio et pressée à froid de préférence) et 1 c. à s. de moutarde.
- Dans un saladier, mélangez tous les ingrédients avec la sauce, dégustez !

MENU 2

J'arrête de grignoter !

Spécialement dédiés aux grignoteuses, que le stress, les restrictions, l'habitude, l'ennui, la gourmandise ou le besoin de réconfort poussent aux compulsions alimentaires, ces menus très simples, complets et légers comprenant systématiquement un goûter permettront de réduire les envies de grignoter.

PETIT DÉJEUNER AU CHOIX

Express
- Thé vert
- 30 g de müesli sans sucre + 1 fromage blanc nature + 1 poignée de fruits rouges

Gourmand
- 1 tasse de lait + cacao sans sucre + 1 petite c. à c. de sirop d'agave
- 2 crêpes

À emporter (salé)
- Thermos de thé à la menthe
- 50 g de pain complet + 30 g de fromage (comté, emmental, chèvre…)

À emporter (sucré)
- 1 petite bouteille d'eau + jus de citron
- 4 biscuits type Petit Beurre®
- 1 compote à boire sans sucre ajouté

Jour 1

MENU

Déjeuner

- Salade de tomates + 1 portion de vinaigrette légère
- 100 g de blanc de poulet au gril
- 150 g de spaghettis semi-complets + 1 noisette de beurre
- 1 fromage blanc
- 1 compote sans sucre ajouté

Goûter

- 1 yaourt nature (+ 1 c. à s. de son d'avoine en cas de faim)

Dîner

- 2 tranches de jambon blanc dégraissé
- Salade de mâche, radis émincés et carottes râpées + 1 à 2 portions de vinaigrette légère
- 1 pomme
- 50 g de pain complet

Vinaigrette légère (pour 1 portion)

INGRÉDIENTS : *½ c. à c. de moutarde • 1 c. à c. de vinaigre de votre choix (de cidre, de vin, balsamique…) • 1 c. à c. d'huile (colza ou olive) • 1 c. à s. de lait (de vache, de soja…) • 1 c. à c. de levure de bière en paillettes • ciboulette • ail ou échalote • sel • poivre*

- Mélangez ½ c. à c. de moutarde avec 1 c. à c. de vinaigre de votre choix. Incorporez 1 c. à c. d'huile (colza ou olive) et 1 c. à s. de lait (de vache, de soja…).
- Ajoutez enfin 1 c. à c. de levure de bière en paillettes (l'ingrédient magique qui fait toute la différence !).
- Salez légèrement, poivrez, mélangez et intégrez selon vos goûts ciboulette ciselée, ail ou échalote hachés…

Jour 2

MENU

Déjeuner

- 150 g de taboulé du traiteur
- 1 steak haché à 5 % de MG cuit au gril
- Fenouil braisé
- 1 yaourt brassé nature

Goûter

- 1 pomme

Dîner

- 1 grande salade composée de : concombre, tomate, 150 g de blé, 5 bâtonnets de surimi coupés en cubes, 50 g de thon au naturel émietté, 30 g de comté coupé en dés + 1 à 2 portions de vinaigrette légère
- 1 poire

Fenouil braisé

INGRÉDIENTS : *2 bulbes de fenouil • 1 c. à c. d'huile d'olive • sel • poivre*

- Lavez et coupez les extrémités de 2 bulbes de fenouil, puis émincez-les.
- Faites chauffer 1 c. à c. d'huile d'olive dans une poêle antiadhésive, puis ajoutez les fenouils émincés. Faites dorer légèrement, puis salez, poivrez et laissez cuire à feu doux pendant 25 à 30 min à couvert (ajoutez quelques c. à s. d'eau en cours de cuisson pour éviter que ça colle).

Jour 3

MENU

Déjeuner

- Fast-food avec les bons combos (sans exploser le quota de graisses) :
- 1 hamburger avec fromage
- 1 salade de crudités
- 1 compote à boire

OU

- 1 wrap ou 6 nuggets
- 1 salade de crudités
- 1 yaourt à boire

Goûter

- 1 bon bol de fraises (250 g)

Dîner

- Salade du Sud-Ouest + 1 à 2 portions de vinaigrette légère
- 2 petits-suisses nature
- 50 g de pain complet

Salade du Sud-Ouest

INGRÉDIENTS : *2 poignées de mâche • 1 dizaine de tomates cerise • 3 ou 4 champignons frais de Paris • 2 ou 3 cœurs de palmier en conserve • 50 g de magret fumé et séché en tranches • 1 œuf dur*

- Lavez 2 poignées de mâche. Coupez 1 dizaine de tomates cerise en deux. Lavez et émincez 3 ou 4 champignons de Paris frais. Coupez en tronçons 2 ou 3 cœurs de palmier en conserve.
- Mélangez tous les légumes, puis ajoutez 50 g de magret fumé et séché en tranches (enlevez le gras visible) et 1 œuf dur coupé en quatre. Assaisonnez avec une vinaigrette légère (p. 226).

Jour 4

MENU

Déjeuner

Vous emportez souvent votre déjeuner au boulot ? Voici un repas facile à glisser dans votre lunch-box et rassasiant pour toute l'après-midi.

- Salade de quinoa (150 g), truite fumée émincée (1 tranche) et concombre coupé en très petits cubes + 1 portion de vinaigrette légère (p. 226)
- 1 part de clafoutis de courgettes (délicieux tiède ou froid)
- 1 banane

Goûter

- 1 fromage blanc nature
- 5 amandes

Dîner

- Wok de crevettes aux légumes
- 150 g de riz basmati semi-complet
- ½ mangue

Clafoutis de courgettes (pour 4 personnes)

INGRÉDIENTS : *3 courgettes • 3 œufs • 20 cl de lait • 100 g de chèvre frais émietté (type Petit Billy®) • basilic surgelé • huile • sel • poivre*

- Préchauffez votre four à 180 °C (th. 6) et huilez un plat à gratin à l'aide d'un pinceau alimentaire.
- Lavez 3 courgettes, enlevez les extrémités, puis épluchez-les et coupez-les en petits cubes. Faites-les cuire dans le panier d'un autocuiseur pendant 3 min après rotation de la soupape.
- Cassez 3 œufs dans un saladier. Battez-les en omelette, puis ajoutez 20 cl de lait, salez et poivrez. Versez les courgettes dans un plat à gratin antiadhésif et ajoutez 100 g de chèvre frais émietté. Saupoudrez de basilic surgelé et versez dessus le mélange d'œufs et de lait.
- Enfournez pour 40 min environ. Dégustez chaud, tiède ou froid.

Wok de crevettes aux légumes

INGRÉDIENTS : *100 g de crevettes décortiquées • ½ oignon • 1 poivron • 1 c. à c. d'huile • 1 c. à s. de sauce soja • coriandre fraîche*

- Épluchez et émincez ½ oignon. Lavez et coupez 1 poivron en lamelles.
- Faites chauffer 1 c. à c. d'huile dans un wok ou une poêle et ajoutez les légumes. Faites sauter pendant 10 min à feu moyen en mélangeant bien, puis intégrez 100 g de crevettes décortiquées et 1 c. à s. de sauce soja.
- Poursuivez la cuisson pendant quelques minutes supplémentaires. Décorez de coriandre fraîche et servez.

Jour 5

MENU

Déjeuner

- Salade de pois chiches (80 g en conserve), maquereau (1 filet en conserve), oignon blanc, endive + 1 à 2 portions de vinaigrette légère
- 30 g de crottin de chèvre
- 1 poire
- 25 g de pain complet

Goûter

- 150 g de fromage blanc nature, 30 g de müesli sans sucre, 100 g de framboises fraîches ou décongelées, 1 c. à s. de pistaches concassées

Dîner

- 1 bol de gaspacho de légumes
- 1 tranche de jambon de poulet
- 1 fine tranche de pain complet (20 g)
- 1 thé ou 1 infusion de votre choix sans sucre

Gaspacho de légumes

INGRÉDIENTS : *1 tomate • ¼ de poivron rouge • ¼ de concombre • 25 g de fromage frais • 1 c. à s. de vinaigre balsamique • 1 c. à c. d'huile d'olive • sel*

- Lavez 1 tomate et ¼ de poivron rouge, puis coupez-les en morceaux. Épluchez ¼ de concombre et coupez-le en cubes.
- Mettez le tout dans le bol d'un mixeur, ajoutez 25 g de fromage frais, 2 pincées de sel, 1 c. à s. de vinaigre balsamique et 1 c. à c. d'huile d'olive.
- Mixez le tout finement et consommez bien frais.

Jour 6

MENU

Déjeuner

- Papillote express de saumon et germes de soja
- 1 yaourt nature
- 1 compote sans sucre ajouté
- 50 g de pain complet

Goûter

- 1 crêpe + 2 c. à s. de coulis de framboises

Dîner

- Salade grecque + 2 œufs durs
- 1 banane
- 25 g de pain complet

Papillote express de saumon et germes de soja

INGRÉDIENTS : *1 pavé de saumon frais ou décongelé • 100 à 150 g de germes de soja (frais ou en conserve) • quelques graines de fenouil (facultatif) • sel • poivre*

- Déposez 100 à 150 g de germes de soja dans un récipient allant au four à micro-ondes (en verre de préférence).
- Déposez par-dessus 1 pavé de saumon frais ou décongelé. Salez, poivrez et ajoutez éventuellement quelques graines de fenouil.
- Couvrez avec une cloche et faites cuire pendant 5 min environ à puissance moyenne.

Salade grecque

INGRÉDIENTS : *1 tomate bien mûre • ¼ de concombre (ou davantage si vous avez très faim) • 25 g de feta • 3 olives noires dénoyautées • 1 portion de vinaigrette légère (p. 226) • menthe fraîche*

- Lavez et coupez en morceaux 1 belle tomate bien mûre. Épluchez et coupez en morceaux ¼ de concombre.
- Ajoutez 25 g de feta, 3 olives noires hachées grossièrement et 1 portion de vinaigrette légère.
- Décorez avec des feuilles de menthe ciselées.

Jour 7

MENU

Déjeuner

- Tomates cerise à la croque
- Salade de lentilles (150 g en conserve) + 30 g de gouda + 1 à 2 portions de vinaigrette légère (p. 226)
- 2 tranches de rôti de porc froid
- 1 compote de pommes

Goûter

- 1 faisselle nature + 2 c. à s. de coulis de framboises

Dîner

- Bol vapeur de légumes variés (surgelé)
- 100 g de tofu au basilic coupé en cubes
- 150 g de quinoa (sachet à mettre au micro-onde et prêt en 2 minutes)
- 1 bol de fraises bien parfumées (250 g)

Coulis de framboises

INGRÉDIENTS : *200 g de framboises fraîches ou décongelées • 2 c. à s. de jus de citron • 30 g de sirop d'agave*

- Mixez 200 g de framboises fraîches ou décongelées avec 2 c. à s. de jus de citron, 2 c. à s. d'eau et 30 g de sirop d'agave.
- Filtrez au chinois si vous voulez obtenir un coulis bien lisse, sans les petites graines.
- Ce coulis se conserve 4 à 5 jours au réfrigérateur. Vous pouvez l'utiliser pour agrémenter les laitages nature.

MENU 1

Recovery

MENU 2

Strong girl

MENU 3

Vitality

MENU 4

Anti-coup de pompe

- Chapitre 3 -

Food energy

L'assiette qui donne de l'énergie est facile à digérer, pleine de micronutriments (vitamines et sels minéraux) et surtout pauvre en sucre blanc, l'ennemi public numéro 1 quand on est à plat.

Je fais le plein de vitamines

Le stress quotidien surconsomme vos vitamines et minéraux. Pour retrouver une belle énergie, un moral positif et un bon fonctionnement du système nerveux, il est important de manger des aliments riches en vitamines et minéraux : fruits et légumes frais, fruits secs, miel, céréales, graines…

Des graines germées un peu partout

En germant, la graine change de composition et les vitamines et sels minéraux apparaissent comme par magie. Vous pouvez en acheter en boutique bio ou les préparer vous-même avec un germoir (l'alfalfa est facile et son goût est neutre, idéal pour débuter). À consommer sans modération, mais 1 cuillerée à soupe par jour est un bon début. Prenez l'habitude d'en parsemer vos salades, vos soupes, un poisson ou d'en mettre dans vos sandwichs.

Des protéines végétales faciles à digérer

Plus faciles à assimiler que les protéines animales, les protéines végétales sont vos alliées pour avoir de l'énergie dès la fin du repas. Remplacez un steak par des légumineuses, des champignons, des algues ou des substituts à base de soja.

Un jus de légumes frais chaque jour

Pour faire le plein de minéraux et dorloter votre ventre, buvez un grand verre de jus de légumes frais par jour, dégusté lentement au moins une demi-heure avant les repas. Choisissez les légumes qui vous font le plus envie en y ajoutant éventuellement 1 petit fruit (exemple : 1 carotte, 1 betterave, 1 dé de gingembre + 1 clémentine ou 1 pomme) et passez-les à l'extracteur. Les jus maison sont les plus nutritifs !

Des épices pour me booster

Certaines épices ont la capacité de tonifier l'organisme. Elles sont donc intéressantes pour vous toute l'année, et particulièrement en période de fatigue. Prenez l'habitude de jongler dans votre cuisine avec ces 5 fabuleuses épices : le gingembre, la cannelle, le piment, la coriandre et le poivre noir. Utilisez-les régulièrement mais écoutez votre ventre : les épices ne doivent pas brûler ou générer d'inconfort digestif. À doser selon vos goûts et vos ressentis !

MENU 1

Recovery

Des recettes légères, riches en vitamines et facile à digérer afin que l'organisme se fatigue le moins possible et consacre son énergie à recharger vos batteries et vous donner un regain de vitalité après un coup de stress.

Petit déjeuner

MENU

▸ Pudding de chia aux baies de goji

Pudding de chia aux baies de goji (pour 1 portion)

INGRÉDIENTS : *50g de graines de chia • 120ml de lait végétal (amande ou cajou) • 1 petite poignée de baies de goji • 1 c. à c. de sirop d'agave • éclats de noisettes*

- La veille au soir, versez 50g de graines de chia dans une verrine (ou un verre), ajoutez 120ml de lait végétal (amande ou cajou) et 1 c. à c. de sirop d'agave. Mélangez, couvrez et laissez reposer toute la nuit au réfrigérateur.
- Le lendemain matin, ajoutez 1 petite poignée de baies de goji et quelques éclats de noisettes. Dégustez !

Déjeuner

MENU

▸ Salade asiatique au sésame

Salade asiatique au sésame (pour 2-3 portions)

INGRÉDIENTS : *100g de vermicelle de riz • 4 carottes • 1 oignon nouveau • ¼ de chou rouge ou blanc • 1 poignée de radis rouges • 1 poignée d'edamame • 1 poignée de coriandre • 1 c. à c. de gingembre moulu • 2 c. à s. de vinaigre de riz • 2 c. à s. d'huile de pépin de raisin • 1 c. à s. de sauce soja • 1 c. à c. de sirop d'agave • 1 c. à c. d'huile de sésame grillé • sel • poivre*

- Faites bouillir de l'eau dans une casserole puis versez-y 100g de vermicelle de riz et laissez cuire 2 minutes. Passez-les ensuite à l'eau froide pour stopper la cuisson et les refroidir.
- Puis émincez ¼ de chou rouge ou blanc, 1 oignon nouveau, râpez 4 carottes et coupez en rondelles 1 poignée de radis rouges.
- Déposez les vermicelles au fond d'une assiette creuse et disposez les légumes les uns à côté des autres, ajoutez 1 poignée d'edamame et 1 poignée de coriandre finement ciselée.
- Pour la sauce, versez dans un bol 2 c. à s. de vinaigre de riz, 2 c. à s. d'huile de pépin de raisin, 1 c. à s. de sauce soja, 1 c. à c. de sirop d'agave, 1 c. à c. d'huile de sésame grillé, 1 c. à c. de gingembre moulu, sel, poivre. Mélangez et versez ensuite sur le plat. C'est prêt !

Goûter

MENU

▶ Portion de fruits de saison bio

1 portion de fruit de saison frais et bio (125 g de fruits rouges, 1 kiwi ou 2 abricots)

Dîner

MENU

▶ Taboulé de chou-fleur

Taboulé de chou-fleur

(pour 4 personnes)

INGRÉDIENTS : *300 g de bouquets de chou-fleur cru • 2 tomates • 2 tomates séchées • 1 oignon nouveau • 1 échalote • 200 g de concombre • 100 g de pois chiches • 1 poignée de menthe fraîche • 1 poignée de persil • 20 ml d'huile d'olive • 1 c. à s. de vinaigre de cidre • jus d'1/2 citron • herbes aromatiques • sel • poivre*

- Prélevez 300 g de bouquets de chou-fleur cru et mixez-les très finement pour obtenir l'aspect d'une semoule. Transvasez dans un récipient, salez, poivrez et ajoutez 20 ml d'huile d'olive, 1 c. à s. de vinaigre de cidre et le jus d'un demi-citron. Réservez le tout au réfrigérateur 2 heures.
- 15 minutes avant la fin des 2 heures, attaquez-vous au reste de la recette : émincez 1 échalote, 1 oignon nouveau, coupez 200 g de concombre et 2 tomates en rondelles. Coupez finement 2 tomates séchées. Égouttez 100 g de pois chiches cuits et finissez en ciselant une poignée de menthe fraîche et une poignée de persil.
- Ajoutez ensuite le tout à la semoule de chou-fleur, mélangez et dégustez ! Ajustez l'assaisonnement si besoin (jus de citron, sel, poivre, herbes aromatiques…).

MENU 2

Strong girl

Des recettes à base de superaliments qui vous donneront une énergie de lionne pour dévorer vos journées lorsque vous devez affronter un événement stressant !

Petit déjeuner

MENU

▸ Avocado toast

Avocado toast (pour 2-3 portions)

INGRÉDIENTS : *2 avocats • 1 patate douce • ½ mangue • 1 gousse d'ail • 1 c. à c. d'épices mexicaines • 2 c. à s. de crème végétale (soja, avoine…) • jus d'1/2 citron vert • paprika • cannelle • huile d'olive • sel • poivre*

- La veille, cuisez 1 patate douce : faites préchauffer le four à 190 °C, lavez la patate douce puis coupez des tranches fines de 8 à 10 mm dans la longueur. Posez ensuite les tranches sur une plaque recouverte de papier cuisson et passez un peu d'huile d'olive sur la face visible à l'aide d'un pinceau, puis retournez et huilez l'autre face. Saupoudrez les deux faces de sel, poivre et cannelle. Enfournez 15 minutes, retournez pour encore 10 minutes de cuisson puis laissez refroidir.
- Pendant ce temps, préparez la crème à l'avocat. Dans un blender, déposez un avocat coupé grossièrement, une gousse d'ail pilée, 2 c. à s. de crème végétale (soja, avoine…), le jus d'½ citron vert, ½ c. à c. d'épices mexicaines, salez et mixez. Réservez au réfrigérateur.
- Le lendemain matin, coupez ½ mangue et un avocat en fines lamelles puis faites griller les toasts de patate douce au four 5 minutes avant de les tartiner de crème à l'avocat, d'y déposer quelques fines lamelles d'avocat d'un côté et de mangue de l'autre. Saupoudrez d'un peu d'épices mexicaines (ou de paprika pour plus de douceur) et dégustez !

Déjeuner

MENU

▸ Salade mexicaine protéinée

Salade mexicaine protéinée (pour 2-3 portions)

INGRÉDIENTS : *1 poivron • 1 oignon nouveau • 200 g de pâtes aux lentilles corail (ou aux pois chiches) • 200 d'haricots rouges cuits • 150 g de tomates cerises • 100 g de maïs • 1 gousse d'ail • 1 yaourt végétal (soja, coco) • 1 c. à c. d'origan moulu • 1 c. à c. rase de mélange d'épices (cumin, paprika, coriandre) • ¼ de c. à c. de piment en poudre (Cayenne ou autre) • 1 c. à s. d'huile de noix • 1 c. à c. de sirop d'agave • 1 c. à c. de vinaigre de cidre • jus d'½ citron vert • sel • poivre*

- Portez à ébullition de l'eau dans une casserole puis versez-y 200 g de pâtes aux lentilles corail (ou aux pois chiches) et laissez cuire selon le temps recommandé. Pendant ce temps, préparez la sauce.

Déjeuner (suite)

MENU

▸ Salade mexicaine protéinée

- Dans un saladier, pressez 1 gousse d'ail et ajoutez 1 yaourt végétal (soja, coco), le jus d'½ citron vert, 1 c. à s. d'huile de noix, 1 c. à c. d'origan moulu, 1 c. à c. de sirop d'agave, 1 c. à c. de vinaigre de cidre, 1 c. à c. rase de mélange d'épices (cumin, paprika, coriandre), ¼ de c. à c. de piment en poudre (Cayenne ou autre), salez, poivrez. Mélangez le tout et réservez.
- Lavez 150 g de tomates cerises et un poivron. Émincez 1 oignon nouveau et ciselez finement 1 poignée de coriandre fraîche. Coupez le poivron en lamelles puis en dés et les tomates cerise en deux.
- Enfin, rincez et égouttez 200 g de haricots rouges cuits et 100 g de maïs. Versez-les dans le saladier avec la sauce, les pâtes cuites et le reste des ingrédients puis mélangez bien. Enjoy !

Goûter

MENU

▸ Smoothie protéiné

Smoothie protéiné (1 ou 2 portions)

INGRÉDIENTS : *1 banane mûre • 250 ml de lait végétal (amande, cajou) • 1 c. à c. de cacao maigre en poudre • 1 c. à s. de purée d'amande • ½ c. à c. de spiruline en poudre • 1 c. à c. de sirop d'agave*

- Dans un blender, versez 250 ml de lait végétal (amande, cajou…), ajoutez-y 1 banane mûre coupée en rondelles, ½ c. à c. de spiruline en poudre, 1 c. à s. de purée d'amande, 1 c. à c. de sirop d'agave et 1 c. à c. de cacao maigre en poudre.
- Mixez jusqu'à l'obtention d'un smoothie lisse et dégustez !

Dîner

MENU

▸ Salade de carottes à l'orientale

Salade de carottes à l'orientale (3-4 personnes)

INGRÉDIENTS : *3 carottes • 100 g de pois chiches cuits • 20 g de raisins secs • 80 ml de jus d'orange frais • 20 ml de jus de citron • 1 c. à c. de cumin moulu • 2 c. à s. d'huile d'olive • 1 c. à s. de fleur d'oranger • cannelle en poudre • sel • poivre*

- Lavez, épluchez et râpez 3 carottes (ou coupez-les en lamelles), déposez-les dans un saladier puis ajoutez 100 g de pois chiches cuits, 80 ml de jus d'orange frais, 20 ml de jus de citron et 20 g de raisins secs.
- Ajoutez 2 c. à s. d'huile d'olive, 1 c. à c. de cumin moulu, 1 c. à s. d'eau de fleur d'oranger (facultatif), saupoudrez à votre goût de cannelle en poudre, salez, poivrez et laissez dans le réfrigérateur une heure afin de laisser les saveurs infuser, puis dégustez !

MENU 3

Vitality

Des recettes énergétiques qui vous permettront de combattre le stress et récupérer l'énergie utilisée par votre corps pour faire face à vos angoisses !

Petit déjeuner

MENU
- Bouchées super énergétiques
- Thé ou jus frais pressé

Bouchées super énergétiques

INGRÉDIENTS : *6 c. à s. de noisettes et d'amandes concassées • 1 c. à s. bombée de cannelle • 2 c. à s. de miel • 2 c. à s. d'eau • noix de coco râpée ou poudre de cacao*

Une fringale ? Ces balls gourmandes vous redonnent du peps illico. Parfaites également pour un petit déjeuner take away pris sur la route ou au bureau !

- Mélangez 2 c. à s. de miel, 1 c. à s. bombée de cannelle et 2 c. à s. d'eau. Faites chauffer sans aller jusqu'au frémissement et en mélangeant. Versez 6 c. à s. de noisettes et d'amandes concassées, malaxez bien.
- Façonnez des petites boules de la taille d'une noix, faites cuire 15 minutes à 150 °C dans du papier sulfurisé. Pour les rendre encore plus gourmandes, vous pouvez les rouler dans de la noix de coco râpée ou de la poudre de cacao. Dégustez avec un thé ou un jus frais pressé.

Déjeuner

MENU
- Ragoût de pois chiches

Ragoût de pois chiches

INGRÉDIENTS : *pois chiches cuits • 2 tomates (ou 1 boîte de tomates concassées dans leur jus) • 1 gros poivron rouge • 1 oignon • 1 c. à c. de paprika en poudre • 1 c. à s. d'huile d'olive • basilic frais*

Incontournables, les légumineuses apportent des fibres, de bons sucres et des protéines. Ce plat énergétique, mais riche en vitamine C, s'adapte à toutes les lunch box pour vous aider à tenir la cadence !

- Rincez des pois chiches cuits et retirez la petite peau fine.
- Dans un faitout, versez 1 c. à s. d'huile d'olive et faites fondre 1 oignon émincé et 1 gros poivron rouge en lanières, saupoudrez de 1 c. à s. de paprika en poudre.
- Ajoutez les pois chiches et 2 tomates (ou une boîte de tomates concassées avec leur jus) coupées en dés. Laissez mijoter à feu doux pendant 20-25 minutes. Servez chaud, tiède ou froid, parsemé de basilic frais.

Dessert

MENU

▸ Divine compote

Divine compote

INGRÉDIENTS : *2 pommes • 2 poires • 3 abricots secs • ½ gousse de vanille • 2 c. à s. d'amandes effilées • jus d'1 orange (ou de 2 clémentines) • 1 filet de miel de châtaignier*

Des fibres douces, des saveurs et un goût d'enfance qui nous fait du bien… Vous allez aimer ce classique simplissime.

- Pelez 2 pommes et 2 poires, coupez-les en lamelles.
- Dans une casserole, déposez les fruits et grattez les graines de ½ gousse de vanille fendue en deux. Ajoutez 3 abricots secs coupés en morceaux et le jus d'une orange (ou de 2 clémentines). Couvrez et laissez cuire à feu très doux pendant 30 minutes.
- Servez tiède, avec un filet de miel de châtaignier, 2 c. à s. d'amandes effilées dorées à sec dans une poêle et le zeste des agrumes râpé.

MENU 4

Anti-coup de pompe

L'alimentation à IG bas n'est pas un régime mais une véritable alimentation que l'on suit sur la durée. Plus de peps, plus de légèreté, un teint plus net et plus éclatant... Elle a des arguments ! Inspirez-vous de ces menus pour installer cette alimentation au quotidien. Le principe : une alimentation équilibrée, privilégiant les aliments à IG moyen (< 50) !

PETIT DÉJEUNER AU CHOIX

Traditionnel

- Thé ou café (avec éventuellement un peu de fructose cristallisé, de sirop d'agave ou de sucre de coco)
- 2 tartines de pain intégral au levain beurrées
- 1 orange
- 1 fromage blanc nature

Muesli

- Thé ou café (avec éventuellement un peu de fructose cristallisé, de sirop d'agave ou de sucre de coco)
- 1 bol de müesli complet sans sucre avec des morceaux de fruits frais et secs (amandes et noisettes concassées, abricots secs en morceaux, fraises, framboises...)
- 1 yaourt nature ou 150 g de fromage blanc

Jour 1

MENU

Déjeuner

- Asperges sauce vinaigrette
- Filet de lieu noir en papillote sur lit de tomates et d'oignons émincés
- Riz basmati complet
- Smoothie à la pêche

Dîner

- Tzatziki
- 2 tranches de jambon de dinde
- Petits pois et jeunes carottes + huile de noisettes
- Ananas frais

Smoothie à la pêche

INGRÉDIENTS : *1 belle pêche (ou 2 petites) • 1 yaourt nature • 1 c. à c. de sucre de coco • 2 glaçons ou 2 c. à s. de glace pilée*

- Pelez et découpez en morceaux 1 belle pêche (ou 2 petites), puis mettez-la dans un mixeur avec 1 yaourt nature et 1 c. à c. de sucre de coco.
- Mixez pendant 30 s, puis ajoutez 2 glaçons ou 2 c. à s. de glace pilée. Mixez à nouveau pendant quelques secondes, puis versez dans un grand verre à orangeade.

Tzatziki

INGRÉDIENTS : *½ concombre • ½ yaourt brassé nature • ½ échalote • feuilles de menthe • sel • poivre du moulin*

- Épluchez et râpez ½ concombre, puis laissez-le dégorger avec un peu de sel pendant 30 min dans une passoire.
- Rincez le concombre, pressez-le pour enlever l'excès d'eau et mettez-le dans un bol.
- Mélangez avec ½ yaourt brassé nature. Ajoutez ½ échalote hachée finement, du poivre du moulin et des feuilles de menthe ciselées.

Jour 2

MENU

Déjeuner

- Chou rouge râpé, sauce vinaigrette
- Couscous au poulet
- Faisselle à 0 % de MG + fruits rouges écrasés

Dîner

- Rillettes de maquereau
- Salade composée : salade frisée, tomate, concombre, oignon blanc émincé, comté, sauce vinaigrette
- Pomme au four à la cannelle
- 1 tranche de pain intégral au levain

Couscous au poulet (pour 4 personnes)

INGRÉDIENTS : *200g de semoule de couscous complète • 4 cuisses de poulet • 1 carotte • 1 poivron • 2 oignons • 1 navet • 1 courgette • 2 tomates • ½ boîte de pois chiches • 1 c. à s. d'épices à couscous • 2 c. à s. d'huile • sel • poivre*

- Ôtez la peau de 4 cuisses de poulet. Épluchez et coupez en morceaux les légumes.
- Dans une cocotte, faites revenir dans 2 c. à s. d'huile les morceaux de poulet, puis retirez-les. Dans la même cocotte, faites revenir les légumes, puis ajoutez 1 c. à s. d'épices à couscous, du sel et du poivre. Quand les légumes sont bien dorés, intégrez 1 courgette et 2 tomates en cubes. Couvrez d'eau, ajoutez le poulet et laissez mijoter pendant 45 min.
- Au dernier moment, versez les pois chiches dans la cocotte et préparez la semoule.

Rillettes de maquereau

INGRÉDIENTS : *1 filet de maquereau au vin blanc (en conserve) • ½ échalote • jus de citron vert • piment d'Espelette • 20g de fromage frais (St Môret®) • 1 c. à c. de câpres • menthe*

- Écrasez grossièrement 1 filet de maquereau au vin blanc.
- Épluchez et hachez ½ échalote et mélangez avec le maquereau. Ajoutez un petit filet de citron vert, une petite pincée de piment d'Espelette, 20g de fromage frais, 1 c. à c. de câpres grossièrement écrasées et de la menthe ciselée. Mélangez et réservez au frais pendant 1 h.

Pomme au four à la cannelle

INGRÉDIENTS : *1 belle pomme golden • 1 c. à c. de fructose • cannelle en poudre*

- Préchauffez votre four à 180 °C (th. 6).
- Lavez la pomme golden, ôtez son trognon sans la couper, puis piquez-la avec une fourchette à différents endroits. Déposez-la dans un plat allant au four et versez un peu d'eau dans le fond.
- Mélangez 1 c. à c. de fructose avec un peu de cannelle et versez au centre de la pomme. Enfournez pour 30 min environ.

Jour 3

MENU

Déjeuner

- Céleri râpé, sauce au yaourt
- Steak haché à l'orientale
- Spaghettis cuits al dente
- 1 poire

Dîner

- Salade de riz complet, tomate, avocat et gouda au cumin, sauce vinaigrette
- Œufs coque
- Tagliatelles de courgette
- Fraises au sucre de coco

Steak haché à l'orientale

INGRÉDIENTS : *1 steak haché à 5 % de MG (125g) • ½ échalote • cumin en poudre • cinq-épices • huile • sel*

- Pelez et hachez finement ½ échalote. Mettez 1 steak haché dans un bol et ajoutez l'échalote hachée, 1 pincée de cumin et 1 pincée de cinq-épices. Mélangez bien et reconstituez le steak haché.
- Graissez une poêle antiadhésive avec un pinceau alimentaire et faites cuire le steak pendant 2 à 3 min de chaque côté. Salez en fin de cuisson.

Tagliatelles de courgette

INGRÉDIENTS : *2 petites courgettes très fines • ½ gousse d'ail • 1 c. à s. d'huile d'olive • sel • poivre*

- Lavez et coupez les extrémités de 2 petites courgettes très fines, puis taillez-les en tagliatelles à l'aide d'un économe. Pelez ½ gousse d'ail et hachez-la.
- Dans un wok, faites chauffer 1 c. à s. d'huile d'olive et ajoutez l'ail et les courgettes. Faites cuire à feu vif pendant 5 min en remuant.
- Salez et poivrez en fin de cuisson. Les courgettes doivent rester croquantes.

Jour 4

MENU

Déjeuner

- Brochettes de tomate, avocat et crevettes
- Escalope de veau poêlée
- Fenouil braisé (voir p. 227)
- Fromage blanc nature
- 1 tranche de pain intégral au levain

Dîner

- Salade de lentilles à l'échalote
- Rosbif au four
- Haricots verts vapeur + filet d'huile d'olive
- 1 yaourt nature + 1 compote pomme-poire sans sucre ajouté

Brochettes de tomate, avocat et crevettes

INGRÉDIENTS : *1 dizaine de crevettes cuites • 1 dizaine de tomates cerise • ½ avocat • jus de citron • graines de sésame*

- Décortiquez 1 dizaine de crevettes cuites. Lavez et coupez en deux 1 dizaine de tomates cerise.
- Épluchez et coupez en cubes ½ avocat, puis citronnez-le pour éviter qu'il noircisse, et saupoudrez de graines de sésame que vous aurez préalablement grillées dans une poêle antiadhésive.
- Montez les brochettes en alternant tomates, avocat et crevettes. Dégustez sans attendre !

Salade de lentilles à l'échalote (pour 2 personnes)

INGRÉDIENTS : *1 petite boîte de lentilles au naturel • 1 échalote • 1 c. à c. de moutarde • 1 c. à s. de vinaigre • 2 c. à s. d'huile végétale • sel • poivre*

- Rincez 1 petite boîte de lentilles au naturel et versez le contenu dans un saladier.
- Épluchez et émincez 1 échalote et mélangez-la avec les lentilles.
- Préparez ensuite l'assaisonnement : mélangez 1 c. à c. de moutarde avec 1 c. à s. de vinaigre, ajoutez 2 c. à s. d'huile végétale, salez, poivrez et versez sur les lentilles.
- Laissez macérer pendant 30 min.

Jour 5

MENU

Déjeuner

- Salade composée : riz complet, thon, œuf dur, tomate, concombre, poivron, cœurs de palmier, sauce vinaigrette
- 1 tranche de rôti de porc froid
- Fromage blanc nature
- Ananas en carpaccio et fraises au citron vert

Dîner

- Salade de roquette aux noix
- Chili con carne
- Petit-suisse nature
- 1 pomme

Ananas en carpaccio et fraises au citron vert (pour 4 personnes)

INGRÉDIENTS : *1 ananas • 150 g de fraises • le zeste d'1 citron vert bio • 2 c. à s. de fructose en poudre • basilic*

- Épluchez 1 ananas, enlevez les « yeux », puis coupez-le en rondelles très fines avec un couteau bien aiguisé.
- Lavez 150 g de fraises, équeutez-les et coupez-les en deux. Râpez finement le zeste d'un citron vert et mélangez avec 2 c. à s. de fructose en poudre.
- Disposez les tranches d'ananas sur des assiettes, parsemez de fraises, puis arrosez de sucre citronné. Décorez avec des feuilles de basilic ciselées.

Chili con carne (pour 4 personnes)

INGRÉDIENTS : *400 g de bœuf haché à 5 % de MG • 1 grosse boîte de haricots rouges • 2 oignons • 1 poivron rouge • 1 c. à c. de chili en poudre • 2 c. à c. de cumin en poudre • 70 g de concentré de tomate • 1 cube de bouillon de bœuf • 1 c. à s. d'huile de tournesol • sel*

- Épluchez et émincez 2 oignons. Lavez, videz et coupez en morceaux 1 poivron rouge.
- Dans une cocotte, faites revenir les oignons dans 1 c. à s. d'huile de tournesol. Ajoutez 400 g de bœuf haché à 5 % de MG et faites cuire à feu doux en mélangeant.
- Ajoutez les poivrons, 1 c. à c. de chili en poudre, 2 c. à c. de cumin en poudre, 70 g de concentré de tomate, 1 cube de bouillon de bœuf et 30 cl d'eau. Salez et laissez mijoter pendant 30 min.
- Rajoutez un peu d'eau en cours de cuisson si nécessaire. Intégrez 1 grosse boîte de haricots rouges égouttés et poursuivez la cuisson encore 10 min.

Jour 6

MENU

Déjeuner

- Houmous
- 1 tranche grillée de pain intégral au levain
- Cuisse de lapin rôti aux herbes
- Épinards sautés
- Faisselle nature avec des myrtilles écrasées

Dîner

- ½ pamplemousse
- Filet de cabillaud au court-bouillon
- Tomates à la provençale
- 1 yaourt brassé nature

Houmous (pour 4 personnes)

INGRÉDIENTS : *1 petite boîte de pois chiches au naturel • le jus d'1 citron • 30 cl d'huile de sésame • 2 gousses d'ail • menthe • sel*

- Égouttez et rincez 1 petite boîte de pois chiches au naturel. Mixez-les avec le jus d'1 citron jusqu'à l'obtention d'une pâte fine et homogène. Ajoutez 30 cl d'huile de sésame et mixez à nouveau.
- Pelez 2 gousses d'ail, ôtez les germes et hachez-les avant de les intégrer à la purée de pois chiches. Salez à votre convenance et décorez de menthe ciselée.
- Servez avec des tranches de pain intégral grillées.

Tomates à la provençale

INGRÉDIENTS : *2 belles tomates • 1 morceau de pain intégral au levain • quelques brins de persil • 1 gousse d'ail • herbes de Provence • huile d'olive • sel*

- Lavez 2 belles tomates et coupez-les en deux avant de les saler et de les retourner sur un plat pour les faire dégorger pendant 15 min.
- Préchauffez le four à 210 °C (th. 7).
- Faites griller au four un morceau de pain intégral au levain pour le dessécher et émiettez-le afin d'obtenir une chapelure grossière.
- Lavez et hachez quelques brins de persil. Pelez et hachez 1 gousse d'ail. Mélangez l'ail, le persil et la chapelure avec un peu d'herbes de Provence et de sel.
- Garnissez les tomates avec ce mélange, arrosez d'un petit filet d'huile d'olive et enfournez pour 20 min.

Jour 7

MENU

Déjeuner

- Radis à la croque au sel
- Escalope de dinde poêlée
- Quinoa et courgettes sautées
- Yaourt au soja nature+ fructose en poudre
- Verrine d'agrumes

Dîner

- Salade verte, tomates cerise et dés de jambon
- Crêpe de blé noir
- Compote de pêche

Verrine d'agrumes

INGRÉDIENTS : *½ pamplemousse • ½ orange • 1 c. à s. de jus de citron • 1 c. à s. de sucre de coco • quelques feuilles de menthe*

- Coupez à vif ½ pamplemousse et ½ orange. Détaillez-les en fins quartiers.
- Ajoutez 1 c. à s. de jus de citron et 1 c. à s. de sucre de coco, mélangez et entreposez au réfrigérateur pendant 1 h.
- Servez bien frais, décoré de quelques feuilles de menthe ciselées.

MENU 1

Détox du foie

MENU 2

Détox des intestins

MENU 3

Détox spéciale digestion

- Chapitre 4 -

Food détox

En période de gros stress lié au travail ou à des problèmes personnels, une alimentation spécifique vous aidera à retrouver la sérénité et un bon équilibre mental. Ou lorsque le stress dérange vos intestins et que vous souffrez de diarrhée ou de constipation, l'alimentation et les gestes bien-être vous aideront à retrouver un transit normal et à vous sentir bien dans votre ventre.

Le stress est toxique !

Pour se défendre, le corps sécrète plusieurs hormones telles que l'adrénaline et le cortisol. Mais ce dernier, produit en excès lorsque la situation de stress est prolongée, devient toxique pour l'organisme : une fois que l'organisme a épuisé ses principales sources d'énergie (sucres et graisses) pour faire face au stress, il s'attaque à ses propres structures : ses protéines (les muscles) ! Elles sont alors dégradées pour continuer d'apporter de l'énergie au corps. Cela se traduit par une augmentation du sucre et du cholestérol dans le sang et acidifie l'organisme. Celui-ci se retrouve dans un état d'épuisement à cause d'une surproduction d'acides, mais également à cause de l'augmentation du dioxyde de carbone dans le sang, liée à une dépression respiratoire (n'avez-vous jamais remarqué que votre respiration était superficielle en état de stress ?).

Stress et digestion ne font pas bon ménage !

Le stress modifie le processus de production d'enzymes digestives et trouble le fonctionnement des organes digestifs. La digestion se retrouve ralentie, l'estomac se vide plus lentement, ce qui se manifeste souvent par des brûlures, des reflux gastriques ou des ballonnements. Un début de digestion perturbé se répercute ensuite sur l'intestin grêle, ce qui peut accélérer le transit au niveau du côlon et provoquer des diarrhées, ou le ralentir et créer de la constipation. Ces problèmes dérèglent le microbiote présent dans l'intestin et rendent l'organisme plus vulnérable. D'où l'importance de chouchouter ses intestins !

MENU 1

Détox du foie

Vous avez un travail très stressant ou vous êtes dans une situation personnelle difficile, avec peu d'occasions de vous exprimer ? Vous êtes souvent en colère mais vous n'arrivez jamais à la faire sortir ? Sous l'effet d'un stress, d'une contrariété ou d'une émotion forte, la médecine traditionnelle chinoise dit que l'énergie se bloque, et on se retrouve à plat. En suivant les principes de la diététique chinoise, l'énergie peut circuler à nouveau. Effet reboostant garanti !

Jour 1

MENU

Petit déjeuner

- 1 boisson chaude (thé ou café)
- 2 figues fraîches
- 3 tartines de pain complet avec un peu de beurre

Déjeuner

- Lapin
- Riz et fenouil

Dîner

- Velouté de butternut et marrons
- 1 morceau de tomme de brebis

Velouté de butternut et marrons (pour 4 personnes)

INGRÉDIENTS : *1 courge butternut • 500 g de marrons frais • 1 oignon • 1 l de bouillon de légumes • 20 cl de crème liquide ou de crème végétale • huile d'olive • sel • poivre*

- Avec un couteau, réalisez une incision dans chaque marron. Puis faites-les cuire dans de l'eau bouillante pendant 30 min. Égouttez-les et rincez-les ensuite à l'eau froide avant de les éplucher.
- Épluchez la courge butternut avec un épluche-légumes. Retirez les pépins, puis coupez la chair en cubes.
- Épluchez l'oignon, puis émincez-le grossièrement. Dans une cocotte ou un faitout, faites revenir l'oignon quelques minutes dans un peu d'huile d'olive.
- Ajoutez ensuite la courge et le bouillon. Portez à ébullition, puis baissez le feu et laissez cuire pendant 20 à 30 min jusqu'à ce que les morceaux de courge soient tendres. Une fois la cuisson de la courge terminée, incorporez la crème et les marrons, puis mixez le tout jusqu'à obtenir une consistance lisse et crémeuse.

Jour 2

MENU

Petit déjeuner

- 1 boisson chaude (thé ou café)
- 3 tartines de pain complet avec de la purée d'amandes

Déjeuner

- 1 bavette
- Poêlée de champignons à l'ail
- Semoule

Dîner

- Wok de panais

Wok de panais (pour 4 personnes)

INGRÉDIENTS : *6 petits panais • 1 c. à s. d'huile d'olive • 2 c. à s. de crème de soja cuisine • 1 c. à s. d'huile de noix • 1 c. à c. de sauce soja*

- Lavez bien 6 petits panais et coupez-les en petits cubes sans les éplucher.
- Graissez le wok avec 1 c. à s. d'huile d'olive et faites revenir les panais environ 5 minutes, en versant si besoin un peu d'eau pour éviter que cela n'accroche.
- Ajoutez 2 c. à s. de crème de soja cuisine, 1 c. à s. d'huile de noix et 1 c. à c. de sauce soja. Mélangez bien et servez.

Jour 3

MENU

Petit déjeuner

- 1 boisson chaude (thé ou café)
- 1 bol de müesli bio aux fruits secs

Déjeuner

- 1 filet de truite
- Fondue de poireaux
- Boulgour de sarrasin

Dîner

- Pâtes complètes aux épinards frais, parsemées de menthe fraîche

Boire un jus de citron par jour

Selon la médecine chinoise, le foie est l'organe qui fait circuler l'énergie et les liquides dans tout le corps. Boire le jus d'½ citron par jour dans de l'eau chaude le draine et, ainsi, relance l'énergie. Mais attention : ce rituel est à réserver au printemps, car le citron est un déminéralisant puissant !

Jour 4

MENU

Petit déjeuner

- 1 boisson chaude (thé ou café)
- 1 orange
- 3 tartines de pain complet avec un peu de beurre

Déjeuner

- 1 steak haché de veau
- Choux de Bruxelles et quinoa

Dîner

- ½ poivron au sarrasin

Poivrons au sarrasin (pour 4 personnes)

INGRÉDIENTS : *2 poivrons • 100 g de sarrasin • 1 échalote • 1 gousse d'ail • 170 g de tofu • 2 tomates • thym • basilic • origan • piment doux moulu*

- Préchauffez le four à 180 °C (th. 6).
- Lavez 2 poivrons, coupez-les en deux et épépinez-les. Enfournez-les et laissez-les cuire 20 minutes.
- Pendant ce temps, faites cuire 100 g de sarrasin selon les instructions mentionnées sur le paquet.
- Dans le wok huilé et bien chaud, faites revenir 1 échalote émincée et 1 gousse d'ail hachée. Ajoutez 170 g de tofu et 2 tomates coupés en dés. Ajoutez enfin le sarrasin, du thym, du basilic, de l'origan et du piment doux moulu. Remuez.
- Garnissez les poivrons de cette garniture et remettez au four pour 10 minutes.

Jour 5

MENU

Petit déjeuner

- 1 boisson chaude (thé ou café)
- 3 tartines de pain complet avec de la purée d'amandes

Déjeuner

- Restaurant japonais avec une petite formule « spécial midi »

Dîner

- 1 crottin de chèvre chaud
- Salade verte

En-cas et goûter énergisant

Pour vos en-cas, choisissez 1 poignée d'amandes, 1 mandarine ou 1 pomme.
Pour vos goûters, prenez 1 thé ou tisane + 1 carré de chocolat noir + 1 pomme ou 1 thé ou tisane + 2 figues fraîches ou 1 thé ou tisane + 1 poignée de fruits secs ou 1 thé/tisane + 1 grappe de raisin.

Jour 6

MENU

Petit déjeuner

- 1 boisson chaude (thé ou café)
- 1 bol de müesli bio aux fruits secs

Déjeuner

- 1 filet de poulet grillé parsemé de romarin
- Riz aux légumes et cardamome

Dîner

- 30 minutes avant le repas du soir : thé rouge à l'agar-agar
- Restaurant

Riz aux légumes et cardamome (pour 4 personnes)

INGRÉDIENTS : *250 g de riz long grain • 1 oignon • 1 poivron jaune • 1 tige de céleri-branche • 2 petites courgettes • 3 gousses de cardamome • 1 gousse d'ail • 1 c. à c. de thym séché • 1 c. à c. d'origan séché • 1 c. à c. de paprika • 2 c. à s. de purée de tomates • 1 grosse boîte de tomates concassées • 1 cube de bouillon de légumes bio • huile • persil ciselé • sel fin non raffiné • poivre du moulin*

- Rincez le riz 3 fois et laissez-le tremper pendant que vous préparez la suite. Lavez, épluchez, puis coupez les légumes en petits cubes.
- Dans une sauteuse, faites revenir les légumes, hormis la courgette, dans un peu d'huile pendant quelques minutes tout en mélangeant régulièrement. Ajoutez ensuite les courgettes en dés, laissez encore cuire 5 min en mélangeant souvent.
- Intégrez les herbes et les épices, les gousses de cardamome écrasées, le riz égoutté, mélangez. Incorporez la purée de tomates, les tomates concassées et le bouillon de légumes chaud (que vous avez préparé en faisant chauffer 50 cl d'eau avec le cube de bouillon de légumes). En ajoutant le bouillon chaud, le riz sera moins collant, mais si vous préférez, vous pouvez mettre le bouillon froid.
- Salez et couvrez. Laissez mijoter environ 18 min à feu moyen. Goûtez le riz pour vérifier la cuisson. Salez, poivrez, parsemez de persil ciselé avant le service.

Jour 7

MENU

Petit déjeuner

- Bacon
- Œufs à la coque
- 1 boisson chaude (thé ou café)

Déjeuner

- 1 filet de cabillaud poêlé avec des dés de chorizo ajoutés en fin de cuisson
- Carottes en morceaux sautées au wok
- Polenta

Dîner

- Velouté de légumes de saison
- Yaourt au soja

Déglacer les plats avec du vinaigre

En fin de cuisson, retirez les aliments de la casserole et versez à la place 1 c. à c. de vinaigre. Faites chauffer 1 minute, en remuant bien pour détacher les sucs de cuisson. Nappez vos plats de cette sauce. Succès garanti !

MENU 2

Détox des intestins

Voici des menus légers avec une alimentation hypotoxique et alcaline ainsi que des aliments riches en magnésium et probiotiques (p. 23 et 24) qui ont une action antistress et détox au niveau des intestins. Grâce à cette alimentation, vous gagnerez en tonus santé !

Petit déjeuner

MENU

- Milkshake banane-dattes

Milkshake banane-dattes (pour 1 personne)

Alcalin et riche en magnésium

INGRÉDIENTS : *1 banane mûre • 2 dattes medjool dénoyautées • 1 tasse de lait de soja (ou d'amande)*

- Dans un blender, mixez 1 tasse de lait de soja (ou d'amande) avec 1 banane mûre et 2 dattes medjool dénoyautées.
- Si la mixture est trop épaisse, ajoutez encore un peu de lait végétal et dégustez !

Déjeuner

MENU

AU CHOIX :

- Kimchi
- Salade chou kale et riz basmati

Kimchi (pour 4 personnes)

Riche en probiotiques

INGRÉDIENTS : *1 kg de chou chinois • 1 oignon • 1 pomme • 250 g de radis blanc • 50 g de ciboule • 1 gousse d'ail • 1 petit morceau de gingembre • 2 cl de sauce nuoc-mâm • 120 g de sel de mer gris*

- Versez ½ l d'eau dans un gros saladier, ajoutez 120 g de sel de mer gris, 1 kg de chou chinois et 250 g de radis blanc coupés en morceaux, puis laissez mariner 1 h 30 en mélangeant de temps en temps.
- Durant ce temps, épluchez et émincez 1 oignon, 1 pomme, 1 gousse d'ail et 1 petit morceau de gingembre que vous mettrez, après les avoir lavés, dans un blender avec 2 cl de sauce nuoc-mâm et 3 cl d'eau. Mixez finement et versez cette sauce dans le fond d'un saladier.
- Au bout d'1 h 30, rincez à l'eau le chou chinois et le radis, égouttez et enlevez l'excédent d'eau en les pressant dans un torchon (gardez 2-3 feuilles de chou de côté), puis mélangez-les dans la sauce du saladier en y ajoutant également 50 g de ciboule émincée. Placez le tout dans un bocal en tassant avec un pilon pour éliminer l'air puis recouvrez des feuilles de chou restantes en appuyant à l'aide des mains afin de tasser.
- Laissez reposer 48 h à température ambiante et mettez le bocal au frais ensuite. Vous pouvez le déguster au bout de 48 h minimum de fermentation !

Déjeuner (suite)

MENU
AU CHOIX :
- Kimchi
- Salade chou kale **et riz basmati**

Salade de chou kale (pour 4 personnes)

Alcalin et riche en magnésium

INGRÉDIENTS : *10 feuilles de chou kale • 1 oignon rouge • ½ pomme • ½ radis noir • 1 c. à s. de moutarde • 1 c. à c. de curcuma • 1 c. à c. de cumin • 1 c. à c. de coriandre en poudre • jus d'½ citron • 3 c. à s. d'huile d'olive • 1 c. à s. d'huile de lin • 1 pincée de sel et de poivre*

- Pour préparer la sauce, mélangez dans un bol 1 c. à s. de moutarde, 1 c. à c. de curcuma, 1 c. à c. de cumin, 1 c. à c. de coriandre en poudre, 1 pincée de sel et de poivre, 3 c. à s. d'huile d'olive, 1 c. à s. d'huile de lin et le jus d'½ citron. Versez dans un saladier et mettez de côté.
- Coupez ½ radis noir, ½ pomme en petits morceaux et émincez l'oignon rouge puis ajoutez-les dans le saladier en mélangeant avec la sauce. Enfin, rincez puis coupez environ 10 feuilles de chou kale avec les mains avant de les ajouter dans le saladier et de les mélanger aux autres légumes et à la sauce. Vous pouvez déguster cette salade avec une portion de riz basmati.

Dîner

MENU
AU CHOIX :
- Soupe miso
- Curry de tomates vertes avec du riz ou des pâtes de blé complet

Soupe miso (pour 2 personnes)

Alcalin et riche en probiotiques

INGRÉDIENTS : *1 carotte • 1 ciboule • 20 g de champignons frais • 1 gousse d'ail • 1 pincée de gingembre râpé • 6 c. à s. de miso (en magasin bio) • 1 filet d'huile d'olive • sel • poivre*

- Émincez 1 gousse d'ail et 1 ciboule (oignon d'hiver) et faites-les revenir dans une casserole avec 1 filet d'huile d'olive à feu doux une dizaine de minutes.
- Ajoutez ensuite 1 pincée de gingembre râpé, 1 carotte et 20 g de champignons frais finement tranchés. Poursuivez la cuisson jusqu'à ce que les légumes soient tendres.
- Dans 400 ml d'eau dissoudre 6 c. à s. de miso (magasin bio) et incorporez-le dans les légumes, salez et poivrez, poursuivez la cuisson encore 5 min puis dégustez !

Curry de tomates vertes (pour 3 personnes)

Alcalin et riche en magnésium

INGRÉDIENTS : *600 g de tomates vertes • 1 oignon • ½ pomme • ¼ de banane mûre • 2 ou 3 graines de cardamome • 1 clou de girofle • 1 c. à c. d'épices massala • 1 c. à c. de cumin • 1 c. à c. de curcuma • 1 c. à c. de cannelle en poudre • 1 c. à c. de gingembre en poudre • sel • poivre*

- Pelez et émincez l'oignon et faites-le revenir à la poêle avec 1 filet d'huile d'olive jusqu'à ce qu'il devienne translucide.
- Coupez 600 g de tomates vertes, ½ pomme et ¼ de banane mûre (pour épaissir la sauce) en gros morceaux.
- Une fois les oignons translucides, ajoutez 1 c. à c. d'épices massala, ½ c. à c. de curcuma, 1 c. à c. de cannelle en poudre, 1 c. à c. de gingembre en poudre, 1 c. à c. de cumin, 2 ou 3 graines de cardamome, 1 clou de girofle, du sel et du poivre et poursuivez la cuisson tout en mélangeant durant 3 min.
- Ajoutez les morceaux de tomate, de pomme et de banane, couvrez le tout et laissez mijoter 15 min en mélangeant régulièrement. Servez ce plat avec du riz ou des pâtes de blé complet.

MENU 3

Détox spéciale digestion

SOS digestion un peu faible à cause du stress, donnant lieu à des problèmes de transit, et donc des inconforts type gaz ou ballonnements, une tendance à la constipation, des douleurs intestinales, des gargouillis, une mauvaise absorption et une mauvaise assimilation des nutriments... Inspirez-vous de ces menus ayurvédiques sur 5 jours pour réguler votre métabolisme irrégulier.

Jour 1

MENU

Petit déjeuner

- Omelette aux légumes, tartines de pain beurrées

Déjeuner

- Patate douce et fromage de chèvre frais au cumin, courgettes sautées

Goûter

- Des fruits, en compote de préférence

Dîner

- Soupe de potimarron, pain et huile de noix avec fromage de soja

La bonne préparation des épices

Faites d'abord revenir vos épices dans un peu d'huile de sésame ou de ghee avant d'ajouter les céréales ou les légumes, puis de l'eau à feu doux. L'intérêt ? La plupart des épices sont liposolubles et ont donc besoin de gras pour s'activer.

Les churnas, mélanges d'épices ayurvédiques doudou

En Inde, on appelle « churna » n'importe quel mélange d'épices. Cela s'applique aussi bien au curry qu'au mélange quatre-épices ou bien encore, plus proche de nous, aux herbes de Provence. Il en existe donc des milliers !

Mix pour tempérament actif et stressé : cardamome, cumin, coriandre, fenouil, curcuma, sucre rapadura, sel minéral à parts égales.

Achetez les épices bio, de qualité et fraîches pour profiter de toutes leurs saveurs et propriétés, en graines si possible. Mettez une poêle antiadhésive sur feu moyen, sans matière grasse. Ajoutez les épices à l'exception du sel et du sucre, et faites-les revenir à sec pendant 4 min. Coupez le feu. Laissez-les reposer quelques minutes, puis ajoutez le sel et le sucre. Passez ensuite dans un moulin à café (pour celles qui n'en ont pas, achetez les épices en poudre directement). C'est prêt ! Vous pouvez utiliser ces churnas en cuisine, ou bien tout simplement en parsemer vos plats.

Jour 2

MENU

Petit déjeuner

▸ Porridge d'avoine cuit dans du lait au mélange quatre-épices, raisins secs et graines de lin, garni d'un peu de ghee et de miel

Déjeuner

▸ Quinoa, poêlée de carottes, pruneaux et oignons au cumin et à la coriandre fraîche, amandes effilées

Collation

▸ 1 poire au four au ghee et à la cardamome

Dîner

▸ Légumes verts sautés, avocat, boulgour d'avoine

Légumes verts sautés, avocat, boulgour d'avoine

(pour 2 personnes)

INGRÉDIENTS : *500 g d'un mélange de légumes verts déjà coupés (haricots verts, courgettes, épinards, petits pois, brocolis, choux de Bruxelles…) • 1 avocat mûr • 100 g de boulgour d'avoine • 2 c. à s. de graines de tournesol • ½ c. à c. de cumin en poudre • ½ c. à c. de curcuma en poudre • le jus d'1 citron • huile de colza • huile d'olive • sel • poivre noir*

- Dans une poêle, faites revenir 1 c. à s. d'huile d'olive avec le cumin, le curcuma et une pointe de poivre noir.
- Ajoutez le mélange de légumes verts et un peu d'eau et faites cuire à feu moyen pendant 8 à 12 min pour que les légumes soient cuits mais encore un peu croquants.
- Préparez le boulgour comme indiqué sur le paquet.
- Dans chaque bol, servez le boulgour, les légumes, puis garnissez avec les graines de tournesol, ½ avocat coupé en lamelles. Assaisonnez avec le jus de citron et un filet d'huile de colza.

Jour 3

MENU

Petit déjeuner

▸ Compote pommes-pruneaux maison à la cannelle, gingembre et muscade servie avec un peu de ghee

Déjeuner

▸ Bouillon aux épices, carottes, soja, vermicelle de riz, tofu, colin, haricots mange-tout

Goûter

▸ 1 pomme rôtie au ghee et au romarin

Dîner

▸ Asperges blanchies, marrons revenus à la poêle avec des abricots secs, boulgour de riz, sauce au yaourt de chèvre ou de soja

Bouillon aux épices, carottes, soja, vermicelle de riz, tofu, colin, haricots mange-tout

(pour 4 personnes)

INGRÉDIENTS : *4 carottes • 200 g de pousses de soja • 300 g de vermicelles de riz • 100 g de tofu • 200 g de colin • 400 g de haricots mange-tout • 40 cl de lait de coco • le jus d'1 citron vert • 1 pincée de piment • 2 feuilles de bergamote • 2 oignons rouges • 2 c. à s. de gingembre frais râpé • coriandre fraîche • 2 c. à s. de tamari (sauce soja) • 1 petit bout de piment • 1 c. à c. de paprika • 1 c. à c. de curcuma • 1 c. à s. d'huile de coco • poivre*

- Épluchez les carottes et détaillez-les en lamelles fines, épluchez et coupez les oignons en morceaux.
- Dans une casserole, faites revenir les oignons, le gingembre râpé, le curcuma, le poivre et le paprika dans l'huile de coco.
- Ajoutez les carottes et faites revenir pendant 5 min. Versez 1 l d'eau, les feuilles de bergamote, les pousses de soja, les haricots mange-tout équeutés, le poisson coupé en petits morceaux et le tofu détaillé en cubes. Incorporez le lait de coco, le tamari et le piment. Portez à ébullition, puis laissez mijoter pendant 20 min à feu doux.
- Servez avec un filet de citron vert et de la coriandre fraîche.

Jour 4

MENU

Petit déjeuner

- 1 milk-shake énergisant aux dattes, amandes blanchies mixées avec du lait chaud infusé au gingembre, à la cannelle et à la cardamome

Déjeuner

- Je mange au resto coréen ! Un bibimbap au poisson, œuf ou viande blanche

Collation

- 1 smoothie banane, cardamome et citron vert

Dîner

- Champignons sautés au ghee avec du persil, blettes sautées, riz basmati complet garni de quelques noix concassées ou de graines de sésame, un peu d'huile d'olive et de tofu aux herbes

Smoothie banane, cardamome et citron vert

INGRÉDIENTS : *1 banane • 20 cl d'eau de coco • ¼ de c. à c. de cardamome en poudre • le jus d'½ citron vert*

- Mixez le tout au blender et dégustez aussitôt.

Jour 5

MENU

Petit déjeuner

- Patate douce écrasée à la cannelle et au ghee

Déjeuner

- Curry de crevettes et légumes, riz basmati semi-complet

Collation

- 1 lassi mangue, basilic et cardamome

Dîner

- Tajine de légumes (carottes, chou, panais, fenouil), épices ras-el-hanout, semoule de blé complète, avec un trait d'huile d'olive

Lassi mangue, basilic et cardamome

INGRÉDIENTS : *½ mangue bien mûre • ¼ de c. à c. de cardamome • 1 c. à c. de miel • 1 poignée de basilic frais • 50 g de yaourt nature de chèvre ou végétal*

- Mixez le tout dans le blender et ajoutez de l'eau jusqu'à obtenir la consistance souhaitée.

Mes rituels feel good détox

Pour booster les effets détox de l'alimentation acido-basique et des aliments détox des intestins ci-dessus, ces cures, petites plantes et gestes naturo font des merveilles !

Comment je me nettoie de l'intérieur ?

Kéfir addict

Kéfir d'eau (ou kéfir de fruit) ou kéfir de lait, il y en a pour tous les goûts ! Il s'agit de deux boissons fermentées. La première est désaltérante et légèrement pétillante. La seconde, plus acide, s'approche du yaourt à boire. Le kéfir est un puissant détoxifiant qui chouchoute vos intestins ! Sa fermentation l'enrichit en probiotiques qui empêchent la putréfaction des aliments passant par l'intestin et favorisent le bon équilibre de la flore intestinale. Pour fabriquer ces deux boissons, il vous faut des grains de kéfir (en magasin bio).

Mon kéfir homemade

Dans une bouteille en verre, versez 2 c. à s. de grains de kéfir, 3 c. à s. de rapadura (sucre de canne complet bio), 1 figue sèche entière, le jus d'½ citron pressé frais, puis terminez de remplir la bouteille avec de l'eau. Fermez la bouteille mais pas de façon hermétique, laissez un petit filet d'air passer sinon le kéfir sera sous pression et peut exploser ! Laissez la bouteille au moins 24 h à température ambiante en la préservant de la lumière directe du soleil. Dès que la figue remonte à la surface, votre kéfir est prêt ! Vous n'avez plus qu'à filtrer l'eau à l'aide d'une passoire avant de la déguster ! Elle se conserve 3 jours maximum et se déguste bien fraîche l'été ! Vous pouvez en boire 1 ou 2 verres par jour.

Mes tisanes antistress qui chouchoutent mes intestins

Les cures durent entre 1 et 2 semaines, en complément du programme ou hors programme.

La mélisse

Elle est particulièrement indiquée dans les troubles nerveux du système digestif. Star de la relaxation, cette plante a des vertus apaisantes et sédatives. Elle soulage des spasmes intestinaux, des crampes d'estomac et des reflux gastriques contractés à cause du stress.

En infusion : Laissez infuser dans 200 ml d'eau une dizaine de feuilles de mélisse séchée durant 10 min. Vous pouvez boire jusqu'à 3 tasses par jour.

La passiflore

Elle est connue pour son action apaisante et antistress. Elle calme l'anxiété, les palpitations et l'hypertension générées par le stress et l'émotivité. Combinez-la à la mélisse pour une action apaisante sur les intestins.

En infusion : Dans une tasse d'eau bouillante, faites infuser 5g de passiflore séchée (et si vous souhaitez, ajoutez 5g de mélisse) durant 10 min. Filtrez et dégustez jusqu'à 3 tasses par jour.

Des cures détox pour être au top!

Pour que vos organes soient toujours au top de leur capacité, il est essentiel de les drainer régulièrement (un émonctoire à la fois ou plusieurs en même temps, tout dépend de vous), deux fois par an, au printemps et en automne. Chaque détox est choisie en fonction de vos besoins et de vos maux du quotidien : consultez votre naturopathe. Voici quelques exemples de cures détox.

Je teste le jeûne intermittent

C'est tout simple et cela peut être pratiqué régulièrement, un jour par semaine par exemple. Le jeûne intermittent consiste à jeûner pendant 16 heures d'affilée. On prend un repas du soir très léger à 19 heures puis le suivant, un déjeuner léger, le lendemain à 13 heures. Vous pouvez aussi jeûner sur 24 heures. Continuez à vous hydrater avec de l'eau ou des tisanes. Ainsi, votre système digestif se repose afin de repartir de plus belle, et cela évite au corps les surcharges. Idéal à mettre en place le lundi car on a tendance à faire des excès le weekend!

Je teste les cures de jus

Les cures de jus sont également excellentes pour laisser le système digestif au repos pendant plusieurs jours et lui permettre de se nettoyer. Elles permettent également de refaire le plein de vitamines et de minéraux. Il s'agit de se nourrir exclusivement de jus pendant un à trois jours lorsqu'on est familier de la pratique. À faire quand on ressent une surcharge digestive, comme après fêtes, ou pour se rebooster. Le moment idéal pour une détox de jus : le printemps! On privilégie les jus forts en légumes, avec 80% de légumes pour 20% de fruits max, et notamment les jus verts, composés de... légumes verts!

Quelques consignes

- Prévoyez 3 ou 4 jus par jour d'environ 50cl selon vos besoins, à prendre aux heures de repas habituelles.
- Préparez votre corps par une «descente alimentaire» : diminuez les quantités de nourriture, ainsi que les viandes et les produits laitiers. Puis faites une remontée après la cure.
- Ne faites surtout pas une cure avec des jus achetés dans le commerce, ce serait contre-productif, car ils sont bourrés de sucres et d'additifs.

En mode détox de l'intestin

Pour détoxiquer l'intestin, vous pouvez utiliser du sel de Nigari : il s'agit de chlorure de magnésium (disponible en magasin bio) qui va permettre d'engager la motricité intestinale, le péristaltisme, pour booster l'évacuation des selles. Diluez 20 grammes de sel de Nigari dans un litre d'eau, commencez par deux grands verres d'eau par jour et observez si vous allez aux toilettes dans les heures qui suivent. N'hésitez pas à faire ce drainage sur une journée ou deux selon vos besoins, lors d'un après-midi ou d'un week-end où vous êtes à la maison. Soyez prudente sur les dosages et ne répétez pas trop souvent cette méthode, une à deux fois par an suffisent largement.

MENU 1

Sommeil de rêve

- Chapitre 5 -

Food dodo-friendly

Ce qu'on met dans son estomac, surtout le soir, impacte nos nuits, plus particulièrement cette étape cruciale qu'est l'endormissement, facilement troublée. Cap sur l'alimentation Morphée-booster !

Des horaires de repas compatibles avec le sommeil

Quand le dîner est pris trop tard… on risque d'être en pleine digestion quand on va se coucher : d'une part, le corps est inconfortable et, d'autre part, la digestion élève la température corporelle interne, ce qui va à l'encontre d'un endormissement paisible et rapide. En prime, on risque des réveils intempestifs si la digestion est difficile. Si on a mangé trop copieusement (parce qu'on s'est contentée d'un sandwich ou d'une salade le midi), ou trop lourd (comme un combo pizza supplément double mozza + tiramisu, ou une soirée raclette), ou encore qu'on a tendance aux pénibles reflux gastriques acides, on risque d'en payer le prix si on se couche trop rapidement après le dîner ! Pour éviter les perturbations digestives, il doit s'écouler au moins 2 heures (idéalement 3) entre le dîner et la couette. Cela laisse du temps pour une vraie soirée relaxante !

La bonne assiette « sommeil friendly »

Au menu, des légumes verts à volonté car ils sont riches en vitamines, notamment celles du groupe B qui interviennent dans l'équilibre nerveux : quand on en manque, on est plus tendue et irritable, et on dort moins et moins bien. Pour nous caler sans nous énerver, on mise aussi sur des légumineuses (haricots, lentilles), des féculents (riz, pâtes, semoule, pommes de terre) ou des céréales complètes (flocons d'avoine, pain complet) qui apportent de l'amidon et facilitent la sécrétion de la sérotonine, un neuromodulateur qui favorise la détente et participe à la fabrication de l'indispensable mélatonine. Bénéfiques également, les produits riches en bons acides gras oméga-3, notamment les poissons gras (saumon, maquereau, sardine) qui contiennent eux aussi de la sérotonine. Pour finir, on la joue léger et sain, avec des fruits frais et des laitages, riches en tryptophane (précurseur de la sérotonine) et en vitamines B. On n'oublie pas les aliments riches en magnésium, aux fortes vertus antistress et anti-nervosité : oléagineux (noix, amandes), mais aussi chocolat noir par exemple, des petites douceurs appréciables avec modération, quand on peine à s'endormir.

MENU 1

Sommeil de rêve

Des recettes faciles à digérer et riches en magnésium pour le bon équilibre du système nerveux, afin de vous détendre et de vous aider à glisser dans le sommeil sans ruminer votre stress.

Petit déjeuner

MENU

▸ Smoothie antistress

Smoothie antistress (2 portions)

INGRÉDIENTS : *2 ou 3 dattes dénoyautées • 30 g de flocons d'avoine (sans gluten si possible) • 200 ml de lait d'amande • 1 c. à c. de cannelle en poudre*

- Dans un blender, mixez une banane mûre coupée en rondelles, 2-3 dattes dénoyautées et coupées en morceaux, 200 ml de lait d'amande, 30 g de flocons d'avoine (sans gluten si possible), ½ c. à c. de cannelle en poudre (ou plus si vous adorez ça !).
- Versez dans un verre et dégustez !

Déjeuner

MENU

▸ Aubergines grillées

Aubergines grillées

INGRÉDIENTS : *pour les aubergines : 2 grosses aubergines • 1 oignon rouge • 100 g de tofu au pesto • 1 gousse d'ail • 1 poignée de feuilles de basilic frais • huile d'olive • sel • poivre*

Pour la décoration : olives noires • cerneaux de noix

- Mixez dans un blender (ou au mixeur plongeant) 1 gousse d'ail coupée en deux, un oignon rouge, une bonne poignée de feuilles de basilic frais, salez et poivrez. Puis ajoutez 100 g de tofu au pesto coupé en petits morceaux et mixez le tout de nouveau jusqu'à l'obtention d'une texture « hachée » finement. Réservez au frais.
- Découpez 2 grosses aubergines en rondelles d'environ 1 cm d'épaisseur, puis badigeonnez-les d'huile d'olive à l'aide d'un pinceau sur les deux faces. Faites-les ensuite griller à la poêle jusqu'à ce qu'elles soient fondantes. Servez-les encore chaudes en les tartinant de la préparation mixée à l'aide d'une cuillère à café, quelques olives noires et quelques cerneaux de noix.

Goûter

MENU

- 1 poignée d'amandes avec carré de chocolat noir fruité à 80 % et tisane à la passiflore

1 poignée d'amandes avec 1 carré de chocolat noir fruité à 80 % de cacao accompagné d'une tisane à la passiflore, relaxante (voir p. 253).

Brunch

MENU

- Fèves à l'orientale
- Légumes de saison ou riz basmati

Fèves à l'orientale (2 personnes)

INGRÉDIENTS : *500 g de fèves cuites (ou surgelées) • 1 oignon émincé • 1 gousse d'ail • 200 g de tofu • 200 ml de bouillon végétal • 2 c. à s. de concentré de tomate • piment de Cayenne en poudre (ou épices mexicaines) • cumin • huile d'olive • sel • poivre*

- Faites griller 200 g de tofu coupé en dés dans un peu d'huile d'olive et réservez.
- Puis faites fondre un oignon émincé dans une poêle avec une gousse d'ail pressée et un filet d'huile d'olive.
- Ajoutez 2 c. à s. de concentré de tomate, 500 g de fèves cuites (ou surgelées) et 200 ml de bouillon végétal, en continuant de faire revenir le tout à la poêle. Salez, poivrez et ajoutez un peu de piment de Cayenne en poudre (ou d'épices mexicaines), du cumin et mélangez.
- Faites mijoter jusqu'à évaporation du bouillon. Lorsque les fèves sont bien fondantes, il ne reste plus qu'à ajouter les dés de tofu grillés et à déguster ce plat accompagné de légumes de saison ou de riz basmati !

Mes rituels feel good pro-dodo

Pour se simplifier la vie, on mélange ses plantes séchées dans un bocal en respectant bien les dosages. Le soir, il n'y a plus qu'à prélever un peu du mélange et faire bouillir l'eau !

Recette de tisane herbacée

Ingrédients :

- 20 g de camomille romaine (fleurs)
- 20 g de mélisse (sommités fleuries)
- 20 g de tilleul (bractées),
- 20 g de marjolaine (feuilles)

Faire infuser 1 c. à c. du mélange dans 1 tasse d'eau (20 cl) pendant 5 à 7 min. Filtrer.

Recette de tisane toute douce

Ingrédients :

- 35 g de tilleul (fleurs et feuilles)
- 35 g d'oranger (fleurs et feuilles)
- 30 g de camomille (fleurs)

Mettre 2 c. à c. du mélange pour 1 tasse (20 cl), laisser infuser 7 à 8 min à couvert. Filtrer.

Recette de tisane fleurie

Ingrédients :

- 10 g d'aubépine (fleurs)
- 10 g de valériane (racines)
- 20 g de lavande (fleurs)
- 30 g de passiflore (parties aériennes)
- 30 g d'oranger bigaradier (fleurs)

Mettre 1 c. à s. du mélange pour 1 tasse d'eau froide (20 cl), faire bouillir 3 min, laisser infuser 10 min à couvert. Filtrer.

On peut parfumer sa tisane avec un peu de miel, idéalement de lavande ou de tilleul, en pensant à se brosser les dents après la tisane et non avant si on la sucre !

On peut diluer 1 goutte d'huile essentielle (lavande, orange douce, mandarine, petit grain bigarade) dans ½ c. à c. de miel avant de la plonger dans sa tasse.

On déguste sa tisane pas trop chaude 30 min à 1 h environ avant l'heure du coucher.

On les boit en tisane, en fin de soirée, sans en abuser pour éviter de se relever la nuit et filer aux toilettes : une tasse de 20 cl suffit. La bonne idée ? Les acheter de qualité (sèches, idéalement bio) dans une herboristerie ou chez un bon distributeur (herboristerie.com, herboristerieduvalmont.com, compagniedessens.com), les conserver à l'abri de la lumière (dans une boîte en métal ou un pot de verre sombre) et les consommer rapidement.

Mes petites plantes pro-dodo pour le soir

Le tilleul *(Tilia vulgaris)*

On utilise la bractée (la fleur et sa feuille), au doux parfum de miel, qui renferme une substance hypnotique et calmante, sans danger même pour les enfants. En prime, elle favorise la digestion.

Préparation : 4 bractées dans 20 cl d'eau frémissante (infuser 10 min, puis filtrer).

Le + : si vous avez la chance d'en avoir en quantité (le tilleul pousse en France dans de nombreux jardins), versez-en 80 g dans 3 litres d'eau frémissante, laissez infuser 5 min, filtrez et glissez dans l'eau du bain du soir…

L'aubépine *(Crataegus oxyacantha)*

On utilise les feuilles et fleurs de ce petit arbuste épineux depuis la fin du XIXe siècle pour apaiser la nervosité et chasser l'insomnie ; on l'évite toutefois si on souffre du cœur, ou en période de grossesse et d'allaitement.

Préparation : 1 c. à c. de fleurs et/ou de feuilles dans 20 cl d'eau frémissante (infuser 15 min, puis filtrer).

Le + : elle est particulièrement recommandée pour celles qui ont le cœur qui bat la chamade, ou des palpitations, et contre les désagréments de la ménopause.

La passiflore *(Passiflora incarnata)*

Les Aztèques utilisaient déjà la « fleur de la passion » (ou grenadille) pour ses vertus sédatives. Ses fleurs et feuilles calment en effet l'agitation et l'anxiété, mais également les émotions, et leurs bienfaits sont même reconnus par l'OMS ! Attention toutefois, évitez-la si vous êtes sous traitement anxiolytique ou antidépresseur (car leurs effets se cumulent), et n'en abusez pas si vous conduisez car elle peut réduire la vigilance.

Préparation : 1 c. à c. de fleurs et/ou de feuilles dans 20 cl d'eau frémissante (infuser 10 min, puis filtrer).

Le + : elle améliore aussi l'humeur !

La valériane *(Valeriana officinalis)*

De nombreuses études médicales ont prouvé les effets bénéfiques de sa racine sur le sommeil, notamment quand les troubles sont liés à l'anxiété et la nervosité. Interdite quand on souffre du foie, elle ne doit pas être prise plus de 5 à 6 semaines d'affilée pour éviter la dépendance.

Préparation : 2 c. à s. de racine sèche dans 20 cl d'eau (faire bouillir 3 min, laisser infuser 10 min, puis filtrer).

Le + : c'est la grande amie de nos compagnons félins : son odeur les attire et les euphorise !

La mélisse *(Melissa officinalis)*

Cette jolie plante champêtre qui ressemble à l'ortie et dégage un parfum citronné favorise l'endormissement, améliore la qualité du sommeil et chasse la tension nerveuse. Des effets validés par de nombreuses études cliniques…

Préparation : 1 c. à c. de feuilles ou sommités fleuries dans 20 cl d'eau frémissante (infuser 10 min, puis filtrer).

Le + : elle est parfaite si le stress vous donne aussi mal au ventre.

La camomille romaine *(Chamaemelum nobile)*

Très odorante, sa fleur calme les angoisses et les chocs nerveux, et favorise le sommeil des petits et des grands. On n'en abuse pas, pour éviter des baisses de vigilance, voire des sensations de vertige.

Préparation : 1 c. à c. de fleurs dans 20 cl d'eau frémissante (infuser 10 min, puis filtrer).

Le + : elle est parfaite aussi contre les douleurs, notamment les maux de tête.

ANNEXES

TABLE DES MATIÈRES

Index des postures

INDEX ILLUSTRÉ DES POSTURES

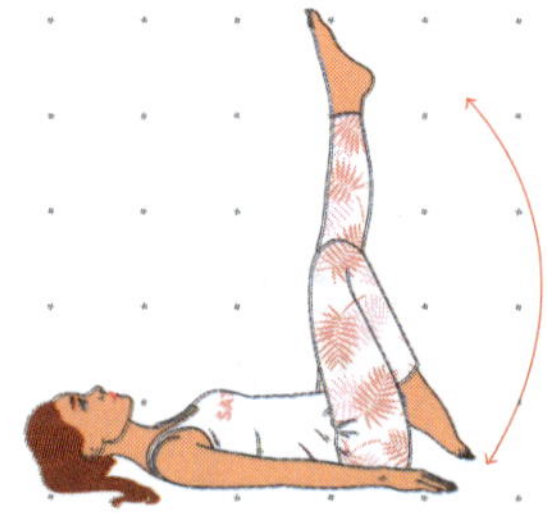

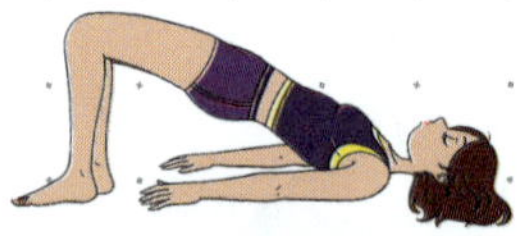

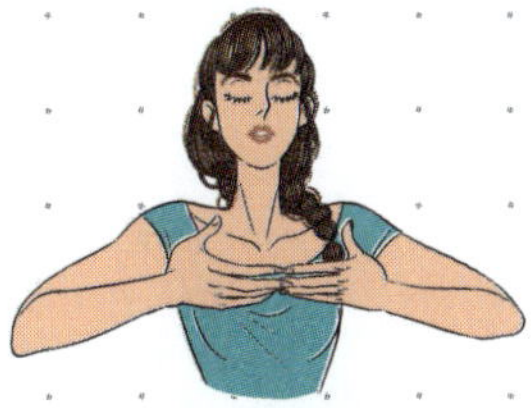

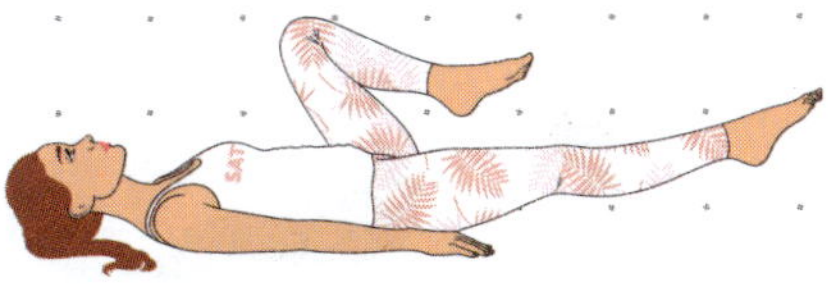

SAT NAM

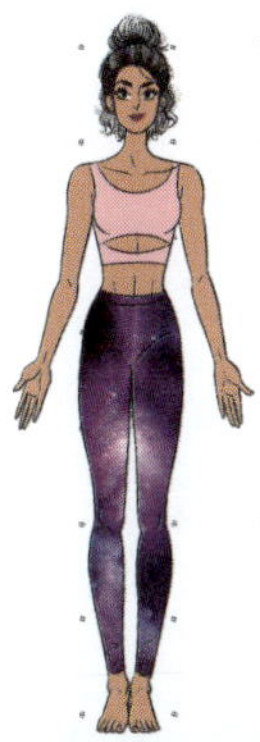

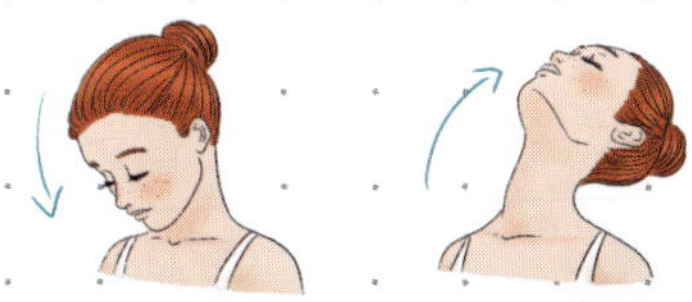

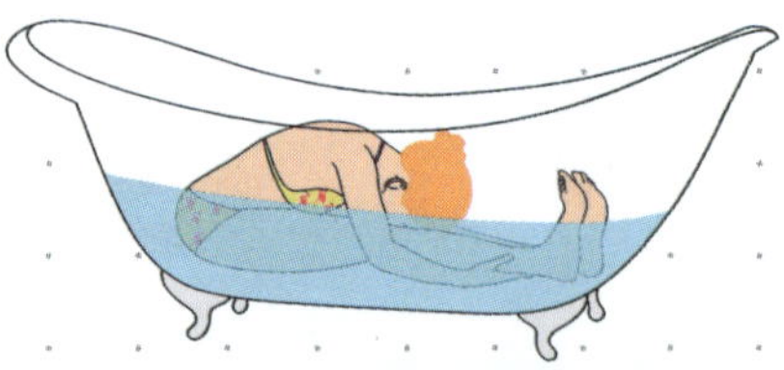

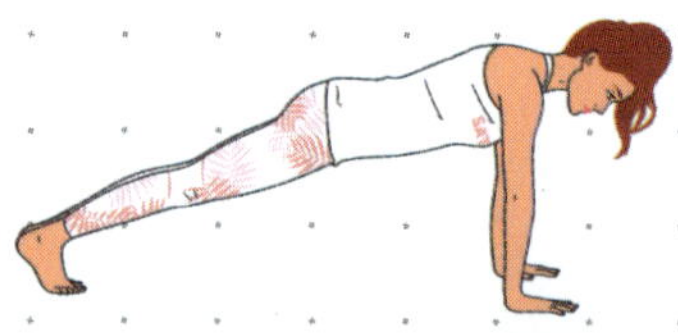

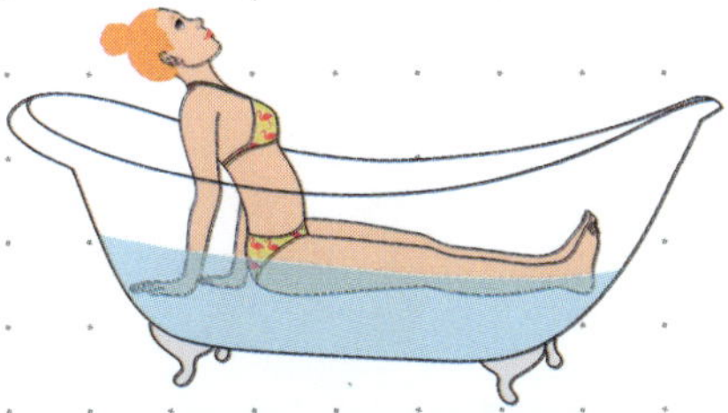

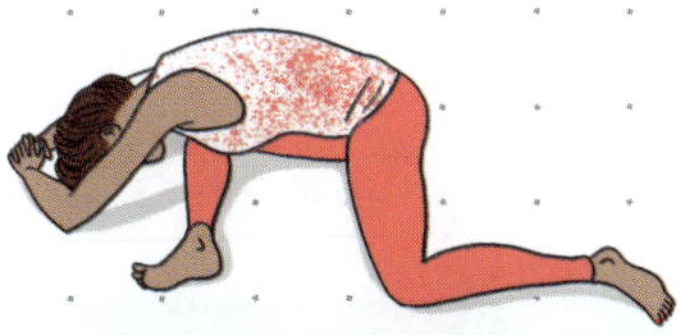

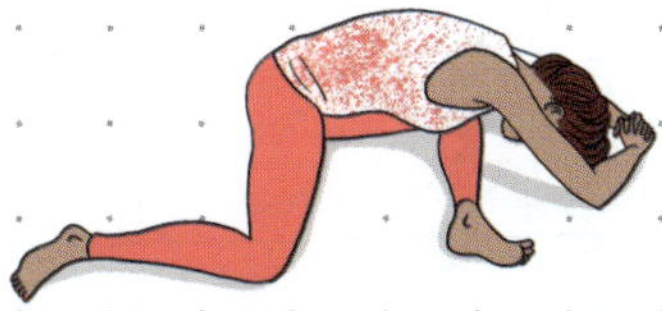

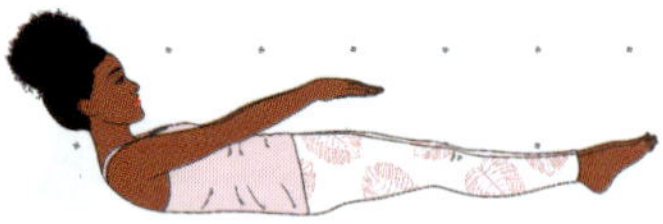

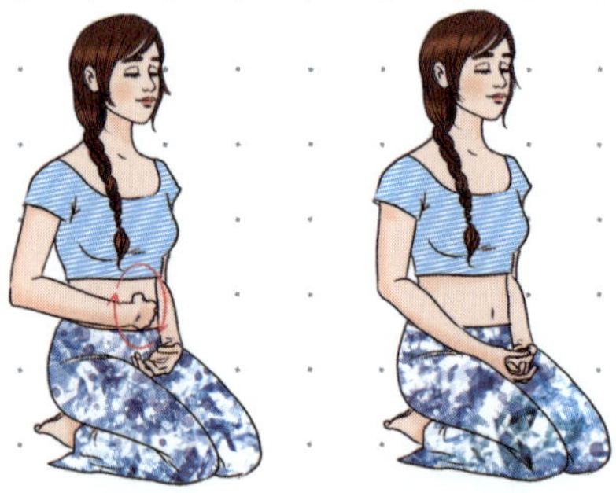

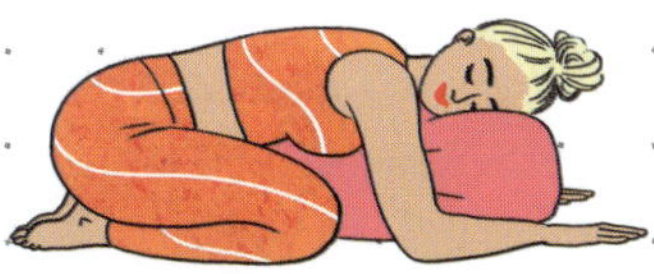

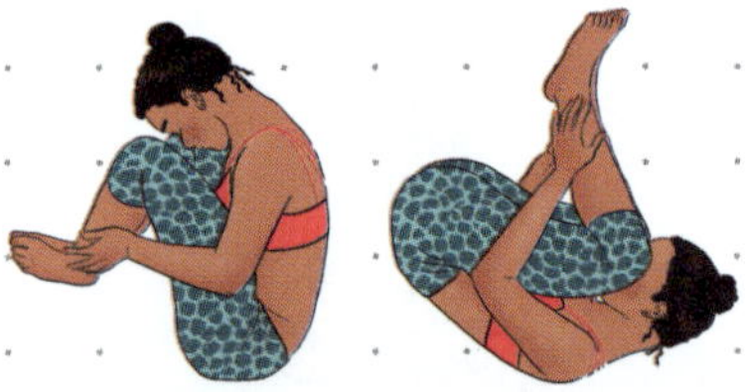

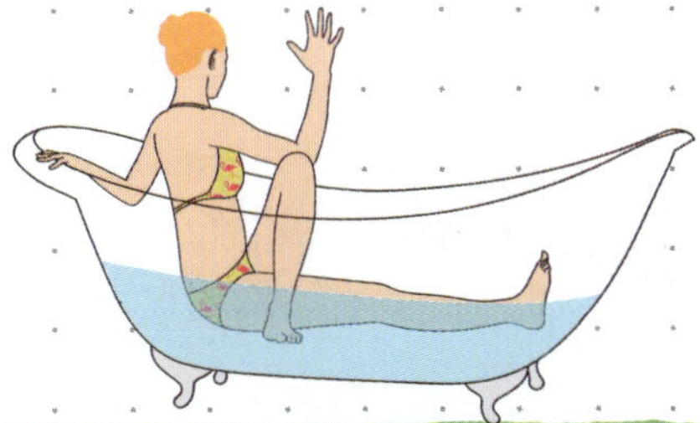

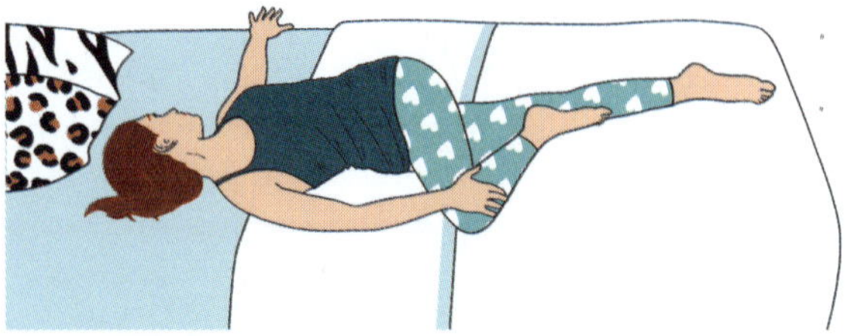

Torsion allongée

p. 139

Torsion assise au sol

p. 34

Torsion au sol

p. 39, 109, 134

Touché-coulé

p. 127

Triangle (à gauche)

p. 73

Index des recettes

Crédits textes

Introduction

© Sylvia André, © Floriane Limonnier, © Sophia Laurent, © Isabelle Delaleu

Partie 1 Sport antistress

Chapitre 1 Introduction : © Floriane Limonnier / Séances 1, 2 et 3 : © Émilie Cailleau
Chapitre 2 Introduction : © Floriane Limonnier / Séance 1 : © Isabelle Delaleu / Séance 2 : © Floriane Limonnier / Séance 3 : © Powa / Mes rituels feel good energy : © Floriane Limonnier
Chapitre 3 Introduction : © Floriane Limonnier, © Ombeline de Louvigny / Séance 1 : © Floriane Limonnier / Séance 2 : © Ombeline de Louvigny / Séance 3 : © Charlotte Blondel, © Andrea Budillon / Mes rituels feel good energy : © Floriane Limonnier
Chapitre 4 Introduction : © Floriane Limonnier / Séance 1 : © Émilie Cailleau / Séance 2 : © Floriane Limonnier / Séance 3 : © Sophia Laurent / Mes rituels feel good détox émotionnelle : © Florence Dardaine
Chapitre 5 Introduction : © Floriane Limonnier / Séance 1 : © Floriane Limonnier / Séance 2 : © Émilie Cailleau / Séance 3 : © Charlotte Blondel, © Andrea Budillon / Mes rituels feel good mental d'acier : © Floriane Limonnier
Chapitre 6 Introduction : © Charline Girardel / Séance 1 : © Pauline Valdairon / Séance 2 : © Charline Girardel / Séance 3 : © Isabelle Delaleu / Séance 4 : © Charline Girardel / Mes rituels feel good contre les tensions : © Isabelle Delaleu, © Pauline Valdairon, © Marie Milla
Chapitre 7 Introduction : © Charline Girardel / Séance 1 : © Fabienne Broucaret / Séance 2 : © Marie Milla / Séance 3 : © Isabelle Delaleu / Séance 4 : © Charline Girardel
Chapitre 8 Introduction : © Floriane Limonnier / Séance 1 : © Isabelle Delaleu / Séance 2 : © Floriane Limonnier / Séance 3 : © Charline Girardel / Séance 4 : © Agathe Thine / Séance 5 : © Pauline Valdairon / Mes rituels feel good dodo friendly : © Isabelle Delaleu

Partie 2 Lifestyle antistress

Chapitre 1 Introduction : © Maricha Dumont, © Emeraude Zorer / Rituels 1, 2 et 3 : © Maricha Dumont, © Emeraude Zorer / Rituel 4 : © Elisa Lafitte / Rituel 5 : © Maricha Dumont, © Emeraude Zorer
Chapitre 2 Introduction : © Oriane Rousset / Rituels 1 et 2 : © Oriane Rousset / Rituel 2 : © Charlotte Jacquet / Rituel 3 : © Annie Casamayou, © Powa, © Oriane Rousset / Mes rituels feel good green : © Oriane Rousset / Rituel 4 : © Vanessa Bozec, © Adeline Gadenne / Mes rituels feel good plaisir des sens : © Oriane Rousset
Chapitre 3 Introduction : © Elisa Lafitte / Rituel 1 : © Elisa Lafitte / Rituel 2 : © Charline Girardel, © Oriane Rousset, © Sylvia André, © Isabelle Delaleu / Mes rituels feel good sleep well : © Isabelle Delaleu / Rituel 3 : © Floriane Limonnier / Rituel 4 : © Elisa Lafitte / Mes rituels feel good happy belly : © Elisa Lafitte / Rituel 5 : © Elisa Lafitte
Chapitre 4 Introduction : © Pauline Valdairon, © Marie Milla / Rituels 1 et 2 : © Marie Milla / Rituel 3 : © Maricha Dumont, © Emeraude Zorer, © Pauline Valdairon
Chapitre 5 Introduction : © Fabienne Broucaret, © Sylvia André / Rituel 1 : © Sylvia André, © Powa, © Isabelle Delaleu, © Fabienne Broucaret / Rituel 2 : © Sylvia André, © Ludivine Casilli, © Pauline Valdairon / Rituel 3, 4 et 5 : © Sylvia André

Partie 3 Food antistress

Chapitre 1 Introduction : © Marie-Laure André, © Pauline Valdairon / Menu 1 : © Floriane Limonnier / Menus 2 et 3 : © Isabelle Delaleu / Menu 4 : © Pauline Valdairon
Chapitre 2 Introduction : © Marie-Laure André, © Isabelle Delaleu / Menu 1 : © Floriane Limonnier / Menu 2 : © Marie-Laure André
Chapitre 3 Introduction : © Pauline Valdairon, © Charlotte Blondel, © Andrea Budillon / Menus 1 et 2 : © Floriane Limonnier / Menu 3 : © Isabelle Delaleu / Menu 4 : © Marie-Laure André
Chapitre 4 Introduction : © Floriane Limonnier / Menu 1 : © Florence Dardaine / Menu 2 : © Floriane Limonnier / Menu 3 : © Eloïse Figgé / Mes rituels feel good détox : © Floriane Limonnier, © Sophia Laurent
Chapitre 5 Introduction : © Isabelle Delaleu / Menu 1 : © Floriane Limonnier / Mes rituels feel good pro-dodo : © Isabelle Delaleu

Crédits Illustrations

Introduction

© Djoïna Amrani

Partie 1 Sport antistress

Chapitre 1 Séances 1, 2 et 3 : © Audrey Bussi
Chapitre 2 Séance 1 : © Mademoiselle Ève / Séance 2 : © Djoïna Amrani / Séance 3 : © Sophie Ruffieux
Chapitre 3 Séance 1 : © Sophie Ruffieux / Séance 2 : © Guenièvre Suryous / Séance 3 : © Sophie Ruffieux
Chapitre 4 Séance 1 : © Audrey Bussi / Séance 2 : © Djoïna Amrani / Séance 3 : © Guenièvre Suryous
Chapitre 5 Séance 1 : © Djoïna Amrani / Séance 2 : © Audrey Bussi / Séance 3 : © Sophie Ruffieux
Chapitre 6 Séance 1 : © Sophie Ruffieux / Séance 2 : © Guenièvre Suryous / Séance 3 : © Mademoiselle Ève / Séance 4 : © Guenièvre Suryous
Chapitre 7 Séance 1 : © Mademoiselle Ève / Séance 2 : © Audrey Bussi / Séance 3 : © Mademoiselle Ève / Séance 4 : © Guenièvre Suryous
Chapitre 8 Séance 1 : © Mademoiselle Ève / Séance 2 : © Djoïna Amrani / Séance 3 : © Guenièvre Suryous / Séance 4 : © Mademoiselle Ève / Séance 5 : © Sophie Ruffieux

Partie 2 Lifestyle antistress

Chapitre 1 Rituels 1, 2 et 3 : © Guenièvre Suryous / Rituel 4 : © Sophie Ruffieux / Rituel 5 : © Guenièvre Suryous
Chapitre 2 Rituels 1 et 2 : © Audrey Bussi / Rituel 3 : © Mademoiselle Ève, © Audrey Bussi, © Sophie Ruffieux / Rituel 4 : © Mademoiselle Ève
Chapitre 3 Rituel 1 : © Sophie Ruffieux / Rituel 2 : © Guenièvre Suryous, © Audrey Bussi, © Djoïna Amrani / Rituels 3, 4 et 5 : © Sophie Ruffieux
Chapitre 4 Rituel 1 : © Djoïna Amrani / Rituel 3 : © Guenièvre Suryous, © Sophie Ruffieux
Chapitre 5 Rituel 1 : © Djoïna Amrani, © Audrey Bussi / Rituel 2 : © Sophie Ruffieux / Rituel 3 : © Audrey Bussi, © Djoïna Amrani / Rituel 4 : © Mademoiselle Ève

Partie 3 Food antistress

Chapitre 1 Menu 1 : © Djoïna Amrani / Menu 2 : © Mademoiselle Ève / Menu 3 : © Sophie Ruffieux, © Mademoiselle Ève / Menu 4 : © Djoïna Amrani, © Sophie Ruffieux
Chapitre 2 Menu 1 : © Djoïna Amrani / Menu 2 : © Mademoiselle Ève
Chapitre 3 Menus 1 et 2 : © Djoïna Amrani / Menu 3 : © Mademoiselle Ève, © Djoïna Amrani / Menu 4 : © Mademoiselle Ève
Chapitre 4 Menu 1 : © Djoïna Amrani / Menu 2 : © Sophie Ruffieux, © Djoïna Amrani / Menu 3 : © Djoïna Amrani
Chapitre 5 Menu 1 : © Djoïna Amrani

LES BEAUTIFUL GIRLS,
C'EST TOUTE UNE COMMUNAUTÉ !

Retrouvez plein de bonus, de conseils feel good,
des recettes, des trainings,
et des actus tendance **MADE BY MON CAHIER !**

Un lieu rien que pour vous :
http://mylifeisbeautiful.fr/

Une communauté de filles stylées :
VOUS DÉCHIREZ
mylifeisbeautiful.fr mylifeisbeautiful.fr

Direction : Didier Férat
Édition : Marina Ribeiro
Correction : Véronique Badin
Conception et mise en couleur de la couverture : Stéphanie Brepson
Maquette et mise en pages : Nord Compo
Fabrication : Laurence Duboscq

ISBN : 978-2-263-18321-8 – Code éditeur : L18321
Dépôt légal : mars 2023
Imprimé en France par Clerc
94, rue de la Brasserie, 18200 Saint-Amand-Montrond

Solar, un département d'Edi 8
92, avenue de France
75013 Paris

SolarEditions
solar_editions
mylifeisbeautiful.fr
mylifeisbeautiful.fr